"우리에게 말씀하시고 우리에게 성경을 풀어 주실 때에 우리 속에서 마음이 뜨겁지 아니하더냐"(눅 24:32). 이 책은 우리의 가슴이 뜨거워지도록 누가복음을 은혜롭게 풀어 줍니다. 특히 누가복음을 한눈에 볼 수 있게 숲을 그려 주며 주해 부분은 정확하고 간결하여 시원하고 힘이 넘칩니다. '예루살렘으로의 여행 기사'를 비중 있게 다루면서 '잃은 자를 찾아 구원하는 여행'으로 누가복음의 신학적 중요성을 잘 전달하고 있습니다. 무엇보다 전문가답게 교리 적용을 탁월하게 하여 독자에게 교리적 확신을 깊게 심어 줍니다. 바른 신학으로 잘 준비된 양질의 설교집입니다.

**정재열** 브니엘신학교 신약학 교수

제목대로 누가복음을 정말 복음 그대로 보여 주는 설교집입니다. 저자는 정확하고 세심한 누가를 따라 역시 정확하고 세심하게 잃어버린 자를 찾아 구원하러 오신 그리스도를 보여 주고 주님이자 구주이신 그리스도께로 우리를 인도합니다. 그리고 그리스도의 말씀과 그분이 하신 일이 오늘을 사는 우리에게 어떤 의미인지를 생생하고 실천적으로 보여 줍니다. 이 책을 읽는 사람마다 저처럼 복음의 능력을 경험하고 감동하리라 확신합니다. 지금도 잃어버린 자를 찾아 구원하시는 예수님에 관해 더 많이 알게 되고, 그분의 말씀과 행하시는 일들로 말미암아 그리스도를 더욱 사랑하게 될 것입니다.

**한재술** 그책의사람들 대표

# 누가복음, 복음으로 읽기

# 누가복음, 복음으로 읽기

이성호

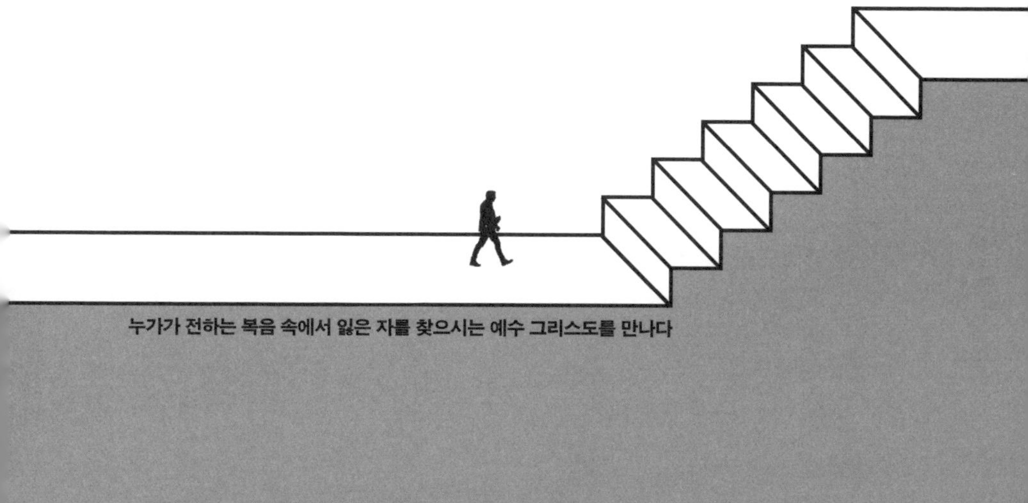

누가가 전하는 복음 속에서 잃은 자를 찾으시는 예수 그리스도를 만나다

좋은씨앗

차례



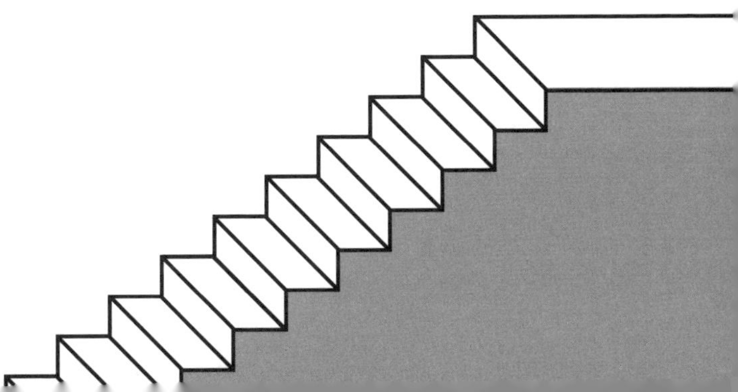

서문

# 누가복음,
# 어떻게 읽고 설교할 것인가?

저자 누가는 서두에서 누가복음을 기록한 동기를 분명히 밝히고 있습니다. "이는 각하가 알고 있는 바를 더 확실하게 하려 함이로라"(1:4). 이 구절은 설교하는 자들에게 그리고 설교를 듣는 청중에게 아주 중요한 교훈을 줍니다. 설교란 새로운 것을 알리기보다 이미 알고 있는 것을 확실하게 하는 것입니다. 그런 점에서 설교를 통해 새로운 것을 전하려는 데 집착하거나 색다른 내용을 계속 들으려 하는 것을 바람직하다고 볼 수 없습니다.

이 책에서 뭔가 새로운 내용을 기대하는 독자들은 실망할지도 모르겠습니다. 저는 이 설교집에서 새로운 내용을 전하려는 의도가 없기 때문입니다. 다만 본문이 말하는 바에 최대한 집중하려 했고 독자 역시 그렇게 되기를 소망합니다. 어쩌면 이 책을 읽으면서 '이 본문이 이런 뜻이었나' 하며 당황하는 분이 있을지 모르겠습니다. 사실 저자가 원래 의도하는 대로 본문을 읽기란 생각만큼 쉬운 일은 아닙니다. 혼자 이사야서를 읽던 에디오피아 내시에게 빌립 집사가 읽은 것을 깨닫느냐고 묻자 내시가 "지도해 주는 사람이 없으니 어찌 깨달을 수 있느냐"(행 8:31)라고 대답한 일을 기억하실 것입니다. 이 책이 누가복음을 읽는 독자들에게 좋은 안내서가 되기를 바랍니다.

이 책은 누가복음을 위한 길잡이입니다. 주석과 같이 상세한 해설집이 아닙니다. 주석은 아주 세밀한 부분을 이해하는 데는 유용하지만 목적지에 도착하는 데는 오히려 방해가 될 수도 있습니다. 좋은 안내서가 되기 위해 저는 누가복음의 모든 본문을 다루기보다 복음의 핵심을 잘 드러내는 본문을 한 장에 하나 혹은 둘을 선택하여 설교했습니다. 이 책을 정독한 다음 누가복음을 읽는다면 본문을 읽을 때 중심 사상을 보다 쉽게 파악할 수 있을 것입니다.

누가복음을 연구하면서 저는 한두 가지 중요한 사실을 깨달았습니다. 알다시피 누가복음은 주로 여러 이야기들로 구성되어 있습니다. 보통 내러티브라고 합니다. 누가복음 자체가 거대한 내러티브라고 할 수 있지요. 내러티브의 핵심 내용은 거의 대부분 마지막에 나옵니다. 따라서 마지막 구절의 관점에서 전체 본문을 보아야 그 내용을 이해하기가 쉽습니다. 이것에 주목하지 않으면 본문의 주변적인 것들에 집중하느라 정작 핵심(복음)을 놓칠 수 있습니다.

예를 들어, 엠마오로 가는 두 제자 이야기는 다들 아실 것입니다. 동일한 제목의 복음성가도 있어 더 친숙할 테지요. 수련회 설교의 단골 본문이기도 합니다. 주로 예수님을 만나 새 사람 되었다는 것을 설교의 요지로 삼습니다. 하지만 본문의 주제는 그것이 아닙니다. 이 본문은 다음과 같은 구절로 마칩니다. "두 사람도 길에서 된 일과 예수께서 떡을 떼심으로 자기들에게 알려지신 것을 말하더라"(24:35). 마지막 구절에서 말하듯이 '길에서 된 일'과 '떡을 떼심'에 주목해야 우리는 엠마오 사건의 진정한 의미를 알 수 있습니다.

부자와 나사로 이야기도 마찬가지입니다. 대부분의 설교가 이야기의 주변적인 일들에 초점을 맞춥니다. 그러한 경우 왜 부자가 지옥에 갈 정도로 나쁜 사람인지 이해되지 않습니다. 특히 부자가 지상에 있는 형제들을 언급하는 대목을 보면 나름대로 착한 사람이 아니었나 하는 오해를 할 수도 있습니다. 하지만 마지막 구절을 주목해 봅시다. "모세와 선지자들에게 듣지 아니하면 비록 죽은 자 가운데서 살아나는 자가 있을지라도 권함을 받지 아니하리라 하였다 하시니라"(16:31). 이 구절에 따르면 본문의 핵심 주제는 모세와 선지자들의 가르침이 구원 문제에서 절대적 권위를 갖는다는 것입니다. 따라서 본문 전체를 이 관점에서 이해해야 부자와 아브라함의 선문선답 같은 대화를 이해할 수 있습니다.

이미 알고 있는 내러티브를 더 확실하게 이해하는 또 다른 방법은 본문을 향해 계속해서 질문하는 것입니다. 예를 들어, 제자들이 예수님의 승천 모습을 보았을 때 어떤 심정이 들었을까요? 상식적으로 생각하면, 예수님과 제자들이 이별하는 순간이므로 다들 슬퍼했을 것이라고 추측해 볼 수 있습니다. 하지만 본문은 우리의 예상과 다르게 제자들이 기뻐했다고 증언하고 있습니다. 그것도 아주 크게 기뻐했다고 말합니다. 그러면 우리는 계속해서 질문할 수 있겠지요. 왜 제자들은 크게 기뻐했을까요? 언제 또 그들이 크게 기뻐했을까요?

잘 알려진 누가복음의 내러티브 중에 예수님께서 베드로를 부르시는 장면도 한번에 이해하기가 어렵습니다. 만약 베드로가 정말로 예수님의 말씀에 의지하여 그물을 던졌다면 왜 많은 물고기를 잡고 나서 "주여, 나를 떠나소서. 나는 죄인이로소이다"(5:8)라고 말했을까요? 사실 이 질문에 대한 답을 찾기가 쉽지 않았습니다. 여러 주석을 찾아서 보았지만 설득력이 떨어졌습니다. 본문과 씨름하면서 여러 질문을 던지는 가운데 저는 가장 신뢰할 만한 답을 찾을 수 있었습니다. 성경 본문은 살아 있는 말씀입니다. 살아 있기 때문에 우리가 질문하면 대답을 해줍니다. 그 대답을 듣게 될 때의 감격은 말로 다 표현할 수 없습니다. 누가복음을 읽으면서 제가 들었던 하나님의 음성을 여러분도 듣기를 바랍니다.

한 가지 중요한 사실을 밝혀 둡니다. 이 책의 제26장 '겟세마네 성소에서 기도하신 예수님'은 제가 작성한 설교문이 아닙니다. 제가 출석하고 있는 광교장로교회에서 부목사로 섬기고 있는 심성현 목사님이 작성한 설교문입니다. 이 설교를 듣고 너무 좋아 저자의 허락을 받고 이 책에 실었습니다. 심 목사님은 제가 신학교에서 가르친 제자인데 이제 목사가 되어 청출어람이 되었습니다. 가르치는 자로서 가장 보람을 느끼는 일입니다.

전작 『요한복음, 복음으로 읽기』에 이어 좋은씨앗 편집부에서 이번에도 많은 수고를 해주셨습니다. 뛰어난 편집으로 가독성을 높이고 질문과 간단한 해설로 내용의 이해를 도왔습니다. 이 자리를 빌려 깊은 감사를 전합니다. 끝으로, 이 설교를 들어 주신 광교장로교회 성도님들에게 사랑의 마음을 전달합니다.

정목(正牧) 이성호

2021년 8월 말, 천안삼거리를 바라보면서

# 누가복음 개요

**저자** 일반적으로 누가로 알려져 있다. 누가는 안디옥 출신이고, 직업은 의사였으며, 사도 바울과 함께한 선교팀의 일원이었다. 신약성경의 저자 중 유일하게 이방인이며 사도행전의 저자이기도 하다.

**기록 연대** 주후 60-62년경. 누가복음 첫 부분에서 여러 자료를 사용한 점을 밝히고 있고, 이른 시기에 기록된 마가복음을 참조한 것으로 여겨진다.

**기록 목적** 데오빌로에게 보내는 편지 형식으로 시작되지만 한 개인에게 보냈다기보다 이방인들과 로마제국 전역의 기독교 공동체에 예수님의 생애와 사상, 그분이 인류의 참된 구속자이심을 확실히 알리기 위해 기록했다고 볼 수 있다.

**구성**

1) 탄생 (1:1-4:13)
2) 갈릴리에서-사역의 시작 (4:14-9:62)
3) 예루살렘으로 가는 길 (10:1-19:27)
4) 예루살렘에서-수난과 부활 (19:28-24:53)

**특징**

1) 예수님의 말씀과 행하신 일들을 시간과 장소, 정황에 따라 자세하게 기록했다. 능숙한 그리스어 사용과 뛰어난 구성력이 돋보인다.
2) 가난한 자, 소외된 자, 억압받는 자, 이방인에 대한 비유와 기사가 많이 나오며, 이들에 대한 예수님의 세심한 관심을 잘 표현하고 있다.

3) 예수님이 말씀하신 많은 이야기 중에 누가복음에만 나오는 것들에는 선한 사마리아인 비유(10:29-37), 밤중에 떡을 꾸러 온 친구(11:5-8), 어리석은 부자(12:13-21), 무화과나무 비유(13:6-9), 망대와 전쟁 비유(14:28-33), 잃어버린 동전 비유(15:8-10), 탕자의 비유(15:11-32), 부자와 나사로(16:19-31), 불의한 재판장과 과부(18:1-8), 바리새인과 세리의 기도(18:9-14) 등이 있다.
4) 핵심 단어와 구절: 인자(人子). "인자의 온 것은 잃어버린 자를 찾아 구원하려 함이니라"(19:10).
5) 핵심 장: 15장에 나오는 잃은 양, 잃은 동전, 잃은 아들의 비유에는 하나님이 그리스도를 통해 잃어버린 자를 찾고 구원하며 기쁨을 나누길 원하신다는 중심 사상이 잘 나타나 있다.

**누가복음에 나오는 예수님의 이동(갈릴리~예루살렘)**

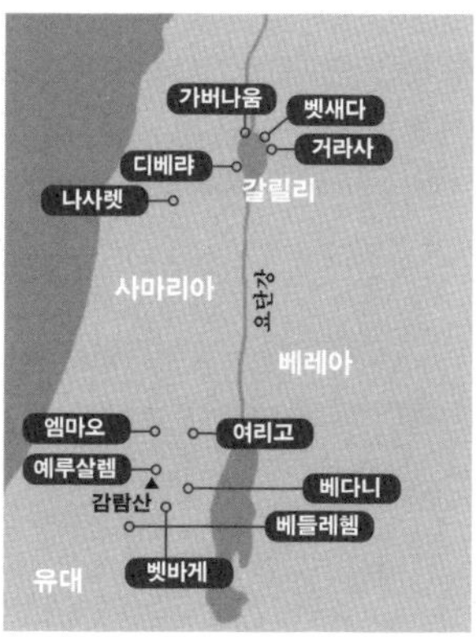

# 탄생

누가복음 1:1-4:13

1

# 복음의 시작
# "주를 위하여 세운 백성을 준비하라"

누가복음 1:5-23

누가복음은 누가가 데오빌로라는 고위층 특정 인물에게 보낸 서신 형태의 책입니다(1절). 바울은 누가를 의사로 소개하는데(골 4:14), 전승에 따르면 누가는 안디옥 출신으로 복음서 기자 중에서 유일하게 이교도에서 개종한 사람입니다. 탁월한 역사가이기도 한 누가는 "우리 중에 이루어진 사실에 대하여 처음부터" 자세히 살펴서 차례대로 복음의 역사를 써 내려갑니다(1-2절). 데오빌로는 이미 복음을 들어 알고 있었지만, 이 글을 통해 그가 "알고 있는 바를 더 확실하게 하려"는 것이 누가복음이 기록된 목적 중 하나입니다(4절).

누가는 지금 "우리 중에 이루어진 일", 즉 복음의 역사를 기록하고 있습니다. 어디서부터 시작해야 할까요? 흥미롭게도 모든 복음서의 서두에는 세례 요한이 언급되고 있습니다. 마태는 그의 복음서 3

장에서 세례 요한의 사역을 소개하고, 마가는 아예 "복음의 시작"을 세례 요한으로 봅니다. 요한도 요한복음 1장에서 예수님에 대한 세례 요한의 증언을 기록하고 있습니다("보라 세상 죄를 지고 가는 하나님의 어린 양이로다", 29절). 누가 역시 복음의 역사를 세례 요한에서 시작합니다. 특이한 점은 누가만 세례 요한의 출생에 대해 이야기한다는 것입니다. 누가가 아니었다면 우리는 그가 어떻게 태어났는지 알 길이 없었을 것입니다.

세례 요한은 자신이 예수님의 신발끈을 풀어 드릴 자격도 없다고 말했지만, 예수님은 그를 가리켜 선지자보다 훌륭하고 여자가 낳은 자 중에 가장 크다고 선언하셨습니다(눅 7:26, 28). 예수님의 말씀에 의하면, 그는 구속의 역사를 구분하는 자이기도 합니다. "율법과 선지자는 요한의 때까지요 그 후부터는 하나님 나라의 복음이 전파되어 사람마다 그리로 침입하느니라"(눅 16:16). 세례 요한이 이토록 위대한 사역자로 여겨지는 것은 그가 "주를 위하여 세운 백성을 준비"했기 때문입니다(17절). 메시아는 어느 날 갑자기 하늘에서 뚝 떨어지지 않았습니다. 하나님은 미리 이 위대한 선지자를 보내어 말씀 봉사로 메시아의 오심을 준비하게 하셨습니다. 세례 요한의 출생과 관련해 복음의 시작에 나타난 하나님의 뜻을 살펴봅시다.

### 배경: 정치와 제사장

누가는 세례 요한이 태어난 배경을 비교적 자세히 소개하는데 적은 분량이지만 상당한 정보를 담고 있습니다. 당시는 헤롯이 유대의 왕으로 다스리던 시기였습니다. 성경에는 여러 헤롯이 등장하는데 여기서는 헤롯 대왕*을 말합니다.

로마제국의 폼페이 장군이 예루살렘을 정복하자 헤롯은 로마에 협력하는 대가로 유대의 왕이 됩니다. 그는 포악한 왕이었을 뿐 아니라 위대한 건축가였습니다. 입지 조건이 좋지 않은 가이사랴를 항구도시로 만들어 로마 총독을 거주하게 했고, 자신을 위해 헤롯 궁전과 여리고 궁전을 지었습니다. 오랜 시간 예루살렘 성전을 재건하면서 수많은 인력을 동원하고 막대한 세금을 거둬들였습니다. 유대인의 환심을 사려고 시작한 일이지만 그로 인해 백성들은 더 큰 고통을 당해야 했습니다. 헤롯은 무엇보다 성정이 포악해 왕권에 위협이 된다고 생각되면 아내나 아들마저 서슴없이 처형했습니다. 그의 포악함은 동방박사를 만난 이후에 베들레헴 지역의 아기들을 모조리 죽이라는 명령에서 절정에 이릅니다. 그의 폭정은 분명 이스라엘에 대한 하나님의 심판이었습니다. 하지만 이스라엘 백성들은 오랫동안 고통당하면서도 전혀 회개하지 않았습니다. 하나님은 이제 그들에게 더 이상 선지자도, 말씀도 주지 않으셨습니다. 이런 암흑기에도 극소수의 남은 자들은 있었습니다. 그들은 하나님의 말씀에 순종하며 소망하는 가운데 메시아를 기다렸습니다.

그중에는 세례 요한의 부모 사가랴와 엘리사벳도 있었습니다. 사

---

* 황원하, 『응답하라 신약성경』(세움북스, 2016), p. 65 이하.

가랴는 아비야 반열의 제사장이고, 엘리사벳은 아론의 자손으로 둘 다 제사장 가문에 속했습니다. 누가는 이 부부를 이렇게 소개합니다. "이 두 사람이 하나님 앞에 의인이니 주의 모든 계명과 규례대로 흠이 없이 행하더라"(6절). 사가랴와 엘리사벳은 주위의 세속화된 제사장들과 달리 하나님의 말씀을 잘 지켰고 하나님께 옳다는 인정을 받았습니다. 그러나 나이가 들도록 자식을 낳지 못했습니다. 당시에 자식이 없다는 건 큰 불행이었습니다. 하나님이 개입하지 않으시면 이제 경건한 제사장 가문 하나가 영영 사라질 판입니다.

### 매일 드리는 제사

사가랴는 자식이 없는 아픔을 안고서도 직무에 충실했습니다. 주의 사자는 사가랴가 성소에서 분향할 때 나타났습니다. 이것은 매우 놀라운 일이었습니다. 450여 년 전 말라기 선지자가 마지막으로 하나님의 말씀을 전한 이후로 내내 말씀이 끊겼기 때문입니다. 그러다가 지금 하나님의 계시가 나타난 것입니다. 우리는 마태복음 첫 장에 기록된 사건을 복음서 순서상 신약의 최초 사건으로 착각하기 쉬운데, 누가복음의 이 장면이야말로 신약 시대가 시작되었음을 알리는 최초의 사건입니다.

성전에 있던 사가랴에게 천사 가브리엘이 나타났습니다. 성전은 누가복음과 사도행전에서 매우 중요한 역할을 합니다. 누가복음은 성전에서 시작해 성전으로 마칠 정도입니다. "(그들이) 늘 성전에 있어 하나님을 찬송하니라." 이것이 누가복음의 마지막 구절입니다. 지난 수백 년 동안 수많은 제사장들이 성전에서 예배를 드렸지만 하나님은 나타나지 않으셨습니다. 그러나 이제 때가 되어 그들에게 "좋은 소식"(19절), 즉 복음이 선포됩니다. 이것이 바로 "그 모든 일의 근원(시작)"입니다. 복음이 세례 요한의 출생을 알리는 천사의 소식에서 시작된 것입니다.

잠시 사가랴가 드린 제사에 대해 생각해 봅시다. 이것은 타미드(tamid)*라고 해서 "매일 드리는 제사"(상번제)였습니다. 이에 대한 규정은 출애굽기 29장 36절 이하와 민수기 28장 1절 이하에 잘 나와 있습니다. 이스라엘 제사장들은 매일 두 번 오전과 오후에 어린 양으로 드리는 번제, 고운 밀가루와 기름으로 드리는 소제, 포도주를 부어서 드리는 전제로 하나님께 제사를 드렸습니다. 이렇게 세 제사를 함께 드리면 "그것이 향기로운 냄새가 되게 하여 여호와께 화제"가 됩니다. 하나님은 거기에서 이스라엘 백성들과 만나고 그들에게 말할 것이라고 약속하셨습니다(출 29:42). 본문은 출애굽기 29장의 약속이 실제로 성취된 현장입니다.

상번제 중에서도 분향하는 순간이 가장 중요하고 엄숙합니다.** 분향하면서 대제사장은 엎드려 하나님께 기도하고, 이때 성전에 모인 모든 백성들도 함께 기도를 합니다. 주의 천사가 바로 그 순간에

---

* Dennis Hamm, S. J., "The Tamid Service in Luke-Acts: The Cultic Background behind Luke's Theology of Worship (Luke 1:5-25; 18:9-14; 24: 50-53; Acts 3:1; 10:3, 3), *The Catholic Biblical Quarterly* 25 (2003): 215-231.

** 기동연, 『성전과 제사에서 그리스도를 만나다』(생명의양식, 208), 221.

나타났습니다. 기도에 대한 응답으로 주의 계시가 나타난 것입니다.

분향이 끝나면 제사장은 성소에서 나와 손을 들어 민수기 6장 24-26절 말씀으로 백성들을 축복했습니다. "여호와는 네게 복을 주시고 너를 지키시기를 원하며, 여호와는 그 얼굴로 네게 비취사 은혜 베푸시기를 원하며, 여호와는 그 얼굴을 네게로 향하여 드사 평강 주시기를 원하노라." 그날도 백성들은 사가랴가 분향을 마치고 나오기를 기다렸습니다(21절). 하지만 그들은 그날 제사장의 축복을 받지 못했습니다. 사가랴가 하나님께서 전해 주신 복음을 믿지 않아 말을 못하게 되었기 때문입니다. 하나님께서 천사를 보내어 신약 시대 최초로 복음을 전했지만, 말씀의 수종자가 믿지 않아 그날 백성들은 복음을 들을 수 없었습니다.

### 복음의 선포

천사는 사가랴에게 하나님의 말씀을 이렇게 전했습니다. "너의 간구함이 들렸다." 이것은 무슨 뜻일까요? 사가랴는 자식을 낳게 해달라는 간구를 했던 걸까요? 그러지 않았을 것입니다. 그랬다면 아들을 낳게 될 것이라는 천사의 말에 크게 기뻐했을 테지요. 제사장 사가랴는 이스라엘 백성들의 구원을 위해 기도했을 것입니다. 하나님은 그의 기도를 들으시고 응답하기 위해 그에게 아들을 주겠다고 말씀하십니다. 천사는 태어날 아이가 하나님의 거룩한 자가 될 것이라고 말하며 이름도 '요한'이라고 정해 줍니다. 요한은 요하난의 준말로 '여호와는 자비로우시다'라는 뜻입니다. 하나님께서 이 이름을 주지 않으셨다면 요한은 부친의 이름을 따라 사가랴가 되었을 것입니다. 사가랴의 친족 중에 요한이라는 이름을 쓰는 자가 한 명도 없었기 때문에(61절) 사람들은 사가랴의 아들 요한을 생각할 때마다 기이하게 여겼을 것입니다(63절).

요한은 모태에 있을 때부터 성령으로 충만하고 포도주나 독주를 입에 대지 않는 나실인으로 자라날 것입니다. 누가복음을 이해하는 중요한 열쇠 중 하나인 '성령'이라는 단어가 15절에 처음 등장합니다. 성령으로 충만하면 어떤 일을 하게 됩니까? "이스라엘 자손을 주 곧 그들의 하나님께로 많이 돌아오게" 합니다. 여기서 우리는 회개가 성령의 사역과 밀접한 관계가 있다는 것을 볼 수 있습니다. 이스라엘 백성은 수백 년 동안 참된 선지자 없이 살면서 마음이 매우 완악해졌습니다. 초자연적인 하나님의 능력이 없었다면 회개의 역사는 불가능했을 것입니다. 오늘날도 마찬가지입니다. 죄인이 회개하여 주님의 백성이 되는 것은 오직 성령의 능력으로만 가능합니다. 이와 같은 회개 사역을 통해 주님을 위한 한 백성이 세워질 것입니다. 나중에 밝혀지겠지만 그것은 새 이스라엘이라고 할 수 있는 교회입니다.

아쉽게도 사가랴는 이 복음을 온전히 믿지 못했습니다. 당시 하나님 앞에서 가장 의롭다고 할 만한 제사장 사가랴의 믿음이 이 정도이니 누가 이 말씀을 받을 수 있단 말입니까? 그만큼 당시 이스라엘의 영성은 저조했습니다. 그러나 사가랴의 불신앙에도 불구하고 하나님의 말씀은 성취되었습니다. 사가랴가 말하지 못하게 된 것 자체가 하나의 표적이 되었습니다. 백성들은 그 표적을 보고 사가랴가 성소에서 환상을 보았다고 확신했습니다. 표적은 잠시만 머물렀으며, 세례 요한이 태어났을 때 사가랴는 혀가 풀려 말할 수 있게 되었고 하나님을 찬송했습니다(64절).

♛

본문은 복음의 시작을 보여 주고 있습니다. 메시아의 오심을 알려 줄 선지자가 태어날 것이라는 소식이 복음의 시작입니다. 그 축복은 자식이 없어 슬픔과 고통 가운데 있던 노부부가 받았습니다. 그들은 예수님 당시의 가난한 자들을 대표합니다. 또한 하나님의 의를 사모하고 주의 율법을 행하면서 기도하던 자들입니다. 그들 사이에 태어날 아이는 주 앞에서 큰 자가 될 것이고 많은 사람이 그의 출생을 기뻐하게 될 것입니다.

세례 요한이 아무리 큰 인물이라 하더라도 그는 어디까지나 메시아를 준비하는 사람입니다. 구약 시대에는 가장 큰 자인지 몰라도 신약 시대에는 아닙니다. "하나님의 나라에서는 극히 작은 자라도 그보다 크니라"(눅 7:28). 세례 요한의 시대는 이제 지나고 메시아의 시대가 왔습니다. 이제 더 위대한 복음이 우리에게 전해졌습니다. 세례 요한이 아니라 예수님의 탄생이 우리에게 더 큰 복음입니다. 누가복음은 두 아이의 탄생을 비교합니다. 비슷한 점도 많지만 분명한 차이점이 있습니다. 누가는 비교를 통해 예수 그리스도가 훨씬 더 위대하심을 증명합니다.

사가랴가 분향을 마치고 성소에서 나왔을 때, 축복받기를 잔뜩 기대하던 백성들은 말문이 막힌 사가랴를 보고 실망했을 것입니다. 그런데 누가복음의 마지막 장에서 우리는 사가랴와 달리 완전한 믿음과 순종으로 십자가에서 죽으시고 부활하신 예수님께서 승천하기 전에 유일한 대제사장 자격으로 손을 들어 제자들을 축복하시는 모습을 봅니다. 모든 제사를 온전히 하나님께 올려드린 그리스도께서 이제 그로 인해 성취한 모든 영적 유익을 우리에게 나눠 주십니다. 이 복은 오직 믿음으로 그리스도의 약속을 받는 자들이 누리게 될 것입니다. 복음의 약속을 믿는 모든 이들에게 하나님의 놀라운 축복이 늘 함께하기를 바랍니다.

1. 모든 복음서의 서두에서 세례 요한을 중요하게 다루는 이유는 무엇입니까?
2. 성소에서 분향하는 사가랴에게 주의 사자가 나타나 말씀을 전합니다. 이 일을 신약시대가 시작되었음을 알리는 최초의 사건으로 볼 수 있는 이유는 무엇입니까?
3. 세례 요한은 어떻게 주의 오심을 예비했습니까?

2

# 큰 기쁨의 좋은 소식
# "높은 곳에서는 영광이요 땅에서는 평화로다"

누가복음 2:1-20

아기 예수가 태어난 성탄절이 다가오면 교회에 다니는 사람이든 안 다니는 사람이든 설레는 마음으로 그날을 기다리고 기념합니다. 사랑하는 이와 식사하고 선물을 나누고 카드로 안부를 묻습니다. 휴가를 내서 여행을 떠나는 사람도 있습니다. 그런데 이날에 우리가 기뻐하는 이유는 무엇일까요? 성탄의 기쁨은 세상 사람이 추구하는 기쁨과 근본적으로 다릅니다. 성탄의 기쁨은 온 백성에게 미치는 큰 기쁨이기 때문입니다.

누가복음 2장은 기쁜 성탄일에 일어난 일을 기록하고 있는 유일한 본문입니다. 마가복음과 요한복음은 성탄 이야기를 아예 다루지 않을뿐더러 마태복음에 나오는 동방박사의 방문은 성탄일이 상당히 지나고 나서 일어난 일입니다. 본문에서 천사가 목자들에게 말합니다. "내가 온 백성에게 미칠 큰 기쁨의 좋은 소식을 너희에게 전하노라"(10절). 하늘의 왕이신 삼위 하나님께서 메신저인 천사를 보내어 복음을 선포하신 것입니다. 우리가 이날을 기뻐해야 하는 가장 중요한 이유는 큰 기쁨이 될 좋은 소식, 곧 복음이 우리에게 주어졌기 때문입니다. 그 복음은 그리스도 예수입니다. "오늘 다윗의 동네에 너희를 위하여 구주가 나셨으니 곧 그리스도 주시니라"(11절).

큰 기쁨이 될 좋은 소식이 구체적으로 무엇이고 어떻게 전파되는지 살펴보며 오늘날 성탄이 우리에게 주는 참 의미에 대해 생각해 봅시다.

### 다윗의 동네 베들레헴

천사가 전해 준 기쁜 소식은 두 가지입니다. 하나는 다윗의 동네에 구주가 나셨다는 것이고, 다른 하나는 그 구주가 그리스도, 즉 메시아라는 것입니다(11절). 다윗의 동네가 베들레헴을 가리킨다는 것은 목자들도 잘 알고 있었습니다. 당시 이스라엘 사람이라면 장차 오실 그리스도가 베들레헴에서 태어날 것이라는 미가 선지자의 예언을 익히 알고 있었습니다. "베들레헴 에브라다야, 너는 유다 족속 중에 작을지라도 이스라엘을 다스릴 자가 네게서 내게로 나올 것이라"(미 5:2). 베들레헴은 예루살렘에서 남쪽으로 약 8킬로미터 떨어진 작은 동네이고 '떡집'이라는 뜻을 갖고 있습니다.

그러나 하나님의 적극적인 개입이 없었더라면 예수님이 베들레헴에서 태어나실 일은 없었을 것입니다. 요셉과 마리아는 모두 예루살렘에서 멀리 떨어진 나사렛에 살고 있었기 때문입니다. 특별한 일이 아니고선 베들레헴에 갈 일이 없었지요. 물론 하나님께서 천사를 보내어 그들에게 베들레헴으로 가서 출산하라고 직접 명령하실 수도 있지만 하나님은 그런 식으로 그들을 인도하지 않으셨습니다.

엘리사벳이 요한을 임신하고 나서 여섯째 달에 천사 가브리엘이 마리아에게 나타나 수태고지를 합니다(1:26). 성경에는 명시적으로 나와 있지 않지만 마리아는 그 사실을 정혼한 요셉에게 알렸을 것입니다. 그런 다음 마리아는 유대의 한 마을로 가서 엘리사벳과 함께 3개월을 보낸 다음, 다시 나사렛으로 돌아갑니다(1:56). 3개월이나 집을 떠나 있는데 정혼한 요셉에게 그 사실을 알리지 않았을 리 없습니다.

시간이 지나면서 성령으로 잉태한 마리아의 배가 불러오자 요셉은 그녀와 조용히 파혼하려 했습니다(마 1:19). 무엇보다 마리아를 더 이상 아내로 삼는 것이 두려웠기 때문입니다. 그래서 하나님은 천사를 요셉에게 보내어 태어날 아기에 대해 말씀하셨고, 그 말씀을 들은 요셉은 마리아와 헤어지지 않되 동침하지는 않았습니다. 요셉이 마리아를 데려오지 않았더라면 마리아는 남편 없이 혼자 나사렛에서 출산을 했을 것입니다.

요셉은 마리아를 데려온 후로도 여전히 나사렛에서 살았습니다. 그런데 어느 날 천하의 모든 사람은 호적을 등록하라는 로마 황제의 명이 떨어졌습니다. 그 황제는 가이사 아구스도였습니다. 아구스도는 원로원이 그에게 붙인 호칭이고 본명은 옥타비아누스입니다. 그는 안토니우스와 클레오파트라 연합군을 악티움 해전에서 물리치고 40년 넘게 로마제국을 이끌었습니다. 이 위대한 로마 황제가 세금을 보다 효과적으로 걷기 위해 천하 모든 사람에게 호적 등록을 하라는 명령을 내린 것입니다.

2장 1절은 그 당시 절대권력자 로마 황제조차 하나님이 사용하시는 도구라는 사실을 잘 보여 줍니다. 아구스도는 통치 행위를 한 것이지만 하나님은 황제의 명령을 통해 구원의 계획을 이루십니다. 호적을 등록하기 위해 각국에 흩어져 살던 유대인들이 고향으로 돌아갈 수 있었습니다. 그들은 고향으로 돌아가면서 어떤 생각을 했을까요? 옛적에 바벨론 포로에서 귀환하는 조상들을 떠올렸을까요? 페르시아 왕 고레스의 칙령으로 이스라엘 백성이 고국으로 돌아왔듯이, 이제는 로마 황제 아구스도를 통해 이스라엘이 회복될지 모른다는 희망을 가졌을까요? 그러나 그렇게 생각하는 사람은 거의 없었습니다.

황제의 명령에 따라 요셉도 베들레헴으로 호적 등록을 하러 갔습니다. 다윗의 후손이니 베들레헴으로 간 것이지요. 마리아를 데려간 것은 요셉의 믿음을 보여 줍니다. 마리아는 무거운 몸을 이끌고 상당히 힘든 긴 여행을 했습니다. 한편, 호적 등록으로 작고 한산하던 마을이 북적북적해졌을 것입니다. 그곳에 모인 사람들은 모두 가깝거나 먼 친척들이고 무엇보다 나라를 잃은 왕족들입니다. 이스라엘이 다시 회복되기 위해서는 왕손이 계속 이어져야 합니다. 아무리 독립운동이 활발하게 일어난다 하더라도 왕이 없다면 이스라엘의 독립은 불가능합니다.

### 이스라엘의 영적 상태

그러나 왕의 후손이 태어나든 말든 그들은 아무런 관심이 없습니다. 곧 태어날 왕손을 위해 자리를 내어주는 사람도 없습니다. 베들레헴에 모인 다윗 후손들의 영적 상태가 말이 아닙니다. 결국 아기 예수는 구유, 즉 가축의 밥그릇에서 태어나야 했습니다. 이러한 탄생이야말로 장차 예수님이 이 땅에서 어떤 삶을 살게 되실지 확실히 보여 줍니다. 예수님은 결국 자기 백성들에게 배척당하고 십자가 죽음을 맞이하십니다.

다윗의 아들이 태어났지만 다윗의 동네에 모인 사람들은 아무도 그 사실을 몰랐습니다. 그 아기가 장차 세상의 구주가 될 그리스도라는 것도 전혀 몰랐습니다. 하나님은 그들에게 천사를 보내어 태어난 아기가 메시아라는 사실을 알리지 않으셨습니다. 그들은 메시아가 오실 것을 전혀 기대하지 않았기 때문입니다. 만약 천사가 이 소식을 알렸다면 그들은 어떻게 했을까요? 아기 예수를 왕으로 모시려고 경쟁했을까요? 아니면 아기가 자라기 전에 제거하려고 공모했을까요? 후자일 가능성이 훨씬 많습니다.

하나님은 들에서 양을 치던 목자들에게 천사를 보내어 이 기쁜 소식을 전해 주셨습니다. 목자는 유목을 하느라 세상 돌아가는 걸 잘 모르는 사람들입니다. 천사들은 바로 그런 이들에게 복음을 전해 주었습니다. 마땅히 복음을 받아야 할 사람들이 준비되어 있지 않았기 때문입니다. 이것은 이스라엘 백성이 복음을 거부하자 하나님께서 그 복음을 이스라엘 밖의 이방인들에게 전하실 것임을 예표합니다. 주의 사자가 곁에 서고 주의 영광이 두루 비치자 목자들은 대단히 두려워했습니다. 천사들은 그들에게 기쁜 소식을 전하며 그들이 보고 믿을 표적을 제시합니다. "강보에 싸여 구유에 뉘어 있는 아기를 보리니 이것이 너희에게 표적이니라"(12절).

이 말을 들을 때 목자들은 어떤 마음이 들었을까요? 믿기 쉽지 않았을 것입니다. 어떻게 왕으로 오신 이가 포대기에 싸여 구유에 뉘어 있을 수 있단 말입니까? 그때 그들의 의심을 불식시키듯이 갑자기 수많은 천군 천사가 나타나 하나님을 찬송합니다. "지극히 높은 곳에서는 하나님께 영광이요 땅에서는 하나님이 기뻐하신 사람들 중에 평화로다"(14절). 이 찬송은 예수님이 누구신지를 아주 간단하고 명료하게 노래하고 있습니다. 예수님은 참 하나님이자 참 인간으로서 하나님께는 영광이 되고 사람에게는 평화(샬롬)를 가져오실 분입니다. 이 찬송은 약간 변형된 형태로 초대 교회에서 '영광송'(gloria in excelsis Deo)이라는 이름으로 많이 불렸습니다.

천사들이 찬송한다고 생각해 보십시오. 그 아름다움은 상상을 초월할 것입니다. 하나님은 가난하고 비천한 이들을 위해 최고의 찬송을 준비해 들려 주셨습니다. 성경에서 천사들이 찬송하는 장면을 의외로 찾아보기가 힘듭니다. 천사들의 찬송을 실제로 들은 사람은 들에서 양을 치던 이 목자들이 유일합니다. 그들은 천군 천사들의 찬송을 들으며 자신들이 들은 복음을 더욱 확신했을 것입니다.

찬송이 끝나자 천사들이 하늘로 올라갔습니다. 목자들은 "베들레헴으로 가서 주께서 우리에게 알리신 바 이 이루어진 일을 보자"(15절)며 서둘러서 길을 나섰습니다. 아마 돌보던 양들을 그대로 두고 출발했을 것입니다. 베들레헴에 도착한 그들은 천사들이 말한 대로 구유에 누인 아기를 찾았습니다. 그 모습을 보고 그들은 천사가 전한 복음이 사실임을 확신했을 것입니다.

구유에 누인 아기는 예수님이 어떤 분이신지를 단적으로 보여 줍니다. 영광스런 하나님의 아들이 구유에 뉘어 있는 것, 이것이 성육신의 복음입니다. 성육신이란 무엇입니까? 무한하고 영광스런 하나님께서 우리와 똑같은 인성을 취하셨다는 뜻입니다. 이것은 신비 중의 신비이고 복음의 시작입니다. 아기 예수의 탄생보다 더 성육신의 복음을 극적으로 보여 주는 장면이 있을까요?

목자들은 천사가 말한 표적을 보고 큰 기쁨의 좋은 소식을 믿었고 아기 예수의 증인이 되었습니다. 그들은 천사가 전해 준 복음을 그대로 전했습니다. 사람들은 대부분 목자들의 말을 듣고 놀라며 이

상하게 여겼지만 마리아는 마음에 새겨 두었습니다. 이 일 역시 장차 예수님의 사역에 사람들이 어떻게 반응할지를 미리 보여 주고 있습니다. 목자들은 사람들의 반응과 상관없이 자신들이 듣고 본 모든 것을 인하여 하나님께 영광을 돌리고 찬송하면서 돌아갔습니다.

♛

이것이 성탄일에 일어난 일의 전부입니다. 이것은 오늘 우리에게 어떤 의미가 있을까요? 우리에게 큰 기쁨의 좋은 소식이란 무엇일까요? 다윗의 동네에 태어난 그 아기가 우리를 위해 태어났으며, 우리의 구주요 그리스도요 주님이라는 것입니다. 우리는 이것을 어떻게 믿을 수 있을까요? 우리에게는 구유 같은 표적도, 천사들이 전해 준 복음도, 그들이 부른 찬송도 없습니다. 하지만 우리는 성경에 기록된 말씀을 통해 더 확실하게 믿을 수 있습니다. 그 복음이 성 밖의 들에 있던 목자들에게 전해졌듯이 이제 이스라엘을 넘어 우리에게도 전해졌습니다.

우리에게 필요한 것은 목자들이 가졌던 믿음입니다. 우리에게 그런 믿음이 있다는 것을 어떻게 확신할 수 있을까요? 바로 증언입니다. 목자들이 천사들에게 들은 복음을 다른 사람들에게 전했듯이, 우리도 기회가 될 때마다 우리가 가진 복음을 다른 사람들에게 전해야 합니다. 이 세상에는 구주가 필요한 사람들, 복음이 필요한 사람들이 많습니다. 성탄일은 단지 훌륭한 위인이 태어난 날이 아니라 온 세상의 왕이요 죄인들의 구주이자 참 하나님이 이 땅에 오신 날이라는 것을 알려야 합니다. 예수 그리스도를 통해 하늘과 땅이 화목하게 되었습니다. 하나님께서 택하고 기뻐하시는 모든 이들에게 샬롬이 있기를 축원합니다.

1. 메시아가 베들레헴에서 태어날 것이라는 구약의 예언은 어떻게 성취되었습니까?
2. 성 밖의 들에서 양을 돌보던 목자들에게 천사가 나타나 전해 준 두 가지 기쁜 소식은 무엇입니까?
3. 구유 같은 표적이나 천사들이 전해 준 복음이 없는 오늘날 우리는 어떻게 당시 목자들처럼 믿음을 가질 수 있습니까?

3

# 대속받은 대속자
# "내 눈이 주의 구원을 보았사오니"

누가복음 2:21-39

성탄절이 돌아오면 목사들은 설교 준비에 살짝 부담을 느낍니다. 성탄에 대한 본문이 많으면 좋으련만 마태복음과 누가복음 외에는 예수님의 탄생을 직접 언급하는 성경 구절이 없습니다. 한편, 성도들은 해마다 비슷한 본문에 비슷한 설교를 듣지만 같은 내용을 여러 번 듣는다고 해서 정확히 아는 것은 아닙니다. 성탄에 대해 우리가 의외로 잘 모르거나 간과하는 부분이 있을 수 있습니다. 성탄절 하면 대표적으로 두 장면이 떠오를 것입니다. 하나는 목자들이 아기 예수에게 경배하는 장면이고, 다른 하나는 동방박사들이 세 가지 예물을 드리며 경배하는 장면입니다. 그런데 아기 예수가 할례를 받은 것에 대해서는 생각해 본 적이 있습니까? 성전에 대속받으러 들어갔다가 시므온과 안나를 만나 경배 받은 일은 어떻습니까?

목자들과 동방박사들의 경배가 같은 날, 즉 아기 예수가 태어난 날에 일어났다고 생각하는 사람들이 많지만 실은 그렇지 않습니다. 만약 그랬다면 요셉과 마리아는 출산 직후 몸도 추스리지 못한 채 애굽으로 피난을 갔을 것이고, 아기 예수는 예루살렘 성전에 들어가 율법의 규례를 따를 수도 없었을 테지요. 따라서 본문은 목자들의 경배와 동방박사들의 경배 사이에 나오는 이야기라는 사실을 기억하시기 바랍니다. 보통 알고 있는 것과 달리 동방박사들의 경배는 예수님이 태어나고 상당한 시간이 흐른 뒤에 일어난 일입니다.

본문을 통해서는 예수님이 태어나신 직후에 있었던 일들을 살펴보려 합니다. 그동안 우리는 예수님의 탄생에는 주목하면서도 이후에 공생애 전까지 그분이 하신 일에는 그닥 관심을 두지 않은 게 사실입니다. 물론 예수님은 잘 자라며 좋은 일도 많이 하셨을 테지요. 그러나 도덕적으로 좋은 일만 하신 게 아니라 죄인인 우리를 위해 구원 사역을 감당하셨습니다. 아기 때부터 말입니다

### 율법 아래에서 태어나다

본문을 보면 율법을 거듭해서 강조하고 있습니다.

> 할례할 팔 일이 되매(21절).
>
> 모세의 법대로 정결예식의 날이 차매(22절).
>
> 이는 주의 율법에 쓴 바 첫 태에 처음 난 남자마다(23절).

또 주의 율법에 말씀하신 대로(24절).

부모가 율법의 관례대로 행하고자 하여(27절).

주재여, 이제는 말씀하신 대로(29절).

주의 율법을 따라 모든 일을 마치고(39절).

본문이 말하는 바는 매우 분명합니다. 예수님이 출생 이후에 율법이 요구하는 바를 빠짐없이 이루셨다는 것입니다. 본문에 따르면 예수님은 두 가지 일을 행하셨습니다. 율법대로 난 지 8일 만에 유대인의 할례를 받으셨고, 40일째 되는 날에는 하나님께 봉헌되고 대속을 받으셨습니다.

아담 이후로 모든 인간은 죄 아래에서 태어나 고난을 당합니다. 아기라고 해서 예외가 아닙니다. 우리는 예수님의 모든 삶을 고난으로 정의합니다. 사도신경에도 "본디오 빌라도에게 고난을 받으사"라는 구절이 있지 않습니까? 실제로 그분의 고난은 태어나자마자 시작되었습니다. 가축이 머무는 마굿간에서 태어난 것부터가 고난이었습니다. 난 지 8일이 되어 할례를 받는 것도 아기 예수에게 큰 고통이었을 것입니다. 이 일 역시 장차 예수님이 이 땅에서 어떤 삶을 사실지를 미리 보여 주는 듯합니다.

인간이 죄를 짓고 타락한 후 하나님은 여자에게 잉태하는 고통을 크게 더하셨습니다. 아기를 임신하는 것도, 낳는 것도 고통입니다. 심지어 출산 후에 산모는 아기가 남자아이일 경우에는 40일, 여자아이일 경우에는 80일 동안 부정한 여자로 간주되어 성전에 들어갈 수 없었고 하나님과의 교제에서 제외되었습니다(레 12장). 이 얼마나 큰 고통입니까? 그러나 하나님께서 정하신 결례를 통해 깨끗하게 되는 길이 있었습니다. 어린 양과 집비둘기 새끼나 산비둘기로 제사를 드리는 것입니다. 가난해서 어린 양을 살 수 없으면 산비둘기 두 마리나 집비둘기 두 마리로 제사를 드려도 되었습니다. 요셉과 마리아가 집비둘기 한 쌍으로 제사를 드리려 했던 것으로 보아 형편이 어려웠음을 알 수 있습니다.

예수님은 난 지 40일 만에 율법대로 하나님께 봉헌되고 대속을 받았습니다. 예수님은 마리아가 출산한 첫 번째 남자아이였기 때문에 이런 율례를 치른 것입니다. 출애굽기 13장에서 하나님은 "이스라엘 자손 중에서 사람이나 짐승을 막론하고 태에서 처음 난 모든 것은 다 거룩히 구별하여 내게 돌리라 이는 내 것이니라"(2절)고 말씀하십니다. 이 일은 출애굽 사건과 밀접한 관계가 있습니다. 하나님은 이스라엘을 출애굽시키기 위해 애굽에 열 가지 재앙을 내리셨는데 마지막 재앙이 '장자의 재앙'입니다. 애굽 왕 바로가 끝까지 이스라엘을 놓아주지 않자 하나님은 애굽에 있는 모든 장자를 죽이기로 하십니다. 사람뿐 아니라 가축이나 짐승의 장자도 모두 죽임을 당합니다. 단, 이스라엘의 장자에게는 피할 길을 내주셨습니다. 이후에 하나님은 이를 기념해 이스라엘의 장자들을 모두 자신에게 바치라고 명하십니다. "처음 난 모든 수컷들은 내가 여호와께 제사를 드려서 내 아들 중에 모든 처음 난 자를 다 대속하리니"(출 13:15). 하나님은 이 의식을 통해 애굽의 장자는 치시고 이스라엘의 장자는 건지신 일을 영원히 기억하게 하셨습니다. 이 의식을 따라 이스라엘 백성들은 제사장에게 다섯 세겔을 주고 장자를 다시 샀습니다. 이것을 대속이라고 합니다.

예수님도 장자로 태어났기 때문에 할례뿐 아니라 대속도 받아야 하셨습니다. 대속을 받는다는 것은 할례와 마찬가지로 그가 죄인이라는 의미를 내포합니다. 특히 대속은 누군가에게 포로로 잡혀 있음을 의미합니다. 할례와 대속은 둘 다 본문의 다음 장에 나오는 예수님의 세례와 밀접한 관계가 있습니다. 이 모든 일에서 죄 없는 예수님이 죄인 취급을 받고 있습니다. 갈라디아서 4장 4-5절은 이런 예수님의 모습을 분명하게 묘사합니다. "때가 차매 하나님이 그 아들을 보내사 여자에게서 나게 하시고 율법 아래에 나게 하신 것은 율법 아래에 있는 자들을 속량하시고 우리로 아들의 명분을 얻게 하려 하심이라."

하나님은 한 아들을 우리에게 주시며 여자에게서 나게 하셨습니다. 이것은 동정녀 탄생, 즉 죄 없이 태어나심을 의미합니다. 예수님은 또한 율법 아래서 태어나셨습니다. 그 결과 죄인 취급을 받을 수밖에 없었습니다. 죄인 취급은 예수님이 십자가에서 돌아가실 때까지 계속되었습니다. 그 이유가 무엇일까요? 바로 율법 아래서 죄에 종노릇하고 있는 우리를 대속하기 위해서입니다. 또한 우리에게 아들의 명분을 주기 위해서입니다. 예수님이 맏아들이라면 우리는 둘째, 셋째, 넷째… 아들들입니다. "하나님이 미리 아신 자들을 또한 그 아들의 형상을 본받게 하기 위하여 미리 정하셨으니 이는 그로 많은 형제 중에서 맏아들이 되게 하려 하심이니라"(롬 8:29).

### 두 증인을 만나다

아기 예수가 대속을 받으러 성전에 들어갔을 때, 두 사람만이 아기가 누구인지를 알아보았습니다. 한 사람은 시므온이고, 다른 한 사람은 안나입니다. 안나는 백 살이 넘은 노파였고, 시므온도 "주의 그리스도를 보기 전에는 죽지 아니하리라"(26절)는 성령의 지시를 받은 것으로 보아 나이가 상당히 들었을 것입니다. 그들은 당시 타락한 이스라엘 백성 중에서 얼마 되지 않는 경건한 사람들이었습니다. 성전에는 위대한 종교 지도자들이 많이 있었을 것입니다. 수많은 제사장과 레위인이 있었을 테지요. 하지만 아무도 아기 예수를 알아보지 못했습니다. 요셉이 제사장에게 다섯 세겔을 주고 아기 예수를 대속할 때에도, 담당 제사장은 아무 생각 없이 평소 하던 일을 했습입니다.

예수님이 다윗의 동네 베들레헴에서 나셨을 때 들에서 양을 치던 목자들만 그 소식을 듣고 와서 경배했듯이 성전에 들어오셨을 때에도 그랬습니다. 하나님의 아들이 자기 집에 들어왔으나 오직 연로한 두 사람만이 그 사실을 알아차렸습니다. 그들조차 없었더라면 아기 예수를 증언할 사람이 아무도 없었을 것입니다.

시므온과 안나는 단지 나이가 들어서 예수님을 알아본 것이 아닙니다. 나이가 들면 시력은 오히려 떨어지기 마련이지요. 본문은 율법과 더불어 곳곳에서 성령을 강조하고 있습니다. 시므온을 어떻게 소개하는지 보십시오. "이 사람은…성령이 그 위에 계시더라"(25절). 그는 그리스도를 보기 전에는 죽지 않을 것이라는 성령의 지시도 받았습니다. 또한 때에 맞추어 성령의 감동으로 성전에 들어갔습니다. 시므온이 그리스도를 보게 된 것은 전적으로 성령의 사역이었습니다. 아기 예수의 모든 일은 하나님의 율법에 따라 이루어지고, 그것을 알아보는 일은 성령의 사역으로 이루어진 셈입니다.

그래서 시므온은 "내 눈이 주의 구원을 보았사오니"(30절)라고 노래합니다. 성령이 눈을 열어 주지 않으시면 우리는 아기 예수를 알아볼 수 없습니다. 겉보기에 아기 예수는 수많은 아기들 중 하나일 뿐입니다. 성인이 된 예수님은 병을 고치고 권세 있게 가르치며 큰 기적을 베풀기라도 하셨지만, 이 조그만 아기가 장차 메시아가 될지 말지를 어떻게 알 수 있을까요? 성령이 아니고서는 알 길이 없습니다. 오늘 우리도 마찬가지입니다. 세상 사람들에게 예수님은 훌륭한 위인 중 한 명일 뿐입니다. 오직 성령이 우리 눈을 열어 주셔야 우리는 예수님이 구원을 이루시는 분임을 알게 됩니다.

시므온이 예수님을 보며 뭐라고 노래합니까? 그는 예수님을 가리켜 "주의 구원"(30절)이라고 말합니다. 이어서 그 구원을 가리켜 구체적으로 "이방을 비추는 빛"(32절)이라고 노래합니다. 예수님은 단지 이스라엘의 왕이 아니라 온 세상의 왕으로 태어나셨습니다. 실제로 약 2년 뒤에 동방에서 박사들이 예수님을 경배하기 위해 별빛을 보고 찾아왔습니다. 구약의 예언이 성취되는 순간입니다. 여기서 박사들은 점성가가 아니라 왕에 준하는 자들이라고 할 수 있습니다. 이방인들은 아기 예수를 찾아와 경배했지만 정작 경배해야 할 이스라엘 지도자들은 아기 예수를 죽이려 했습니다. 하나님이 멀리서 이 이방인들을 불러 메시아를 경배하게 하신 일이야말로 예수님이 진정 누구시며 앞으로 무슨 일을 하실지를 분명히 보여 줍니다.

♛

예수님이 이 세상이 오신 것은 물론 반갑고 축하할 일입니다. 그러나 예수님 편에서 보면 마냥 좋은 일만도 아닙니다. 이 세상에 오시는 것 자체가 그분에게는 고난일 테니까요. 태어나신 장소도 그렇고 출생 8일 만의 할례, 40일 후의 대속도 다 고난입니다. 귀한 분이 죄인이자 포로 취급을 당하셨습니다. 그러나 그분의 낮아지심으로 우리가 그분과 더불어 아들이 되는 명분을 얻었습니다.

시므온과 안나는 아기 예수를 알아보았지만 그 아이가 앞으로 어떤 일을 하게 될지는 잘 몰랐습니다. 단지 '이방을 비추는 빛이 될 것'이라는 정도로만 알았습니다. 그러나 오늘 우리는 그날 대속받은 아기가 우리를 대속하신 분이라는 사실을 압니다. 그분은 십자가에서 돌아가심으로 우리를 죄에서 해방시키셨을 뿐 아니라 부활 승천하시고 우리에게 성령을 선물로 주어 구원의 모든 은덕을 누리게 하셨습니다. 그 점에서 우리는 시므온이나 안나보다 훨씬 복 받은 사람들입니다. 그러나 인내하며 그리스도의 오심을 기다려야 한다는 점에서 그들과 같습니다. 다시 오실 때 예수님은 더 이상 할례나 대속을 받는 분이 아니라 세상의 왕이요 심판자로 오실 것입니다.

본문은 아기 예수가 태어나 우리를 위해 무슨 일을 했고, 장차 무슨 일을 할지를 보여 주고 있습니다. 하나님은 우리를 위해 아들을 내어 주셨습니다. 그 아들은 우리 것이 아니므로 율례를 따라 하나님께 바쳐야 했지만, 하나님은 대속을 통해 그 아들을 다시 우리에게 주시고 영원히 우리의 것이 되게 하셨습니다. 그 결과 우리도 하나님의 자녀가 되었습니다. 이 기쁨이 성탄절을 기다리는 모든 가정에 충만하시기를 주의 이름으로 축원합니다.

1. 아기 예수가 출생 후 따른 두 가지 율법 의례는 무엇입니까?
2. 아기 예수가 이러한 율례를 따라야 했던 이유는 무엇입니까? 그 일은 우리와 어떤 관련이 있습니까?
3. 아기 예수가 대속받으러 성전에 들어갔을 때 시므온이 보고 뭐라고 고백합니까? 오늘날 우리는 어떤 점에서 시므온이나 안나와 같다고 할 수 있습니까?

4

# 주의 오심을 예비한 자
# "너희는 주의 길을 준비하라"

누가복음 3:1-14

세례 요한을 어떻게 생각하십니까? 시대를 일깨우는 광야의 소리, 왕의 불의를 지적하며 당당히 택한 순교의 길. 20대 시절 제 마음속에 세례 요한은 동경의 대상이었습니다. 그의 정의롭고 용감한 신앙을 본받고 싶었습니다. 그러나 시간이 지나면서 이런 정신은 퇴색했고, 언제부터인가 제가 세례 요한에게 품었던 마음을 완전히 잊고 살았다는 사실을 깨달았습니다.

오늘날 많은 신자가 제가 그랬듯이 세례 요한에게 무관심하리라고 생각합니다. 특히 부모 중에 자녀가 세례 요한과 같은 신앙인으로 살기를 바라는 사람은 거의 없을 것입니다. 집도 없이 광야에서 옷 한 벌만 걸치고 메뚜기와 석청을 먹으며 고생하는 것을 누가 바랄까요? 반듯하게 신앙생활을 하되 이왕이면 좋은 집에서 좋은 옷을 입고 좋은 음식을 먹으며 사회적으로 대우받기를 바랄 테지요. 그러니 세례 요한이라는 인물이 오늘날 우리 삶에 자리잡기가 쉽지 않습니다. 한마디로 세례 요한은 우리에게 상당히 부담스러운 인물입니다.

그럼에도 교회 역사 속에서 세례 요한은 늘 중요한 위치에 있었습니다. 그의 삶은 중세 수도사들의 표준이었습니다. 수도사들은 문자 그대로 '세례 요한처럼' 살기를 원했습니다. 아무것도 소유하지 않고 결혼하지 않고 소식하며 수도생활에 정진했습니다. 그들의 삶은 많은 이들에게 감명을 주었고, 수도원은 진실된 신앙생활을 원하는 사람들에게 빛과 소금 역할을 했습니다. 하지만 중세 말기에 들어 수도원도 타락하면서 교회는 생명력을 완전히 상실합니다.

동방교회에서 세례 요한의 위상은 여전히 대단합니다. 개신교회와 달리 로마가톨릭교회와 동방교회 내부는 수많은 성화와 성상으로 장식되어 있습니다. 특히 회중석과 제단 사이에 여러 인물화를 그려 넣은 성화벽이 있는데, 가운데 제단으로 들어가는 문을 중심으로 양편에 그리스도와 마리아의 성화가, 그리스도 바로 옆에는 세례 요한의 성화가 그려져 있습니다. 천사나 사도보다 예수님과 더 가까운 곳에 있을 정도로 세례 요한은 위상이 높습니다. 특별히 다른 이들과 달리 천사의 날개까지 달고 있습니다. 그를 그리스도의 오심을 알린 진정한 의미의 천사(사자)라고 보는 것입니다.

세례 요한에 대한 이러한 이해는 비성경적이고 치우친 면이 있습니다. 사실상 개신교도 치우치기는 마찬가지입니다. '오직 그리스도'

라는 말에 집착하며 다른 성경 인물들을 소홀히 여기는 경향이 있습니다. '오직 그리스도'란 그리스도만이 우리의 유일한 중보자라는 고백이지 다른 성경 인물에 관심을 둘 필요가 없다는 뜻이 아닙니다. 마리아에 대해서도, 세례 요한에 대해서도 알아야 합니다. 그들의 신앙과 사역을 통해 그리스도를 더 잘 알 수 있기 때문입니다. 본문을 통해 세례 요한과 그의 사역이 우리에게 의미하는 바를 살펴봅시다.

### 세례 요한의 활동 배경

세례 요한은 무엇보다 하나님의 말씀을 받은 자, 곧 선지자라는 사실이 중요합니다. 2절에 그 점이 분명하게 서술되어 있습니다. "하나님의 말씀이 빈 들에서 사가랴의 아들 요한에게 임한지라." 누가복음 3장 1절과 2절은 하나님의 말씀이 임한 때와 상황을 아주 자세히 서술합니다. 그때는 말씀이 희귀하고 세상의 통치가 매우 암울한 시기였습니다.

디베료 가이사가 황위에 오른 지 15년이 되었습니다. 티베리우스로 알려진 그는 로마제국의 두 번째 황제입니다. 첫 번째 황제는 유명한 가이사 아구스도이고, 디베료는 그의 양아들이었습니다. 가이사 아구스도가 안토니우스와의 전쟁에서 이기고 정권을 잡으면서 공화정이던 로마는 황제가 다스리는 거대한 제국이 되었습니다. 황위에 오른 가이사는 천하 모든 사람은 호적 등록을 해야 한다는 명령을 내렸습니다. 이 명령에 따라 요셉과 마리아는 베들레헴으로 가야 했습니다. 이 일을 통해 우리는 로마 황제가 세계를 다스리는 것 같아도 실제로 구원의 역사를 주관하시는 분은 하나님이라는 사실을 알 수 있습니다. 황제가 바뀌어 디베료가 다스릴 때, 로마제국은 천하무적이 되었고 이스라엘은 감히 독립을 꿈도 꿀 수 없었습니다.

이때 빌라도가 유대 총독으로 파견됩니다. 빌라도라는 이름이 이곳에서 처음 등장합니다. 로마제국은 팔레스타인에서 가장 중요한 지역인 유대에는 총독을 보내어 그곳을 직접 다스렸습니다. 유대 외 지역은 황제가 직접 다스리지 않고 분봉왕을 세워서 공물을 바치게 했습니다. 갈릴리 지역은 헤롯이, 갈릴리 동쪽 이두래와 드라고닛 지역은 헤롯의 동생 빌립*이, 갈릴리의 북쪽 지역인 아빌레네는 루사니아가 다스렸습니다. 헤롯은 이복동생 빌립 1세의 아내 헤로디아를 보고 탐나서 빼앗을 정도로 탐심이 가득한 왕이었습니다.

다음으로 주목할 사람들은 이스라엘의 종교 지도자인 대제사장 안나스와 가야바입니다. 가야바가 안나스의 딸과 결혼했기 때문에 안나스는 가야바의 장인입니다. 안나스는 제사장직을 사위에게 물려주었지만 여전히 막후에서 실권을 행사했습니다. 예수님은 체포된 후 제일 먼저 안나스에게 끌려가 심문을 받으셨고, 다음으로 가야바에게 이송되었습니다. 당시 대제사장은 오늘날 대법관 노릇을 한 것 같습니다. 이들이 예수님을 얼마나 졸속으로 재판했는지는 모

---

* 헤로디아와 결혼해서 살로메를 낳은 빌립 1세와 다른 빌립 2세다.

든 복음서가 증언하고 있습니다. 간단히 말해 그들은 불의한 재판장이었습니다. 그들은 성전에서 제물을 팔며 폭리를 취하는 '강도'이기도 했습니다. 예수님의 성전 청결 사건으로 수익이 끊어지자 그들은 예수님을 잡아 죽이려 했습니다(눅 19:47).

세례 요한의 아버지 사가랴도 제사장이었기 때문에 그들은 서로 잘 알았을 것입니다. 누가복음은 안나스와 사위 가야바, 그리고 사가랴와 아들 세례 요한을 대조하고 있습니다. 세례 요한도 마음먹기에 따라 제사장의 특권을 누리며 살 수 있었을 것입니다. 그런데 두 가문이 다른 길을 가게 된 이유가 무엇입니까? 바로 하나님의 말씀입니다. 아버지 사가랴는 말라기 선지자 이후 처음으로 주의 사자에게 말씀을 받았고, 그 결과 아들 세례 요한은 광야에서 살게 되었습니다. 그러고 나서 하나님의 말씀이 요한에게 임한 것입니다.

그 당시 이스라엘 백성들은 오랫동안 거대한 로마제국의 식민통치 아래에서 신음했고, 여러 포악한 군주들에 의해 고통당했으며, 권력에 빌붙은 제사장들의 배를 채우기 위해 일해야 했습니다. 부자와 군인, 세리들은 악한 통치자와 종교 지도자들의 그늘에서 민중에게 실제로 압제를 행사했습니다. 이스라엘 백성에게는 구약에 약속된 메시아의 오심 말고는 아무런 소망이 없는 현실입니다. 하지만 메시아가 이미 30년 전에 오셨음에도 불구하고 그들은 그 사실을 전혀 알지 못했습니다.

## 세례 요한의 사역

광야에서 홀로 살던 요한은 주의 말씀이 임하자 곧 사역을 시작했습니다. 그는 광야를 떠나서 요단강 근처로 가서 "죄사함을 받게 하는 회개의 세례"(3절)를 전파했습니다. 이 말에 복음의 핵심이 다 담겨 있습니다. 회개는 복음의 본질이고, 회개하는 자는 죄사함의 은혜를 받습니다. 세례는 회개의 외적 증거입니다. 실제로 마가는 이러한 세례 요한의 사역을 "복음의 시작"이라고 부릅니다(막 1:1).

요한은 세례 사역과 더불어 말씀 사역을 시작했습니다. 그는 구약성경에 기록된 이사야의 예언이 성취되고 있음을 선포했습니다. 그가 설교 본문으로 삼은 말씀은 이사야 40장 3절 이하입니다.

> 외치는 자의 소리여, 이르되 너희는 광야에서 여호와의 길을 예비하라. 사막에서 우리 하나님의 대로를 평탄하게 하라. 골짜기마다 돋우어지며 산마다, 언덕마다 낮아지며 고르지 아니한 곳이 평탄하게 되며 험한 곳이 평지가 될 것이요 여호와의 영광이 나타나고 모든 육체가 그것을 함께 보리라.

이스라엘 백성들은 이 말씀을 아주 잘 알고 있었습니다. 아니 너무나 사모했습니다. 쿰란이라는 공동체는 이 본문에 근거해 사막으로 가서 함께 생활하며 율법을 읽고 주의 오심을 예비할 정도였습니다. 이사야서는 크게 두 부분으로 구분되는데 40장부터 66장까지는 이스라엘의 구원과 회복에 대한 말씀입니다. 세례 요한이 언급한 본문은 40장 초반부에 위치하며 이스라엘의 구원과 회복이 어떻게 시작되는지 잘 보여 줍니다.

사실 이사야 40장 이후에 기록된 예언은 이스라엘이 바벨론 포로에서 귀환하게 될 것을 말하고 있습니다. 자신들의 죄악 때문에 바벨론으로 잡혀갔던 사람들은 회개하면서 이사야의 예언이 이루어지길 소망했습니다. 마침내 하나님이 정하신 70년의 기한이 차자 바벨론 제국이 망하고 이스라엘 백성은 긴 포로생활에서 귀환할 수 있었습니다. 그 구원의 기쁨은 말로 다 표현할 수 없었을 것입니다.

이스라엘 백성은 바벨론에서 귀환하고 나서 성전을 다시 짓고 무너진 성벽도 재건했습니다. 하지만 다윗 왕가는 전혀 재건되지 못했습니다. 한때 마카비를 중심으로 하스모니안 왕조라고 불리는 독립 왕조가 생기기도 했지만 그 왕들은 다윗의 가문이 아니었습니다. 세례 요한 때까지 이스라엘은 페르시아의 지배에서 그리스의 지배로, 그리스의 지배에서 로마의 지배 아래로 들어가야 했습니다. 이러한 상황에서 이스라엘 백성들은 메시아의 오심을 갈망하게 되었습니다. 그들은 이사야 40장의 말씀을 읽으면서 제2의 바벨론 포로 귀환을 소망하며 메시아를 기다렸습니다. 실제로 그들은 세례 요한이 구약에서 약속한 메시아가 아닌지 의논하기도 했습니다(3:15).

세례 요한이 회개의 복음을 선포하자 놀랍게도 수많은 사람들이 이에 응답했습니다. 요한의 세례를 받기 위해 요단강으로 많은 사람들이 몰려들었습니다. 이것은 성령의 역사가 아니고서는 설명할 길이 없습니다. 성령의 역사가 아니었다면 대부분은 요한의 말을 듣고 어떤 신들린 자가 떠드는 것이라고 생각했을 것입니다. 그들은 세례를 통해 죄사함을 받으러 세례 요한에게 왔습니다. 그러면 하나님의의 심판을 면할 수 있다고 생각했기 때문입니다.

그런 생각을 갖고 온 사람들을 세례 요한은 호되게 꾸짖습니다. "독사의 자식들아, 누가 너희에게 일러 장차 올 진노를 피하라 하더냐"(7절). 하나님의 진노는 단지 세례를 받는다고 해결될 문제가 아니었습니다. 진정으로 회개하고 회개의 열매를 맺어야 한다고 세례 요한은 촉구합니다. "회개에 합당한 열매를 맺고 속으로 아브라함이 우리 조상이라 말하지 말라. 내가 너희에게 이르노니 하나님이 능히 이 돌들로도 아브라함의 자손이 되게 하시리라"(8절). 세례 요한은 심판이 임박했음도 말합니다. "이미 도끼가 나무 뿌리에 놓였으니 좋은 열매 맺지 아니하는 나무마다 찍혀 불에 던져지리라"(9절).

그동안 유대인들은 할례를 통해 하나님의 백성이 되었습니다. 그러나 세례 요한은 할례가 하나님 나라의 백성됨을 보장하지 않는다고 선언합니다. 하나님은 돌을 떡뿐 아니라 아브라함의 자손도 되게 하실 수 있기 때문입니다. 중요한 것은 외적 혈통이 아니라 속사람이 바뀌는 것입니다. 이것이 바로 회개입니다. 진정한 회개의 여부는 그 열매를 보면 알 수 있습니다. 회개의 열매가 없다면 회개한 것이 아니므로 하나님의 진노에서 벗어날 수 없습니다. 오직 회개만이 죄 사함을 받고 하나님의 심판을 면하는 길입니다.

세례 요한의 말에 백성들이 반문합니다. "그러면 우리가 무엇을 하리이까." 이에 세례 요한은 아주 구체적인 지침을 줍니다. 남는 옷과 음식을 없는 자에게 나눠 주라! 세리들은 정한 세만 받으라! 군인들은 강탈하지 말며 거짓으로 고발하지 말며 받는 급료에 만족하라! 당시 부자와 세리, 군인은 돈과 법과 힘을 가진 자들이었습니다. 그들은 앞서 말했듯이 포악한 정치 지도자에게 빌붙어 부를 챙기던 사람들이었습니다. 이제 그런 일을 그만두라고 세례 요한은 단호히 선언합니다.

누가 세례 요한의 말에 순종할 수 있을까요? 누가 자신의 재물과 권한과 힘을 스스로 자제할 수 있을까요? 그런 일을 사람의 힘으로 할 수 있을까요? 오직 하나님의 은혜를 입어 심령으로 회개한 자들만 이렇게 할 수 있습니다. 메시아가 와서 세우시는 나라에는 죄인이 설 자리가 없습니다. 회개한 자들만 메시아의 나라에 들어갈 것입니다. 예수님도 "회개하라. 천국이 가까이 왔느니라"(마 4:17)고 선포하셨습니다.

♛

세례 요한의 사역은 한마디로 주님의 오심을 예비하는 것이었습니다

다. 그렇다면 세례 요한이 약속한 예수님이 이미 오신 마당에 그의 사역은 오늘날 우리에게 무슨 의미가 있을까요? 물론 예수님은 이 땅에 이미 오셨습니다. 그 점에서 우리는 주님의 오심을 준비할 필요는 없습니다. 그러나 예수님의 오심으로 그분의 나라가 이미 시작되었습니다. 그 나라에 들어가려면 우리 역시 회개해야 합니다. 단지 죄를 슬퍼할 뿐 아니라 우리의 삶 전체를 돌이켜야 합니다.

복음의 시작을 보면 교회의 시작과 매우 유사합니다. 오순절날에 성령이 임하시고, 베드로가 그들에게 오신 메시아를 처형한 죄에 대한 하나님의 심판을 선포했을 때, 그들 역시 똑같은 말을 했습니다. "형제들아, 우리가 어찌할꼬." 그러자 베드로는 "회개하여…세례를 받고 죄사함을 받으라"(행 2:37-38)고 말했습니다. 그들은 세례를 받고 최초의 교회를 세운 다음, 모두가 자기 재산을 팔아 각 사람의 필요에 따라 나누고 모든 물건을 통용했습니다.

우리는 세례 요한을 통해 복음의 시작을 보았습니다. 복음의 핵심 중 핵심은 회개입니다. 회개는 심판에서 벗어나고 죄사함을 얻어 하나님의 나라에 들어가는 유일한 통로입니다. 회개는 협박이 아니라 초청입니다. 이 초청은 이제 이스라엘을 넘어 모든 사람에게 확장되었습니다. 이사야의 예언대로 모든 육체가 하나님의 영광을 보게 될 것입니다. 이 초청에 응답하여 죄에서 해방되고, 자유와 나눔과 교제의 참 사랑 안에 거하는 성도가 되시기를 축원합니다.

1. 세례 요한은 사역을 시작하며 어떤 구약 말씀을 선포합니까? 그의 사역은 한마디로 무엇을 위한 것이었습니까?
2. 세례 요한은 하나님의 심판을 면하기 위해 나온 이들을 뭐라고 꾸짖습니까?
3. 오늘날 우리는 세례 요한의 메시지에서 어떤 교훈을 받을 수 있습니까?

# 갈릴리에서-사역의 시작

누가복음 4:14-9:62

5

# 첫 설교
# "이 글이 오늘 너희 귀에 응하였느니라"

누가복음 4:14-30

누가복음은 예수님이 누구신지를 증언하는 복음서입니다. 3장에서 세례 요한은 예수님에 대해 "나는 물로 너희에게 세례를 베풀거니와 나보다 능력이 많으신 이가 오시나니 나는 그의 신발끈을 풀기도 감당하지 못하겠노라"(3:16)고 증언합니다. 예수님이 세례 요한에게 세례를 받고 물에서 나올 때 하늘에서 이런 음성이 들렸습니다. "너는 내 사랑하는 아들이라. 내가 너를 기뻐하노라"(3:22).

이렇듯 예수님은 하나님의 아들로 선포되었으나 대중은 그분을 '요셉의 아들'로만 알고 있습니다(3:23). 예수님이 첫 설교를 마치셨을 때, 사람들은 "이 사람이 요셉의 아들이 아니냐"라고 반문했습니다. 이후에 예수님이 오병이어 기적을 일으킨 다음 이적을 설명하면서 자신이 "하늘에서 내려온 떡"이라고 말씀하셨을 때에도 유대인들은 이렇게 수군거렸습니다. "이는 요셉의 아들 예수가 아니냐. 그 부모를 우리가 아는데 자기가 지금 어찌하여 하늘에서 내려왔다 하느냐"(요 6:42). 그들은 지금 기본적으로 예수님을 깔보며 '요셉의 아들'이란 표현을 쓰고 있습니다. 예수님은 분명 요셉의 아들입니다. 여기에는 의문의 여지가 없습니다. 따라서 그 사실을 복음서가 증명할 필요는 없습니다. 다만 '이 요셉의 아들이 누구인가'를 밝히는 것이 복음서의 기록 목적입니다. 3장 후반부에 나오는 긴 족보는 요셉의 아들이 다윗의 아들이며 아브라함의 아들이고, 최종적으로 하나님의 아들임을 증명하고 있습니다. 누가는 3장에서 세례 요한의 사역과 족보를 들어 예수님이 하나님의 아들임을 강조합니다.

누가복음은 성인이 된 예수님을 하나님의 아들로 소개하고 있습니다. 예수님이 행하신 모든 일은 하나님의 아들로서 하신 일이라고 보아야 합니다. 예수님이 행하신 일들을 통해 하나님의 아들이 어떤 존재인지를 보는 것입니다. 예수님은 하나님의 아들로서 광야에서 시험을 받으셨고 말씀으로 시험을 이기셨습니다. 그 후 마귀가 얼마간 물러가 있을 때 예수님은 사역을 시작하셨고, 본문에 그 첫 사역이 나옵니다. 이 일은 앞으로 예수님이 행하실 모든 사역의 모형을 보여 주고 있습니다.

### 갈릴리에서 나사렛으로

14절은 예수님의 첫 사역지 갈릴리에 대해 언급합니다. 예수님은 요한에게 세례를 받으신 후 갈릴리로 가서 사역을 시작하셨습니다. 이것은 우연이 아닙니다. 누가는 예수님이 "성령의 능력으로" 갈릴리로 돌아가셨다고 서술합니다. 예수님이 "성령의 충만함을 입어" 요단강에서 돌아오고 "성령에게 이끌리시며" 시험받았듯이(1절), 성령의 능력으로 갈릴리로 돌아가셨습니다. 누가는 예수님의 사역이 철저히 성령에 의한 사역임을 강조하고 있습니다.

성령이 예수님을 갈릴리로 이끌어 사역하게 하신 것은 이사야 선지자의 예언을 이루기 위해서였습니다. "여호와께서 스불론 땅과 납달리 땅이 멸시를 당하게 하셨더니 후에는 해변 길과 요단 저쪽 이방의 갈릴리를 영화롭게 하셨느니라"(사 9:1). 이사야의 예언은 마태복음 4장 12-16절에서 그대로 인용됩니다. 이사야 9장은 특별히 아기 예수의 탄생을 예언하는 매우 중요한 장입니다. 기묘자, 모사, 전능하신 하나님, 영존하시는 아버지, 평강의 왕이라 불리는 아기가 탄생했기 때문에 이방의 갈릴리가 영화롭게 될 것입니다. 이 예언을 따라 예수님은 갈릴리에서 사역을 시작하십니다.

예수님은 갈릴리 중에서도 특별히 가버나움을 중심으로 사역을 하셨습니다. 가버나움은 갈릴리 호수 북쪽에 있는 교통의 중심지로 상당히(오늘날에 비하면 형편없지만) 규모가 있는 성읍이었습니다. 예수님은 여러 기적을 행하셨고 여러 회당에서 하나님 나라의 복음을 가르치셨습니다. 그 결과 그 지역에 예수님의 소문이 널리 퍼지며 사람들의 칭송이 자자해졌습니다. 엄밀히 말해서 그들은 예수님을 환영하기는 했지만 실제로 회개한 것은 아니었습니다(마 11:20-24).

이제 예수님은 갈릴리를 떠나 고향인 나사렛으로 오셨습니다. 예수님은 갈릴리에서 그랬듯이 고향 사람들에게도 환영을 받으셨을까요?

고향에 오신 예수님은 안식일에 규례대로 회당에 들어가 성경을 읽으셨습니다. 이것은 예수님이 사람들에게 랍비로 인정받았음을 보여 줍니다. 예수님은 어려서부터 성경에 능통하여 예루살렘 성전에서 선생들 가운데 앉아서 묻기도 하고 대답도 하셨습니다(2:46). 열두 살 이후로는 어떻게 자랐는지 정확히 알 수 없지만, 지혜와 키가 자라감에 따라 사람들에게 사랑을 받으면서(2:52) 자연스럽게 랍비로 인정을 받으신 것 같습니다.

회당에 들어가신 예수님은 성경을 읽기 위해 회중 앞에 섰습니다. 누군가가 예수님에게 이사야서를 가져다주었습니다. 그 책은 두루마리로 되어 있었을 것입니다. 당시에는 당연히 구약성경만 존재했고, 양피지 두루마리는 그 부피가 상당해서 아마 책별로 나뉘어 있었을 것입니다. 예수님은 두루마리 성경을 받아 61장 말씀을 찾으셨습니다. 61장은 이사야서에서 매우 중요하고 유명한 말씀입니다. 예수님은 이 말씀을 읽은 후 두루마리를 정리하여 맡은 자에게 준 다음 자리에 앉으셨습니다. 당시에는 성경을 읽을 때는 일어서고, 설교할 때는 앉았던 것 같습니다. 무슨 말씀을 하실지 다들 주목하고 있을 때 예수님은 놀라운 선포를 하십니다. "이 글이 오늘 너희 귀에 응하였느니라"(21절).

예수님은 이사야 61장의 놀라운 구원의 메시지가 그들에게 성취되었다고 선포하셨습니다. 그 말을 들은 청중은 어떤 반응을 보였을까요? 놀랍게도 모든 사람의 반응이 한결 같았습니다. 오늘날 교회에서 누가 이런 설교를 했다면 모두가 아무 생각없이 "아멘"이라고 화답했을 것입니다. 말씀이 자신들에게 성취되었다고 하는데 싫어할 사람이 누가 있을까요? "여러분이 하나님의 놀라운 축복을 한없이 받기를 원합니다"라고 강단에서 말하면, 회중은 큰소리로 즉시 "아멘" 하며 화답할 테지요. 그런데 "이 말씀이 여러분의 귀에 성취되었습니다"라고 말하면 어떻게 반응할까요? 평소 생각 없이 습관적으로 "아멘"을 외치는 사람이면 몰라도 이사야서를 잘 아는 사람이라면 쉽게 "아멘" 하지 못할 것입니다.

예수님의 말씀을 들은 그들은 모두 "그를 증언하고 그 입으로 나오는 바 은혜로운 말을 놀랍게 여"겼습니다(22절). 이 구절을 이해하기가 쉽지 않습니다. 은혜로운 말을 놀랍게 여기는 것을 '그를 증언하는 것'에 대한 부연설명으로 보는 편이 자연스러울 것 같습니다. 마가복음 6장 2절이 이 내용을 강조합니다. "이 사람이 어디서 이런 것을 얻었느냐. 이 사람이 받은 지혜와 그 손으로 이루어지는 이런 권능이 어찌됨이냐." 그들은 예수님의 말씀을 듣고 대단하다고 생각했을 것입니다. 한마디로 놀랐을 것입니다. 그러나 예수님이 하신 말씀을 믿지는 않았습니다. 이사야서 말씀이 성취되었다는 설교에 놀랄지언정 그 예언이 예수님에게 이루어졌다는 사실은 받아들이지 못했습니다. 그래서 "이 사람이 요셉의 아들이 아니냐"라고 빈정거렸습니다.

나사렛 사람들은 예수님에 대해 아주 잘 알았을 것입니다. 어린 시절의 예수님을 직접 보았으니까요. 마가복음은 이 상황을 더 구체적으로 서술합니다. "이 사람이 마리아의 아들 목수가 아니냐. 야고보와 요셉과 유다와 시몬의 형제가 아니냐. 그 누이들이 우리와 함께 여기 있지 아니하냐"(막 6:3). 그들은 예수님의 가족에 대해서도 훤하게 꿰고 있었습니다. 어릴 적에 예수님과 함께 놀았는지도 모릅니다. 그것이 오히려 예수님의 말씀을 받아들이는 데 장애가 되었습니다.

### 예수님의 반박

나사렛 사람들이 예수님을 배척하자 예수님도 그들을 배척하셨습니다. 예수님은 그들이 설교를 듣고 나서 그 말을 증명하라고 요구하리라는 것을 잘 아셨습니다. 그 당시에 잘 알려진 속담이 있었습니다. "의사여, 당신부터 치료하시오." 진짜 의사라면 자기 병부터 고쳐야 한다는 뜻이지요. 자기 병도 고치지 못하는 사람이 어떻게 의사라고 할 수 있을까요? 맞는 말 같기도 합니다. 그들은 예수님에 대한 소문을 이미 들었고 가버나움에서 행한 일을 고향에서도 하기를 기대했습니다. 만약 예수님이 그런 일부터 하셨다면 그들은 예수님을 선지자로 인정했을지도 모릅니다.

전통과 상식에 따라 예수님을 판단하는 나사렛 사람들을 향해 예수님은 하나님의 말씀으로 그들의 완악함을 증명합니다. 성경에 따르면 선지자는 고향 땅에서 환영을 받지 못합니다. 예수님은 구전 선지자로 알려진 두 사람 엘리야와 엘리사를 예로 드셨습니다. 엘리야 시대에 3년 반 동안 큰 흉년이 들었을 때, 수많은 과부들이 이스라엘에 있었지만 엘리야 선지자는 오직 시돈 땅에 있는 사렙다 과부에게 가서 그녀의 굶주림을 해결해 주었습니다. 엘리사 시대에도 수많은 문둥병자가 있었지만 오직 시리아의 나아만 장군만이 엘리사에게 나음을 얻었습니다.

두로와 함께 시돈은 소돔같이 사악한 도시로 알려져 있었습니다(마 11:22, 24). 나아만은 이스라엘을 공격했던 시리아의 군대 사령관입니다. 참된 선지자라면 그런 사람들에게 먹을 것을 주거나 병을 치료하기는커녕 심판의 메시지를 전해야 하지 않을까요? 그런데 왜 선지자들은 이스라엘에 있는 수많은 가난한 사람과 병든 사람을 외면하고 그런 사람들을 위해 사역을 했을까요? 그 이유는 아주 간단합니다. 이스라엘 사람들이 엘리야와 엘리사를 선지자로 환영하지 않았기 때문입니다. 반대로 사렙다 과부와 나아만 장군은 그들을 하나님의 참된 선지자로 영접했습니다.

의사가 아무리 훌륭해도 환자가 믿지 못하고 몸을 맡기지 않으면 병을 고쳐 줄 수 없듯이 아무리 능력 많은 예수님도 자신을 믿지 않는 이들에게는 능력을 행하지 않으십니다. 사람들은 엘리야와 엘리사를 하나님의 선지자로 믿지 않았습니다. 그러자 엘리야와 엘리사는 사역 대상을 이방인들에게로 옮겨 자신이 하나님의 선지자임을 나타내고 자신이 전하는 말이 하나님의 말씀임을 증명했습니다. 사렙다 과부와 나아만 장군의 이야기는 이스라엘 사람들에게 부끄러움을 안겨 줍니다. 그들은 이 사실을 기억하고 싶지 않았고, 할 수 있다면 성경에서 지워 버리고 싶었을 것입니다. 하지만 두 이야기야말로 이스라엘이 얼마나 완악한 심령을 가진 백성인지를 단적으로 보여 줍니다. 예수님은 나사렛 사람들의 마음을 정확히 읽으셨고, 인간의 속담과 전통으로 자신을 공격하는 그들에게 하나님의 말씀으로 그들의 사악한 마음을 정확히 드러내셨습니다.

♛

예수님의 반박을 듣고 백성들은 어떤 생각이 들었을까요? 그들은 예수님이 무슨 말씀을 하시는지 정확히 알고 있었습니다. 그 말씀이 맞다는 것도 알았습니다. 그러면 어떻게 해야 할까요? 자신의 무지와 사악함을 인정하고 예수님을 참 선지자로 받아들이면 됩니다. 이것을 회개라고 합니다. 그러면 가버나움 사람들이 누렸던 복을 그들도 누릴 수 있었을 것입니다.

안타깝게도 나사렛 사람들은 예수님의 말씀을 듣고도 회개하지 않았습니다. 그들의 반응을 보십시오. 그들은 분이 가득하여 예수님을 동네 밖으로 쫓아냈고 산 낭떠러지로 끌고 가서 예수님을 떨어뜨려 죽이려 했습니다. 자신들의 죄악을 책망하는 예수님의 말씀을 도저히 받아들일 수 없었던 것이지요. 결국 그들이 자신들의 의로움을 입증하는 방법은 예수님을 죽이는 것이었습니다. 하지만 예수님은 그들 가운데로 지나서 가셨습니다. 구체적인 방법은 알 수 없으나 성령의 능력으로 그곳을 빠져나오셨을 것입니다. 나사렛 사람들은 자신들의 행동을 통해 "선지자가 고향에서는 환영을 받는 자가 없느니라"는 주님의 말씀을 오히려 확증했습니다. 그들의 적대 행위 자체가 하나님의 말씀을 증명한 것입니다.

예수님의 말씀대로 선지자는 고향에서 환영을 받지 못했습니다. 그러나 엘리야와 엘리사 시대와 마찬가지로 그리스도의 말씀은 고향 밖에서 환영을 받았습니다. 주의 성령이 임했기 때문에 이제 새 시대가 도래했고, 가난한 자들에게 복음이 전파되며, 죄의 포로가 된 자들에게 자유가 주어질 것입니다. 이 복된 소식은 오직 믿음으로 받아들이는 자들만이 누릴 수 있습니다.

오늘날 신자들이 하나님의 말씀에 근거하지 않고 자기 경험이나 전통에 근거해 복음을 배척하는 경우가 많습니다. 그들은 이른바 능력 있는 교회를 찾습니다. 교회가 커지고 치유의 역사가 일어나야 진짜 교회라고 생각합니다. 그러나 그런 것들이 오히려 복음을 대적할 수 있다는 점을 잊지 마십시오. 선지자가 고향에서 환영을 받지 못했다는 주님의 말씀에 귀기울입시다. 우리도 주의 말씀을 겸손히 믿음으로 받지 않으면 하나님께서 그 말씀을 다른 곳으로 옮기실 것입니다. 우리 주님은 교만한 자를 대적하시며 겸손한 자에게 은혜를 베푸십니다.

본문은 설교가 무엇인지를 잘 보여 줍니다. 설교의 본질은 “이 글이 오늘 너희 귀에 응하였느니라”(21절)에 있습니다. 나사렛에 오신 예수님과 동일하게 저도 이 글이 여러분에게 응했다고 말씀드릴 수 있습니다. 이제 부활하고 승천하신 우리 주님은 성경이 약속하신 메시아로서 더욱 분명하고 강력하게 가난한 자들과 포로된 자들에게 해방의 복음을 선포하십니다. 믿음으로 이 말씀을 받아들이는 자는 복음이 주는 부요와 해방을 맛볼 것입니다. 이와 같은 믿음이 여러분과 자녀들에게 충만하기를 주의 이름으로 축원합니다.

1. 세례를 받은 예수님은 어디서 처음 사역을 시작하십니까? 그 이유는 무엇입니까?
2. 예수님이 처음 설교하신 구약성경은 무엇입니까? 성경을 낭독한 후 무슨 말씀을 하십니까?
3. 예수님의 첫 설교에 사람들은 어떻게 반응했습니까? 이것은 오늘날 우리에게 무엇을 시사합니까?

6

# 제자를 부르심 "나는 죄인이로소이다"

누가복음 5:1-11

예수님이 베드로를 제자로 부르시는 본문의 이야기는 익히 들어 본 내용일 것입니다. 그런데 같은 본문에서 전혀 다른 설교가 나올 수 있다는 생각을 해본 적이 있습니까? 실제로 "말씀에 의지하여 내가 그물을 내리리이다"(5절)라는 베드로의 응답을 강조하는 설교가 있는가 하면, "주여, 나를 떠나소서. 나는 죄인이로소이다"(8절)라는 고백을 강조하는 설교도 있습니다. 전자는 베드로의 믿음에 초점을 맞췄고, 후자는 베드로의 죄성에 초점을 맞췄습니다. 그렇다면 이 사건 자체는 베드로의 믿음을 보여 줄까요, 아니면 죄인 됨을 보여 줄까요? 저는 이 문제를 해결하기 위해 많은 주석서를 살펴보았지만 아직 속시원하게 설명한 주석을 보지 못했습니다.

다만 본문에서 베드로에게 집중하면 이와 같은 부조리(똑같은 본문에 근거한 정반대의 설교)에서 벗어날 수 없겠다는 생각이 들었습니다. 하나님의 계시인 성경을 볼 때 우리는 '주님이 하시는 일'을 중심으로 내용을 살펴야 합니다. 본문에서 예수님은 무슨 일을 하십니까? 베드로에게 물고기를 잘 잡는 비법이나 부자가 되는 길을 알려주고 계십니까? 주님의 말씀에 순종하면 물고기를 건져올리듯 수많은 영혼을 끌어모아 교회를 부흥시킬 수 있다는 말씀을 하고 계십니까? 아니요, 지금 예수님은 베드로를 불러 복음 전하는 사람으로 세우고 계십니다. 이러한 부르심을 소명이라고 하지요. 이 본문은 소명의 관점으로 보아야 참다운 교훈이 드러날 것입니다.

가끔 저는 '어떻게 내가 목사가 되었을까?'라는 생각을 합니다. 제 삶을 돌아보면 예수님을 믿게 된 것이 감사할 뿐입니다. 할머니가 집안에서 처음으로 신앙을 갖게 되었을 때 할아버지의 박해가 심했다고 합니다. 할머니가 그때 신앙을 포기했다면 어떻게 되었을까요? 젊을 때 신앙생활을 제대로 못한 아버지가 저와 동생을 교회에 보내지 않았다면 어떻게 되었을까요? 제가 하나님을 믿고 신앙생활을 하며 목사가 된 것은 하나님께서 먼저 저를 부르신 덕분이라는 고백을 하지 않을 수 없습니다. 그렇습니다. 하나님이 불러주시지 않으면 우리는 신앙인으로 존재할 수 없습니다. 성경에서 보는 하나님의 주요 이미지 중 하나가 자기 백성을 '부르시는' 모습입니다.

본문에서도 예수님은 베드로를 제자로 부르십니다. 그 과정을 통해 소명의 본질과 그것이 우리 삶에 미치는 영향에 대해 살펴보겠습니다.

베드로는 열두 제자 중에서도 좀 특별한 위치에 있습니다. 실제로 베드로에 대한 이해가 달라서 동방교회와 서방교회가 나뉘기도 했습니다. 나중에 예수님은 베드로에게 "너는 베드로라 내가 이 반석 위에 내 교회를 세우리니"(마 16:18)라고 말씀하셨는데, 로마가톨릭 교회는 이 말씀에 근거해 베드로야말로 외적으로 드러난 가시적 교회의 머리이고 그 직분을 오늘날 교황이 계승하고 있다고 말합니다. 베드로를 사도 중의 사도라고 생각하기 때문에 세상의 모든 가시적 교회들이 그의 권위에 복종해야 한다고 주장합니다. 한편, 동방교회와 개혁교회에서는 베드로를 단순히 사도들 중 한 명으로 생각합니다. 여러모로 보아 예수님의 수제자이긴 하지만 권위에 있어, 특히 사법적 권위에서 다른 사도들과 다를 바가 없다고 봅니다. 그래서 각 교회를 독립된 존재로 보고, 교회가 모인 공의회의 결정을 가장 권위 있게 여깁니다.

베드로를 '대사도'로 인식하기 때문인지 예수님이 그를 부르신 것은 그가 다른 사람과 달리 특별한 자격을 갖추었기 때문이라고 많은 사람들이 생각합니다. 이런 선입견은 성경을 제대로 이해하는 데 걸림돌이 되기 쉽습니다. 이제 살펴보겠지만 예수님이 베드로를 부르신 것은 그가 특별해서가 아닙니다. 특별한 것이 없었음에도 불구하고 예수님이 그를 부르셨음을 잊지 말아야 합니다.

주님의 부르심을 이 같은 관점에서 이해하는 것이 성경 전체를 이해하는 데 도움이 됩니다. 하나님이 이스라엘 백성을 선택하셨을 때 그들이 다른 민족보다 특출나서 부르신 게 아닙니다. 소명이 우리를 특별하게 하지 우리의 특별함이 하나님의 소명을 부르지 않습니다. 우리는 흔히 하나님이 준비된 사람을 부르신다고 말하지만 예수님의 제자들을 보십시오. 누구 하나 준비된 사람이 있었습니까? 사역을 준비할 필요가 없다고 말하는 게 아닙니다. 다만 순서가 바뀌었습니다. 소명을 확신한다면 사역을 위해 열심히 준비하시기 바랍니다. 지금 사역 준비를 소홀히 하고 있다면 하나님의 부르심을 확신하지 못한다는 반증이겠지요.

하나님은 아브라함을 갈대아 우르에서 불러내셨습니다. 우상 숭배의 도시에 있던 아브라함을 주권적으로 선택하여 부르신 것입니다. 아브라함이 그의 형제 하란이나 나홀보다 탁월해서 선택을 받은 것이 아닙니다.

> 여호와께서 너희를 기뻐하시고, 너희를 택하심은 너희가 다른 민족보다 수효가 많은 연고가 아니라. 너희는 모든 민족 중에 가장 적으니라. 여호와께서 다만 너희를 사랑하심을 인하여, 또는 너희 열조에게 하신 맹세를 지키려 하심을 인하여 자기의 권능의 손으로 너희를 인도하여 내시되 너희를 그 종 되었던 집에서 애굽 왕 바로의 손에서 속량하셨나니(신 7:7-8).

하나님의 선택과 소명의 궁극적인 원인은 하나님 자신에게 있습니다. 그분은 주권적으로 우리를 사랑하실 뿐입니다. 우리에게 그분의 소명을 부르는 어떤 동인도 없습니다. 신명기의 이 사상은 누가복음의 전체 주제와도 조화를 이룹니다. 누가복음 5장 32절은 예수님이 이 땅에 오신 목적을 분명히 설명합니다. "내가 의인을 부르러 온 것이 아니요 죄인을 불러 회개시키러 왔노라."

베드로도 그랬습니다. 적어도 예수님이 부르셨을 때 그는 대단하달 게 없었습니다. 바울처럼 학식이 많지 않고 그저 고기잡이로 생계를 잇는 어부였습니다. 베드로 말고도 예수님의 제자 중에는 어부가 많았습니다. 사회적으로 괄시받던 세리도 있었습니다. 심지어 유다는 나중에 스승인 예수님을 팔아넘긴 파렴치한이었습니다. 제자 중에 그 당시 성경에 능통했던 서기관이나 바리새인은 한 명도 없었습니다. 예수님이 제자를 부르신 기준은 무엇이었을까요?

베드로의 부르심에서 우리는 예수님이 무엇보다 죄인을 부르셨다는 사실을 잊어서는 안 됩니다. 그물이 찢어지도록 많은 고기를 잡은 베드로는 예수님 앞에 무릎을 꿇고 이렇게 고백합니다. "주여, 나를 떠나소서. 나는 죄인이로소이다." 베드로는 겸손해 보이려고 짐짓 그런 고백을 한 것일까요? 아닙니다. 그는 정말 자신이 죄인임을 깨달았기 때문에 그렇게 말했습니다. 그는 어떻게 그런 깨달음을 얻었을까요?

### 베드로를 계속 부르신 예수님

본문만 봐서는 베드로가 왜 뜬금없이 죄인이라는 고백을 했는지 이유를 찾기가 어렵습니다. 일단 이 고백을 하게 된 구체적인 상황을 알아봅시다. 본문뿐 아니라 마태복음, 마가복음, 요한복음인 사복음서가 모두 예수님께서 베드로를 부르신 일을 기록하고 있습니다. 다만 복음서마다 다르게 표현하므로 본문의 의미를 정확히 파악하려면 서로 비교하며 읽을 필요가 있습니다.

요한복음 1장에 예수님께서 베드로를 부르시는 장면이 나옵니다. 베드로에게는 안드레라는 동생이 있었습니다. 원래 세례 요한의 제자였던 안드레는 예수님을 보고 나서 예수님의 제자가 되었고 형도 예수님께 인도했습니다. 쉽게 말해서 전도를 한 것이지요. 그때 예수님은 베드로에게 게바(반석)라는 새 이름을 주셨습니다. 마가복음 1장 16절과 마태복음 4장 18절에도 예수님께서 베드로를 부르시는 장면이 나옵니다. 두 구절의 내용은 거의 비슷합니다. 예수님이 해변을 지나가다가 시몬과 형제 안드레가 바다에 그물 던지는 것을 보고 따라오라고 말씀하시자 그들은 그물을 버려두고 예수님을 좇았습니다.

복음서의 기록들을 종합해 보면, 예수님께서 베드로를 한 번만 부르신 것이 아님이 분명합니다. 적어도 세 번이나 부르셨습니다. 베드로는 예수님의 부르심을 받고 즉시 따라나서지 않았고 따라나섰다가도 곁길로 샜습니다. 제자가 된 후에도 고기를 잡으러 가고, 예수님이 부르시면 다시 따라나서고, 그러다가 또 고기를 잡으러 가기를 반복한 것입니다. 생각해 보십시오. 부활하신 예수님을 몇 차례나 만난 후에도 고기를 잡으러 갔던 베드로입니다(요 21장).

예수님과 베드로는 본문에서 처음 만난 게 아닙니다. 바로 앞장인 누가복음 4장에 예수님께서 베드로 장모의 열병을 고쳐 주신 사건이 나옵니다(38절). 베드로는 이미 예수님을 두 번이나 떠난 적이 있고 예수님 덕분에 장모의 병이 나은 것도 본 제자입니다. 그런데 지금 무슨 일을 하고 있습니까? 간밤에 밤새 작업한 그물을 손질하고 있습니다.

### 베드로를 마지막으로 찾아오신 예수님

본문을 보면 예수님께서 베드로를 부르기 위해 일부러 그 자리에 가신 것을 알 수 있습니다. 이미 몇 번이나 불렀지만 떠나간 그를 마지막으로 찾아가신 것입니다. 예수님은 베드로가 있는 해변으로 오셨습니다(1절). 많은 사람들이 모여들었고 예수님은 서서 하나님의 말씀을 전하셨습니다. 그들은 예수님이 하시는 말씀을 들었습니다. 그런데 베드로를 포함해 어부들은 옆에서 그물이나 씻고 있었습니다. 그토록 많은 사람들이 모여들면 무슨 일인가 궁금하기라도 했을 텐데 어지간히 무심한 사람들입니다. 어떤 점에서는 예수님을 무시한 것이지요.

그럼에도 불구하고 예수님은 베드로를 포기하지 않으십니다. 정박해 있는 배들 중에서 일부러 그의 배를 택해 거기에 앉아 하나님의 말씀을 가르치셨습니다. 말씀이 끝났는데도 베드로는 아무런 반응이 없었습니다. 그러자 예수님은 베드로에게 "깊은 데로 가서 그물을 내려 고기를 잡으라"(4절)고 명하십니다. 이에 베드로가 대답합니다. "우리들이 밤이 새도록 수고하였으되 잡은 것이 없지마는 말씀에 의지하여 내가 그물을 내리리이다"(5절). 예수님은 베드로가 어젯밤 고기잡이에서 아무런 소득이 없었던 것을 아셨습니다. 그래서 "깊은 데로 가서 고기를 잡으라"고 말씀하신 것이지요. 한편 베드로는 예수님이 아무것도 모른다고 생각하며 자신의 사정을 먼저 이야기합니다. "우리가 밤새도록 수고했지만 잡은 게 없습니다." 그런 다음 말합니다. "그래도 말씀하신 대로 그물을 내려보죠."

우리는 보통 베드로가 배 안에서 예수님의 가르침을 듣고 그분이 누구신지 깨닫고 주로 믿게 되었다고, 그래서 깊은 데로 가서 고기를 잡으라는 말씀에 순종했다는 식으로 이 장면을 해석합니다. 그런데 이런 해석은 고기를 잡고 나서 베드로가 한 고백을 제대로 설명할 수 없다는 맹점이 있습니다. 베드로가 예수님의 말씀을 전적으로 믿고 확고한 의지에 따라 그물을 내렸다면, 어떻게 고기를 잡고 나서 "나는 죄인이로소이다. 나를 떠나소서"라고 고백할 수 있었겠습니까? 자신의 믿음이 응답받은 것에 기뻐하며 예수님을 더욱 열심히 따라나서는 게 정상이 아닐까요?

### 말씀에 의지하여

베드로가 한 말 중에 "말씀에 의지하여"라는 부분은 한글성경만 봐서는 의미를 파악하기가 다소 힘듭니다. 헬라어 원문에는 '의지하여'

라는 개념이 없습니다. 이 구절의 문자적 의미는 '말씀 위에서'입니다. 이것은 '말씀 때문에'라고 번역할 수 있고, 따라서 '말씀에 의지하여'라는 확대 해석도 가능합니다. 누가복음 4장 22절에서 보듯이 '말씀 때문에'가 반드시 좋은 의미만으로는 사용되지 않습니다. 그 구절에서 유대인들은 예수님의 은혜로운 말씀 때문에 놀랐지만 이내 "알고 보니 목수의 아들이네"라고 폄하합니다.

그러므로 베드로의 말을 이렇게 이해하는 것이 보다 사실에 가까울 것입니다. "예수님, 우리는 고기잡이 전문가입니다. 그런 우리가 밤새도록 고기를 잡으려 해도 아무 소득이 없었는데 그런 말씀을 하시니 참 의외네요. 그래도 말씀하시니 한번 던져는 보겠습니다. 고기를 잡지 못하면 책임지십시오." 베드로는 예수님의 말씀에 의지했다기보다 그냥 한번 해본 것입니다. 그 중심에는 적어도 고기 잡는 일에서는 어부인 자기가 목수인 예수님보다 훨씬 낫다는 생각이 깔려 있습니다. 자신이 옳다는 것을 확증하려고 예수님의 말씀을 따른 것입니다. "거 봐라, 안 되잖는가." 예수님 앞에서 자신의 의를 드러내고자 한 것입니다.

그렇다면 베드로가 나중에 이렇게 죄 고백을 하는 상황이 훨씬 더 이해됩니다. 고기가 잡히지 않을 것이라는 예측과는 정반대의 일이 일어났습니다. 그물이 찢어질 정도로 엄청난 양의 고기가 잡혔습니다. 옆에 있던 배에 도움을 청했으나 고기가 너무 많아서 배가 가라앉을 정도였습니다. 그물이 찢어지고 배가 가라앉으니 잡은 물고기가 어떻게 되었을까요?* 이 일로 베드로는 자신을 돌아보게 됩니다. 자신이 철저히 무력한 죄인이라는 사실을 깨닫습니다.

앞서 살펴보았듯이 예수님은 이미 베드로를 부르신 적이 있습니다. 마태복음과 마가복음을 보면 예수님이 제자들을 부르신 목적을 분명히 알려 주십니다. "사람을 낚는 어부가 되게 하리라." 하지만 베드로는 그 사명을 망각했습니다. 예수님을 따라다니기만 해서는 먹고살 길이 없다고 생각했습니다. 그래서 생업으로 돌아갔습니다. 예수님은 이 사건을 통해 베드로에게 자신이 어떤 존재인지 확실히 알게 하십니다. 마음만 먹으면 갈릴리의 모든 물고기를 다 잡으실 수 있는 분이 바로 예수님입니다.

예수님은 베드로를 부르셨습니다. 그 부르심은 베드로의 위대함이 아니라 예수님의 지속적인 사랑에 기인합니다. 지상에 계실 때 베드로를 부르신 예수님은 오늘도 자기 백성을 말씀과 성령을 통해 부르십니다. 베드로를 끝까지 부르신 예수님께서 마찬가지로 우리를 끝까지 부르십니다. 비록 우리가 여러 이유를 대며 초청을 거부하고 각자의 길로 갈지라도 예수님은 우리를 제자로 삼을 때까지 계속 부르실 것입니다. 예수님과 우리 사이의 줄다리기에서 예수님이 늘 이기실 것입니다. 예수님의 계획과 의지, 그리고 우리를 사랑하심이 불

* 이 일은 요한복음 21장에 나오는 사건과 대조를 이룬다. 그때는 그물이 찢어지지 않았고, 잡은 물고기 수도 153마리로 특정된다.

순종하려는 우리의 의지보다 훨씬 더 크기 때문입니다.

하나님의 계획은 자신의 백성을 다 찾으시는 것입니다. 그 일을 위해 주님이 세상에 오셨고 회복의 역사에 몇 사람이 동참하기를 원하셨습니다. 그래서 베드로를 불러 사도로 세우고 사람을 낚는 어부가 되게 하셨습니다. 예수님은 오늘날에도 말씀 사역자를 세우십니다. 누가 이 귀한 일을 할 수 있을까요? 그리스도 앞에서 자신의 죄를 깊이 깨닫는 사람입니다. 자신의 전적인 무력함을 인정하는 사람입니다. 오직 주님께 자신을 맡기는 사람입니다. 그런 사람만이 하나님께서 맡기신 사명을 감당할 수 있고, 하나님은 그를 사용하여 하나님의 교회를 말씀으로 든든히 세우실 것입니다.

1. 예수님이 베드로를 제자로 부르신 이유는 무엇입니까? 주님의 선택과 부르심의 기준은 무엇입니까?
2. 예수님의 말씀대로 하자 많은 고기를 잡게 된 베드로는 예수님께 뭐라고 고백합니까? 그 이유는 무엇입니까?
3. 오늘날 어떤 사람이 주님의 귀한 일을 할 수 있습니까?

7

# 안식일의 두 사건
# "인자는 안식일의 주인이니라"

누가복음 6:1-11

본문의 두 사건은 모두 안식일과 관련되어 있습니다. 언뜻 보기에 안식일 준수에 대한 교훈을 주는 것 같습니다. 그런데 핵심은 따로 있습니다. 두 사건에서 우리는 '안식일을 어떻게 지킬 것인가'가 아니라 '안식일의 주인이 누구인가'에 주목해야 합니다. 그 답은 5절에 분명히 제시됩니다. "인자는 안식일의 주인이니라."

안식일의 주인을 묻는 핵심 주제를 놓치면 이 본문은 전혀 엉뚱하게 적용될 수 있습니다. 예를 들어 주일에 편의점에서 음식을 사 먹는 데 거리낌이 없어진다든지, 신유의 은사가 있으면 주일마다 사람들을 불러모아 병 고치는 일을 해도 된다고 생각하는 것이지요. 예수님도 주일에 자유롭게 일하셨으니 우리도 얼마든지 주일에 일해도 된다고 생각하는 신자가 늘어날지도 모르겠습니다. 안식일의 주인 자리에 예수님이 아니라 자기 자신을 앉혀 놓고 말씀을 적용할 때 이런 일이 일어납니다. 오늘날 많은 신자들에게 주일은 주님의 날이 아니라 평일에 하지 못한 일, 평소에 하고 싶었던 일을 하는 날로 바뀌었습니다. 그러다 보니 주일에 더 바쁩니다. 개인뿐 아니라 교회도 안식일의 주인이 예수님이라는 가장 기본적인 진리를 잊으면, 주일에 성도들이 교회에 와서 하루 종일 봉사하기를 바랄 수 있습니다. 근래에는 코로나 바이러스의 확산 방지를 위해 교회마다 비대면 예배를 드리고, 각종 교회 모임이 제한되고 있지만 주일이면 아침 일찍부터 저녁 늦게까지 교회에 머물며 분주한 시간을 보낸 기억이 우리에게 있습니다.

안식일의 주인이 누구입니까? 유대인들에게 이 질문은 너무나 뻔합니다. 여호와 하나님 말고 누가 안식일의 주인이 될 수 있단 말입니까? 일주일에 하루를 안식하는 것은 인간이 고안한 제도가 아닙니다. 창조 때 하나님께서 친히 정하신 제도입니다. 하나님은 이날을 거룩하게 하셨고 축복하셨으며 백성들도 이날에 안식하게 하셨습니다. 덕분에 노예들도 일주일에 하루는 안식을 누릴 수 있었습니다. 안식일의 주인이 누구인지 아는 것이 오늘날 우리에게 어떤 의미인지 살펴봅시다.

### 바리새인의 질문: "안식일에 하지 못할 일을 하느냐"

하루는 안식일에 예수님과 제자들이 밀밭 사이를 지나고 있었습니다. 제자들은 모든 것을 버리고 예수님을 따르는 이들입니다. 그들의 삶이 부요할 리 없습니다. 그들은 사람들이 주는 음식으로 먹고살았고 배고픈 날이 많았을 것입니다. 하나님께서 복 주신 그날 안식일에도 그들은 굶주리고 있었습니다. 예수님은 일부러 밀밭으로 걸어가신 것 같습니다. 한창 배가 고픈데 밀밭 사이를 지난다고 상상해 보십시오. 제자들은 배고픔을 참기 힘들어 이삭을 잘라 손으로 비벼서 먹었습니다. 아무리 배가 고파도 그렇지 남의 밭에 들어가서 허락도 받지 않고 곡식을 베어 먹은 것이 잘한 일일까요?

그러나 바리새인의 질문에서 알 수 있듯이 제자들이 밀밭에서 행한 일 자체는 당시 사회에서 큰 문제가 되지 않았습니다. 율법에 따르면 가난한 자들은 곡식의 일부를 가져갈 수 있었습니다.

> 네 이웃의 포도원에 들어갈 때에는 마음대로 그 포도를 배불리 먹어도 되느니라. 그러나 그릇에 담지는 말 것이요 네 이웃의 곡식밭에 들어갈 때에는 네가 손으로 그 이삭을 따도 되느니라. 그러나 네 이웃의 곡식밭에 낫을 대지는 말지니라(신 23:24-25).

이 규정은 가난한 자들을 위해 하나님께서 정하신 것입니다. 제자들은 율법이 허용한 범위 내에서 행동했습니다. 그래서 누가는 의도적으로 '손으로 비벼서' 먹었다는 것을 강조합니다.

문제는 그날이 안식일이었다는 것입니다. 출애굽기에는 이런 규정이 있습니다. "너는 엿새 동안 일하고 일곱째 날에는 쉴지니 밭 갈 때에나 거둘 때에도 쉴지[라]"(34:21). 이 규정에 따르면 추수 때에도 안식일이 되면 일손을 놓아야 합니다. 바리새인들은 제자들이 이삭을 잘라 비벼서 먹는 것을 추수 행위로 보았고, 이것은 안식일을 어기는 일이었습니다. 여기서 우리는 바리새인들이 어떤 사람들인지 보게 됩니다. 그들은 율법에는 철저했는지 몰라도 율법의 정신에는 무관심했습니다. 과연 제자들이 이삭을 자른 행위가 추수이고, 비비는 것은 탈곡이며, 껍질을 바람에 날리는 것은 키질이라고 할 수 있을까요? 만약 그렇다면 예수님의 제자들은 안식일의 계명을 어긴 셈입니다. 그래서 바리새인들은 예수님께 "어찌하여 안식일에 하지 못할 일을 하느냐"라고 물었습니다.

#### 예수님의 답변: "다윗이 한 일을 읽지 못하였느냐"

바리새인들의 질문에 예수님은 어떻게 답변해야 할까요? 가장 쉽게는 제자들의 행위가 추수가 아니라고 말할 수 있습니다. 그런데 제자들의 행위가 추수인지 아닌지를 누가 판단합니까? 예수님의 답변에 과연 바리새인들이 수긍할까요? 지금 예수님은 당시 최고의 종교재판 기관인 산헤드린 공회로 끌려가 재판을 받아야 할지도 모르는 상황에 처했습니다.

예수님은 직접 대답하기보다 오히려 바리새인들에게 되물으십니다. "다윗이 자기와 그 함께한 자들이 시장할 때에 한 일을 읽지 못하였느냐"(3절). 예수님이 언급하신 이 사건은 오늘날 우리는 잘 몰라도 당시 성경에 아주 박식한 바리새인들은 잘 알 만한 내용이었습니다. 그들이 정말 이 사건을 잘 알고 있다면 예수님의 제자들이 한 일을 비난하지 않았으리라는 것이 예수님의 논증입니다. 이를 통해 예수님은 바리새인들이 성경을 제대로 알지 못한다는 점을 지적하는 동시에 자신이 진정으로 참된 선지자임을 드러내셨습니다.

예수님이 언급하신 다윗의 사건은 사무엘상 21장에 나옵니다. 17장에서 다윗이 골리앗을 무찌르고 백성들에게 인기를 얻자 사울은 질투에 눈이 멀어 그를 죽이려고 합니다. 다윗은 어쩔 수 없이 처음에는 아내 미갈에게, 다음에는 사무엘에게, 그 다음에는 요나단에게로 피신했다가 마지막으로 놉 땅에 거하는 제사장 아히멜렉에게로 피신했습니다. 제사장 아히멜렉은 다윗이 사무엘에게 기름부음을 받았다는 것과 사울이 다윗을 죽이려 한다는 사실을 잘 알고 있었습니다. 다윗을 잘못 도왔다간 목숨을 부지하기 어려울 수도 있었습니다. 실제로 사울은 아히멜렉이 다윗을 도왔다는 것을 나중에 알고 격분해 아히멜렉은 물론이고 제사장 85인과 그들의 자녀들과 가축까지 살육했습니다(삼상 22장). 이런 정치적 상황에서 다윗은 사울의 비밀 어명이라며 아히멜렉을 속이고 부하들이 먹을 음식까지 요청했습니다.

이때 아히멜렉은 제사장만 먹을 수 있는 진설병만 남아 있다며 그것을 다윗에게 주었습니다. 진설병은 지극히 거룩한 떡으로서 아무에게나 줄 수 있는 게 아니었습니다. 레위인도 안 되고 오직 제사장만 거룩한 곳에서 그 떡을 먹을 수 있었습니다. 그렇다면 율법을 가장 잘 지켜야 할 제사장이 율법을 어긴 셈입니다. 아히멜렉은 왜 다윗에게 진설병을 주었을까요? 사람의 목숨이 제사보다 중요하기 때문일까요? 아히멜렉이 다윗에게 떡을 준 이유는 다윗이 기름부음을 받은 거룩한 자이고, 그를 따르는 부하들도 거룩한 자들이었기 때문입니다. 그들은 3일 동안 부녀자와 잠자리를 하지 않았습니다. 그래서 다윗은 이렇게 말했습니다. "내가 떠난 길이 보통 여행이라도 소년들의 그릇이 성결하겠거든 하물며 오늘 그들의 그릇이 성결하지 아니하겠나이까"(삼상 21:5). 다윗과 부하들은 평소에도 거룩하게 살았을 뿐 아니라 지금은 특별한 임무를 수행하고 있습니다. 그들은 목숨을 걸고 하나님께서 기름부은 자를 보호하는 역할을 하고 있습니다. 어떻게 보면 제사장보다 훨씬 더 중요한 일을 하고 있는 것입니다. 만약 진설병을 주지 않으면 그들은 굶어 죽을 것이고, 그러면 이스라엘 왕국은 서지 못할 것입니다.

이 사건은 어떻게 보면 본문과 아무 관계가 없는 것 같습니다. 다윗의 부하들이 진설병을 먹은 날이 안식일인지 안식일 직후인지는 모르겠으나("이 떡은 더운 떡을 드리는 날에 물려 낸 것이더라", 삼상 21:6) 적어도 사무엘서는 안식일에 대해 언급하고 있지 않으니 안식일과 다윗의 행위에 직접적인 연관이 없다고 보아야 합니다. 다만 여기서 안식일에 먹지 말아야 할 것을 먹는 행위(예수님의 제자들)와 제사장 외에는 먹을 수 없는 것을 먹는 행위(다윗의 부하들)가 비교되고 있습니다. 두 행위를 비교하자면 진설병에 관한 규례가 훨씬 더 엄중합니다. 다윗 부하들의 행동이 율법에 저촉되지 않는다면 예수님 제자들의 보다 가벼운 행동이 율법에 저촉될 리 없습니다. 이런 결론은 예수님이 다윗보다 훨씬 더 위대한 분이라는 사실을 전제로 합니다.

예수님은 다윗의 후손으로 태어난 분으로 안식일의 주인이십니다. 다윗의 부하들이 다윗을 지키기 위해 따랐던 것처럼 예수님의 제자들도 하나님 나라를 건설하기 위해 자신의 것을 모두 버리고 예수님을 따라나섰습니다. 그런데 사소한 율법 조항으로 거룩한 사명이 방해받는 것이 말이 됩니까? 예수님은 안식일의 주인이시고, 제자들은 그 주인의 종입니다. 그들은 안식일의 일반 규정에 적용받지 않는 특별한 존재입니다.

### 안식일에 해야 할 것: 선을 행함

예수님의 확실한 답변을 듣고 나서도 서기관과 바리새인들은 물러서지 않고 오히려 송사할 물증을 찾기 시작했습니다. 또 다른 안식일에 예수님께서 회당에 들어가셨습니다. 그곳에는 손 마른 자가 있었는데 서기관과 바리새인들은 예수님이 과연 그의 병을 고치시는지 지켜봅니다. 이 서기관과 바리새인들의 영적 상태를 보십시오. 그들은 손 마른 사람에게는 털끝만큼도 관심이 없습니다. 그 불쌍한 자는 그들의 목양 대상이었지만, 그들의 머릿속에는 율법을 근거로 예수님을 잡아 넣으려는 생각밖에 없습니다.

예수님은 그들의 악한 생각을 알고 이렇게 질문하십니다. “안식일에 선을 행하는 것과 악을 행하는 것*, 생명을 구하는 것과 죽이는 것, 어느 것이 옳으냐?"(9절) 이 질문에 아무도 답하지 못했습니다. 답은 분명했지만 그들로서는 받아들일 수 없었기 때문입니다. 그 답을 받아들이면 예수님을 안식일의 주인으로 인정해야 하기 때문입니다. 바리새인들은 입으로는 여호와 하나님이 안식일의 주인이라고 말하면서도, 실제로는 자신들이 안식일의 주인 노릇을 했습니다. 율법의 재판장이 되어 율법의 주인이신 예수님을 판단하려 들었습니다.

예수님은 불쌍한 손 마른 사람을 치유해 주셨습니다. 그 일을 통해 자신이 어떤 존재인지 분명히 보여 주셨습니다. 예수님은 다윗의 후손으로 와서 잃어버린 자를 회복시키시는 긍휼의 목자십니다. 또한 일부러 안식일에 치유하심으로 자신이 안식일의 주인이라는 사실을 분명히 계시하셨습니다. 예수님의 말과 행동에 틀린 것이 하나도 없었습니다. 송사할 물증을 찾던 바리새인들은 더 이상 방법이 없었습니다. 그들은 예수님을 주님으로 받아들이는 건 죽어도 할 수 없는 자들이었습니다. 그러면 그들이 이제껏 가르쳐 온 교리가 헛되다는 것을 스스로 증명하는 꼴이 되기 때문입니다. 예수님을 그대로 두었다간 그들의 거짓이 계속 드러날 판입니다. 결국 그들이 선택한 길은 예수님을 죽이는 것이었습니다.

---

* 시편 52:3 참조("네가 선보다 악을 사랑하며 의를 말함보다 거짓을 사랑하는도다"). 시편 52편은 다윗이 아히멜렉에게 간 사건과 관련이 있는데, 두 번째 안식일 논쟁 역시 이 사건과 관련이 있음을 알 수 있다.

안식일에 대해 이야기할 때, 우리는 바리새인들처럼 무엇을 하고 하지 말아야 할지를 주로 논의합니다. 그러나 본문에서 보았듯이 안식일에 관한 가장 중요한 질문은 '누가 안식일의 주인인가'입니다. 바리새인들과 달리 우리는 아주 쉽게 예수님이 안식일의 주인이라고 답할 수 있습니다. 그런데 실제로는 자신이 안식일의 주인 행세를 하고 있지는 않습니까?

예수님이 안식일의 주인이시므로 안식일 준수의 기준도 예수님이 되어야 합니다. 안식일에 예수님이 자유롭게 행하셨으니 우리도 마음대로 자유롭게 살아도 된다는 뜻이 아닙니다. 안식일의 주인이신 예수님이 세상에 오셨으니 이제 안식일의 율법 규례에 매이지 않고 자유롭게 예수님을 섬겨야 한다는 뜻입니다. 그 의미는 안식일이 주일, 즉 '주의 날'로 바뀌면서 더 분명하게 드러났습니다.

안식일에 주님은 어떤 일을 하셨습니까? 선한 일을 하셨습니다. 구체적으로 생명을 살리는 일을 하셨습니다. 부활 승천하신 주님은 이제 자신의 종들을 통해 예배 속에서 생명을 살리는 일을 하십니다. 설교와 성례를 통한 복음 사역이야말로 주의 날에 반드시 열심히 해야 하는 '일'입니다. 구약 시대에 안식일은 문자 그대로 쉬는 날이었지만, 이제 주일은 주님의 날이자 주님이 일하시는 날입니다. 주님의 일에 시중드는 '일'은 구약 시대에 제사장이 했던 일과 같이 매우 힘들지만(마 12:5) 안식일을 복되게 합니다. 이와 같이 복된 일을 통해 하나님의 나라가 든든히 성장합니다. 안식일의 주인이 우리 주님이심을 확신하며 이 복된 날을 마음껏 누리는 성도가 되시기를 바랍니다.

1. 바리새인들은 왜 제자들이 안식일에 이삭을 베어 먹은 일을 문제 삼았습니까? 그들에게 예수님은 뭐라고 말씀하십니까?
2. 예수님을 고발할 증거를 찾으려고 안식일에 과연 병을 고치는지 엿보는 사람들에게 예수님은 무슨 말씀을 하십니까?
3. 안식일의 주인이 누구인지 아는 것은 오늘날 우리에게 어떤 의미입니까?

8

# 죄사함과 영접의 태도
# "이 여자를 보느냐"

누가복음 7:36-50

사복음서마다 예수님께 향유를 부은 여자의 이야기가 나옵니다. 게다가 그 내용이 비슷하여 유심히 살피지 않으면 차이를 알아보기가 힘듭니다. 결론적으로 말해, 향유를 부은 사건은 두 번 일어납니다. 본문에 기록된 사건이 먼저이고, 마태복음(26:2-16)과 마가복음(14:1-11), 요한복음(12:1-8)에 기록된 사건이 나중입니다. 전자는 예수님의 공생애 초기에 일어난 일이고, 후자는 공생애를 마칠 무렵에 일어난 일입니다. 전자는 바리새인 시몬의 집에서 일어났고, 후자는 베다니에 있는 나병환자 시몬의 집에서 일어났습니다.

사건이 일어난 집주인의 이름까지 똑같기 때문에 혼동하기 쉬우나 두 사건은 전혀 별개의 일입니다. 드러난 현상이 아주 비슷하지만 전혀 다른 사건이고 다른 의미를 갖습니다. 특별히 두 번째 사건은 예수님이 십자가에 달리시기 직전에 일어나면서 그분의 장례와 밀접하게 관련되지만, 본문에 나오는 첫 번째 사건은 예수님의 죽으심과 직접적인 관계가 없고 죄사함이 신자의 삶에 어떤 영향을 주는지를 가르쳐 줍니다. 본문의 중심 주제는 죄사함이고, 이것은 복음의 핵심입니다.

본문은 우리에게 아주 중요한 질문을 던지고 있습니다. "여러분은 주님을 사랑하십니까?" 다들 이 질문에 "아멘"으로 화답하실 것입니다. 그렇다면 다음 질문으로 넘어가 보겠습니다. "여러분은 주님을 얼마나 사랑하십니까?" 이 질문에 약간 당황하시는 분도 있을 것 같습니다. 어떤 사람들은 "아주 많이"라고 답할 것이고, 또 어떤 사람들은 "많이" 혹은 "조금"이라고 답할 것입니다. 이제 마지막 질문입니다. "여러분은 아주 많이 사랑한다는 것을 어떻게 알 수 있습니까?" 왜 사람마다 주님을 사랑하는 데 차이가 날까요?

### 바리새인 vs 죄 많은 여자

본문에서 가장 눈에 띄는 것은 두 사람의 대조입니다. 한 사람은 남자이고 다른 한 사람은 여자입니다. 남자의 이름은 시몬이고 여자의 이름은 알려지지 않았습니다. 오늘날과 달리 당시에 여자는 남자에 비해 무시 당하는 존재였습니다. 더욱이 남자는 바리새인이고 여자는 그 동네에서 죄인으로 알려졌습니다. 바리새인은 오늘날로 말하자면 신학교수나 목사에 해당하고, 여자는 무슨 죄를 지었는지 몰라도 아마 매춘부였던 것 같습니다. 성경이 침묵하고 있으므로 죄목을 알 수는 없지만 동네 사람들이 다 알 정도로 그녀가 죄인이었다는 것은 확실합니다.

바리새인 시몬이 예수님을 집으로 초대했습니다. 사람들이 예수님을 선지자로 생각했기 때문에 아마도 시험해 보려고 초대한 것 같습니다. 7장 1절 이하를 보면 예수님은 병을 고치시고(백부장의 하인), 심지어 죽은 사람을 살리기도 하셨습니다(나인 성 과부의 아들). 성경에 나타난 바리새인의 중요한 특징은 자기 의를 자랑하면서 타인을 멸시하는 것입니다. 본문에서도 바리새인은 마음속으로는 죄인인 여자를 고소하고 있고, 예수님이 과연 진짜 선지자인지를 의심하고 있습니다. 바리새인 시몬은 예수님을 선지자로 생각하지 않은 것이 분명합니다. 만약 선지자라고 생각했다면 예수님을 집으로 초대했을 때 극진히 대접했을 테지요.

예수님을 대하는 두 사람의 태도는 큰 차이를 보입니다. 여자의 행동을 보십시오. 우리말 성경에는 표현되어 있지 않지만 헬라어 성경은 '보라'라는 명령형으로 시작하고 있습니다(7:37). 이것은 누가가 독자들의 주목을 끌기 위해 사용한 표현입니다. 누가는 옛날에 일어난 사건을 단순히 객관적으로 묘사하기보다 독자가 마치 현장에 있는 것처럼 느낄 수 있게 상황을 표현합니다. 그 말씀을 따라 지금 이 여자를 보시기 바랍니다.

여자가 무엇을 하고 있습니까? 상당히 비싼 향유를 담은 옥합을 가지고 예수님께 왔습니다. 식사하고 계신 예수님의 뒤로 돌아가 발치에 섰습니다. 그 당시 유대인들은 비스듬히 발을 뻗은 채 기대어 식사를 했습니다. 예수님 뒤에 섰을 때 그녀는 너무나 기뻐서 감격의 눈물을 흘렸습니다. 그 눈물은 예수님의 발에 떨어졌습니다. 그 때 여자는 당황했을 것입니다. 여자는 바로 자신의 머리털을 풀어 예수님의 발에 떨어진 눈물을 닦았습니다. 더 나아가 그 발에 입을 맞추었습니다. 이것은 극도의 경외심을 표현하는 행위입니다. 그리고 마침내 자신이 가져온 옥합에 담긴 향유를 예수님의 발에 부었습니다. 누가는 계속해서 독자들이 예수님의 발에 주목하도록 하고 있습니다.

이제 시몬을 보십시오. 여자와는 반대로 시몬은 예수님께 전혀 존경을 표시하지 않았습니다. 그는 예수님이 집에 들어오셨을 때에도 발 씻을 물조차 내주지 않았습니다. 가장 간단한 인사인 입맞춤도 하지 않았습니다. 예수님의 머리에 감람유도 붓지 않았습니다. 예수님을 집으로 초대하여 식사 대접은 했지만 진심으로 영접하지는 않았습니다. 아니 철저히 무시했습니다.

### 태도가 다른 이유

예수님을 영접하는 두 사람의 태도가 이토록 차이가 나는 이유는 무엇일까요? 그 차이는 자신이 영접한 사람이 누구인지 아는가에 달려 있습니다. 시몬은 예수님이 누구인지 전혀 몰랐습니다. 선지자일지 모른다는 생각으로 집에 초대하기는 했지만 여전히 확신하지 못했습니다. 식사를 나누면서 확인하려고 했지요. 그런데 시몬은 여자를 대하는 예수님을 보면서 예수님이 선지자가 아니라는 확신을 갖게 됩니다. 선지자라면 그 여자가 죄인인지 모를 리 없다고 생각했기 때문입니다. 특히 시몬은 여자가 예수님의 몸을 만지는 것에 거부감을 느꼈습니다(39절). 아마도 그녀는 가까이 해서는 안 되는 부정한 여자였을 것입니다.

여자가 예수님을 계속 만지는데도 불구하고 예수님이 가만히 계시는 것을 보고 시몬은 상당히 실망했을 것입니다. 하지만 시몬이 모르는 것이 하나 있었습니다. 시몬은 이 여자가 죄인인 것은 알았지만 도대체 왜 예수님께 이런 행동을 하는지는 몰랐습니다. 시몬의 눈에 이 여자는 가까이 해서는 안 되는 부정한 여자이고, 예수님은 자기보다 수준이 떨어지는 선생에 지나지 않았으니까요. 시몬은 자기 의에 가득 차서 마음속으로 여자와 예수님을 정죄하며 판단하고 있었습니다. 그러니 여자의 행동과 예수님의 처신이 이해가 안 될 수밖에 없었습니다.

예수님은 시몬이 이와 같은 생각을 품고 있음을 알고 그에게 질문하십니다. "빚 주는 사람에게 빚진 자가 둘이 있어 하나는 오백 데나리온을 졌고 하나는 오십 데나리온을 졌는데 갚을 것이 없으므로 둘 다 탕감하여 주었으니 둘 중에 누가 그를 더 사랑하겠느냐"(41-42절). 이 질문을 들었을 때 시몬은 생뚱맞다는 생각을 했을 것입니다. '갑자기 왜 이런 질문을 하지?' 어쨌든 답은 뻔했습니다. "많이 탕감을 받은 자입니다"라고 시몬이 대답했습니다. 그 다음에 시몬은 뭔가 진리에 대한 깨달음을 예수님이 주실 것이라고 기대했을 테지요. 하지만 가르침이 자기 자신에 관한 것인지는 상상도 못했을 것입니다.

'많이 탕감을 받은 자가 더 많이 사랑한다'는 당연한 교훈을 예수님은 시몬에게 적용시키십니다. 여기서 우리는 설교가 무엇인지 분명히 보게 됩니다. 설교는 하나님의 말씀을 자기 자신에게 적용시키는 것입니다. 예수님은 자신을 영접하는 여자와 시몬의 태도가 얼마나 다른지 대조한 다음 그 이유를 다음과 같이 설명하십니다. "내가 네게 말하노니 그의 많은 죄가 사하여졌도다. 이는 그의 사랑함이 많음이라. 사함을 받은 일이 적은 자는 적게 사랑하느니라"(47절).

### 죄사함과 사랑

예수님의 결론에서 우리는 죄사함과 사랑이 아주 밀접한 관계가 있다는 것을 배웁니다. 시몬은 이 여자가 아주 더러운 죄인이라는 것은 알았지만 죄사함을 받았다는 것은 알지 못했습니다. 하지만 그녀를 직접 용서하신 예수님은 그녀의 큰 죄가 사해졌음을 아셨습니다. 그러니 예수님은 바리새인의 추론과는 달리 참된 선지자십니다. 시몬의 생각까지 다 알고 있음을 보여 주며 자신이 진정한 선지자임을 증명하셨습니다.

예수님은 여기서 더 나아가 자신이 선지자보다 더 큰 자임을 증명하십니다. 여자가 예수님께 그렇게 행동한 이유는 예수님이 단지 하나님의 말씀을 전해 주는 선지자였기 때문이 아닙니다. 그녀는 예수님을 단순히 선지자가 아니라 자신의 큰 죄를 용서해 주시는 하나님으로 영접했습니다. 실제로 예수님은 시몬에게 말씀을 마친 다음, 여자에게 "네 죄사함을 받았느니라"고 선언하셨습니다. 주위에 있던 사람들이 이 말씀을 듣고 놀라면서 "이가 누구이기에 죄도 사하는가"라고 서로 질문했습니다. 그들도 알고 있었지만 죄사함은 오직 하나님만이 하실 수 있는 일입니다. 예수님은 이 말씀을 통해 자신이 하나님이라는 것을 공개적으로 드러내셨습니다.

예수님을 누구로 인식하느냐에 따라 그분을 영접하는 태도가 크게 달라집니다. 예수님을 단순히 선생으로 인정하십니까, 아니면 우리의 큰 죄를 사하시는 하나님으로 고백하십니까? 오늘날 많은 사람들이 예수님을 단순히 훌륭한 선생으로 생각하며 따릅니다. 문제 해결사로 생각하는 이들도 적지 않습니다. 그러나 정작 자신의 큰 죄를 사해 주시는 참된 하나님이라는 생각은 잘 못하는 것 같습니다. 그러니 그분을 따르기는 해도 진정으로 사랑하지 못합니다. 사랑하더라도 적당히 사랑할 뿐입니다.

시몬이 예수님을 푸대접한 이유가 무엇입니까? 자기가 죄인이라고 생각하지 않았기 때문입니다. 그는 스스로를 의인이라고 생각했기 때문에 죄사함이 필요없었습니다. 죄사함이 필요없는 사람은 죄사함을 받을 수 없고, 죄사함을 받지 않았으므로 예수님을 사랑하지도 않습니다. 시몬에게는 그의 옳음을 변증해 줄 사람이 필요했지 그의 죄를 용서해 줄 사람이 필요한 게 아니었습니다. 하지만 예수님은 "내가 의인을 부르러 온 것이 아니요 죄인을 불러 회개시키러 왔노라"(눅 5:32)고 선언하셨습니다. 이 말씀도 예수님께서 제자이자 세리였던 레위의 집에서 "죄인과 함께 먹느냐"며 예수님을 책망하던 바리새인과 서기관들에게 하신 말씀입니다.

예수님의 말씀을 듣고 거기에 있던 사람들이 "이가 누구이기에 죄도 사하는가"라고 웅성거리기 시작했습니다. 그 자리에 있던 사람들은 다 시몬의 친구들, 즉 바리새인들이었을 것입니다. 그들이 모두 이렇게 말하니 여자의 마음이 흔들릴 수도 있는 상황이었습니다. 혼자서 그런 눈초리를 견디기가 쉬운 일이 아닙니다. 그와 같은 상황에서 예수님은 "네 믿음이 너를 구원하였으니 평안히 가라"(50절)고 명하면서 여자의 마음에 확신을 심어 주셨습니다. 이 말씀을 들은 여자는 죄사함을 확신하고 주님이 주시는 평안 속에서 행복하게 살 수 있었을 것입니다.

오늘 예수님은 우리에게 "이 여자를 보느냐"(44절)라고 질문하십니다. 여러분의 눈에 이 여자가 보이십니까? 우리는 무엇을 보아야 합니까? 처음에는 이 여자가 눈물로 예수님의 발을 씻고 그 발에 입맞추고 향유를 붓는 모습이 보일 것입니다. 우리는 어떻게 해야 할까요? 이 여자처럼 주님의 오심을 기다리면서 향유를 준비해야 할까요? 여러분은 이 여자처럼 주님을 만나면 그 발에 입맞출 각오가 되어 있습니까?

예수님께서 "이 여자를 보느냐"라고 질문하신 이유는 여자의 행동을 따라하라는 의미가 아닙니다. 우리는 그렇게 하고 싶어도 할 수 없습니다. 예수님은 여자의 행동을 보며 그녀가 그렇게 하는 이유를 생각해 보라는 뜻으로 말씀하신 것입니다. 여자는 왜 그런 행동을 했을까요? 주님을 지극히 사랑했기 때문입니다. 왜 그토록 주님을 사랑했을까요? 많은 죄를 용서받았기 때문입니다. 여기서 우리는 중요한 답을 찾습니다. 주님을 정말로 사랑하는 사람은 자신의 죄가 얼마나 큰지 알고, 그 큰 죄를 주님께 용서받은 체험을 한 사람입니다.

우리가 사랑하는 주님은 오늘날 이 땅에 계시지 않습니다. 그러므로 우리는 주님의 발을 씻겨 드릴 수도, 그 발에 입맞추고 향유를 부을 수도 없습니다. 하지만 하늘에 계신 주님은 살아있는 말씀인 설교를 통해 우리를 찾아오십니다. 여러분은 이 말씀을 어떻게 영접하고 있습니까? 구원과 생명의 말씀으로 간절하게 받아들이십니까? 아니면 그냥 지나가는 말로 여기십니까? 말씀에 대한 간절함이 없다면 아직 죄사함의 은혜를 충분히 경험하지 못한 것입니다.

예수님은 직접 여자의 큰 죄를 용서하셨지만, 오늘날 우리는 여자와 달리 강단에서 선포되는 십자가 복음을 통해 죄사함을 경험하고 확신하게 됩니다. 복음을 통해 죄사함을 진정으로 경험한 사람만이 주님을 사랑할 수 있습니다.

1. 바리새인 시몬이 예수님을 집에 초대한 진짜 목적은 무엇입니까? 그의 마음은 어떤 모습으로 나타났습니까?
2. 여자가 눈물로 예수님의 발을 씻고 향유를 부은 이유를 예수님은 뭐라고 말씀하십니까?
3. 본문의 여자를 보며 오늘날 우리는 죄사함과 관련해 어떤 교훈을 얻을 수 있습니까?

9

# 귀신 들린 자를 해방시키심
# "어떻게 큰 일을 행하셨는지를 말하라"

누가복음 8:26-39

복음서에 나타난 예수님의 사역은 제자들을 가르치심, 병든 자를 고치심, 귀신 들린 자를 해방시키심, 이 세 가지로 요약할 수 있습니다. 오늘날 교회는 귀신을 쫓아낸 사실에는 그다지 주목하지 않는 것 같습니다. 적어도 저는 그랬습니다. 현대 사회에서 이런 주제는 낯설게만 느껴집니다. 예수님이 귀신을 쫓아내셨다는 건 오늘날 우리에게 어떤 의미가 있을까요? 예수님은 열두 사도들에게 귀신을 쫓아내는 권세와 병 고치는 능력을 부여하셨습니다(9장). 70명의 제자들을 파송하셨는데 그들이 돌아와 심지어 귀신들도 예수님의 이름에 복종했다고 보고했습니다(10:17). 사도들도 귀신을 쫓아냈으니 우리도 귀신을 쫓아내는 능력을 주님께 구해야 할까요? 이것이 본문이 우리에게 주는 중요한 교훈일까요?

귀신을 쫓아낸 본문의 사건은 복음서 기자들에게 아주 큰 인상을 준 것 같습니다. 이 이야기는 누가복음 8장뿐 아니라 마태복음 8장과 마가복음 5장에서도 찾아볼 수 있습니다. 더구나 이 이야기는 귀신을 쫓아낸 이야기 중에서 가장 자세하게 기록되어 있습니다. 주님이 행하신 이 일이 우리에게 과연 어떠한 의미를 주는지 자세히 살펴보겠습니다.

### 축신에 대한 올바른 이해

#### 표적

성경에서 예수님이 귀신을 쫓아내신 일은 표적으로 의미가 있습니다. 예수님이 행하신 다른 이적들도 표적입니다. 이적은 단순히 사람들을 놀라게 할 뿐이지만 표적에는 메시지가 담겨 있습니다. 특히 하나님 나라의 본질을 표현합니다. 이것이 초능력자나 무당과 예수님의 차이입니다. 예수님은 이적을 위한 이적을 행하시거나 이적을 중심으로 사역하지 않으셨습니다. 오병이어로 5천 명을 먹이신 것은 한 차례의 일이었습니다. 물 위로 걸어가신 일도 한 번이었습니다. 예수님의 능력이 모자라거나 당시 사람들의 신앙이 부족해서 횟수가 적은 게 아닙니다. 예수님의 이적은 근본적으로 표적이기 때문에 한 번만 일어나도 족합니다. 비슷한 이적이 일어난 경우도 있지만 각각의 이적에는 고유한 의미가 있다고 보아야 합니다. 어떤 사람이 귀신을 쫓아내는 일, 즉 축신을 행한다고 해서 그것을 예수님의 축신과 동일한 것으로 생각할 수 없습니다. 설령 예수님의 이름으로 축신을 한다고 해도 그 일은 예수님과 관계없이 일어날 수 있습니다(마 7:23).

### 메시아에 대한 구약의 성취

예수님의 축신에서 알아야 할 또 하나의 사실은 이 일이 메시아에 대한 구약의 성취로 이해되었다는 것입니다. 본문과 동일한 사건을 다루는 마태복음 8장 16-17절은 다음과 같이 기록하고 있습니다.

> 저물매 사람들이 귀신 들린 자를 많이 데리고 예수께 오거늘 예수께서 말씀으로 귀신들을 쫓아내시고 병든 자들을 다 고치시니 이는 선지자 이사야를 통하여 하신 말씀에 우리의 연약한 것을 친히 담당하시고 병을 짊어지셨도다 함을 이루려 하심이더라.

축신을 구약의 성취로 이해한 말씀은 누가복음 4장에도 나옵니다. 예수님이 고향 나사렛으로 돌아왔을 때 이사야 61장을 본문으로 설교하신 다음, 그 말씀이 이루어졌다고 선언하셨습니다. 말씀에 따르면 "주의 성령이 내게 임하셨으니…포로된 자에게 자유를, 눈먼 자에게 다시 보게 함을 전파하며 눌린 자를 자유롭게"(눅 4:18) 하는 것이 메시아의 사명입니다. 물론 이 말씀은 이사야서에서는 일차적으로 바벨론 포로에서 회복되는 이스라엘을 의미하지만 장차 오실 메시아의 사역을 가리키기도 합니다.

그런데 예수님은 감옥에 있는 사람을 풀어 주신 적이 한 번도 없습니다. 그렇다면 이사야의 예언은 어떻게 된 것일까요? 포로된 자에게 자유를 주지 못한다면, 갇힌 자를 풀어 주지 못한다면 메시아가 될 수 없습니다. 하지만 예수님은 바로 그 일을 하셨습니다. 귀신 들린 자야말로 가장 강하고 포악한 자에게 포로가 되고 갇힌 자라고 할 수 있기 때문입니다. 2천 년 전에 귀신의 포로였던 자에게 해방을 주신 예수님은 이제 죄로 인해 포로가 되고 갇힌 우리를 해방시켜 주십니다. 이 사역은 성령을 통해 이루어집니다. 주의 성령이 하시는 대표적인 사역이 바로 악한 신, 즉 사탄과 죄에 포로된 자들을 해방시키시는 것입니다.

### 하나님 나라가 임한 표지

예수님이 귀신을 많이 쫓아내시자 바리새인들은 그가 귀신의 힘을 입어 그런 일을 한다고 비난했습니다(마 12장). 그때 예수님은 "스스로 분쟁하는 동네나 집마다 서지 못하리라. 만일 사탄이 사탄을 쫓아내면 스스로 분쟁하는 것이니 그리하고야 어떻게 그의 나라가 서겠느냐"(25-26절)라며 "그러나 내가 하나님의 성령을 힘입어 귀신을 쫓아내는 것이면 하나님의 나라가 이미 너희에게 임하였느니라"(28절)고 대답하셨습니다. 여기서 주목할 점은 귀신을 쫓아내는 것이 성령의 사역이고, 귀신이 쫓겨나는 것과 하나님 나라와 밀접한 연관이 있다는 것입니다. 하나님 나라는 멀리 있는 어떤 것이 아닙니다. 성령을 통해 사탄의 권세가 물러나는 것이 하나님 나라의 본질입니다. 귀신이 쫓겨난 것만 생각하고 하나님 나라가 임하는 것을 보지 못한다면 예수님의 사역을 전혀 이해하지 못한 것입니다.

예수님이 귀신을 쫓아내신 일을 표적으로, 메시아에 대한 구약 예언의 성취로, 그리고 하나님 나라가 임한 표지로 이해하며 본문을 볼 때, 우리는 비로소 축신의 진정한 의미를 이해할 수 있습니다.

### 귀신 들린 사람의 특징

귀신에게 지배당하는 사람을 보면 몇 가지 특징이 있습니다. 우선, 자기가 하고 싶은 대로 할 수 없고 귀신이 시키는 대로만 하게 됩니다. 자기 힘으로는 귀신에게서 빠져나오지 못합니다. 귀신이 놓아주거나 더 큰 외부의 힘이 귀신을 제압해야 해방될 수 있습니다. 그리스도를 믿지 않는 사람은 근본적으로 악의 영에 지배받고 있다는 사실을 알아야 합니다. 정도의 차이가 있을 뿐입니다.

수치를 느끼지 못하는 것도 귀신 들린 사람의 특징 중 하나입니다. 본문에 나오는 귀신 들린 자도 오랫동안 옷을 벗고 다녔습니다. 옷은 여러 기능이 있지만 인간의 타락 이후 수치를 가리는 용도로 쓰였습니다. 선악과를 먹은 아담과 하와가 가장 먼저 한 일이 무화과나무 잎으로 자신들의 수치를 가린 것입니다. 하나님이 에덴동산에서 아담과 하와를 쫓아낼 때에도 가죽 옷을 입혀서 보내셨습니다. 그러나 마귀의 권세 아래에 있는 자들은 죄를 짓고도 여전히 수치심을 느끼지 못합니다.

귀신 들린 사람을 보면 가정을 떠난 경우가 많습니다. 본문에서도 귀신 들린 사람은 집이 아닌 무덤에서 살았습니다. 이스라엘의 무덤은 동굴 형태여서 이 자는 여러 무덤을 돌아다니면서 살았던 것 같습니다. 정상적인 가정을 이루지 못하고 죽음과 부패를 거처로 삼은 것입니다. 오늘날에도 많은 가정들이 깨어지고 있습니다. 자녀들이 집을 떠나고, 아내가 남편을 버리고, 남편도 자식을 버립니다. 가정을 떠난 삶이 어떻겠습니까? 죽음과 같은 삶이 아닐까요? 죄의 영향을 가장 직접적으로 받는 곳이 바로 가정입니다.

귀신 들린 사람은 대개 쇠사슬을 끊고 도망칠 정도로 힘이 셌습니다. 무덤에 들어가서는 그 지역으로 사람들이 지나지 못하게 횡포를 부렸습니다(마 8:28). 적어도 자기 영역에서 왕노릇을 한 것입니다. 마가복음 5장 5절에 따르면, 귀신 들린 사람은 타인뿐 아니라 자신의 몸도 상하게 했습니다. 그는 무덤에 거하면서 남을 괴롭히고 자신도 괴롭히면서 죽을 날만 기다리고 있습니다. 그는 가장 무섭고 비참한 사람이라고 할 수 있습니다.

귀신 들린 사람은 정도의 차이가 있을 뿐 본질적으로 그리스도를 주로 받아들이지 않은 사람들과 비슷한 양상을 보입니다. 일단 수치를 알지 못합니다. 죄가 죄인 줄 모르기 때문입니다. 자기가 인생의 주인인 줄 알지만 스스로를 통제하지 못하고 죄의 노예가 되어 살아갑니다. 간혹 쇠사슬에 묶이기도 하지만 한번 폭발하면 누구도 제어할 수 없습니다. 예수님은 그런 사람을 구원하여 자신이 메시아임을 증명하셨습니다.

우선 예수님이 쫓아내신 귀신이 어떤 귀신인지 살펴봅시다. 예수님께서 "네 이름이 무엇이냐"라고 물으셨을 때, 귀신은 군대라고 답했습니다. '군대'에 해당하는 헬라어는 '레기온'입니다. 레기온은 로마 시대의 가장 큰 군대 규모를 나타내는 단어입니다. 오늘날로 치면 연대나 사단에 해당합니다. 그 당시 레기온은 그야말로 공포의 대상입니다. 로마가 전 세계를 지배하던 시절에 레기온은 무적의 부대, 어느 누구도 정복할 수 없는 군대였습니다. 귀신은 바로 그 이름을 자신의 이름으로 사용합니다. 사람으로 구성된 레기온도 강력한데 귀신으로 구성된 레기온은 얼마나 강력할까요? 더구나 그런 귀신 군대가 나약한 한 사람에게 임했으니 그 괴로움이 얼마나 심했을까요? 하지만 예수님은 그 많은 귀신을 쫓아내어 자신이 바로 하나님의 아들임을 드러내셨습니다.

귀신은 예수님을 보자마자 "지극히 높으신 하나님의 아들 예수"(28절)라고 불렀습니다. 당시는 예수님이 공생애 사역을 시작하신 지 얼마 되지 않은 때라 제자들도 이런 지식이 없었습니다. 예수님은 이 일이 있기 바로 전에 제자들에게 자신이 어떤 존재인지 보여주셨습니다. 말씀으로 광풍을 잠잠하게 하신 것입니다. 하지만 제자들은 그 일을 보고도 "그가 누구이기에 바람과 물을 명하매 순종하는가"(25절)라고 물을 뿐이었습니다.

반면에 이 귀신 들린 사람은 예수님이 하나님의 아들이라는 것을 단번에 알아보았습니다. 얼마나 대조되는 일입니까? 그러나 그 자는 예수님을 제대로 알면서도 자신의 구주로 받아들이지 않았습니다. "당신이 나와 무슨 상관이 있나이까? 당신께 구하노니 나를 괴롭게 하지 마옵소서"(28절)라고 말했을 뿐입니다. 그에게 예수님이 하나님의 아들이라는 사실은 아무런 의미가 없었습니다. 하나님의 아들은 오히려 자신을 괴롭히는 존재였을 뿐입니다.

본문을 보면, 흥미롭게도 예수님이 귀신의 요구를 들어주시는 것 같습니다. 귀신이 자기를 괴롭히지 말라며 옆에 있던 돼지떼에게 들어가게 해달라고 부탁하자 예수님은 그 요구를 들어주십니다. 예수님이 귀신의 요구를 들어주시다니 이상하지 않습니까? 그러나 잘 보시기 바랍니다. 예수님은 이미 귀신에게 그 사람에게서 나오라고 명하셨습니다. 생각해 보십시오. 수천의 귀신이 한 사람에게 들어가 있으니 그 사람이 얼마나 고통스러울까요? 오랫동안 한 연약한 주의 백성을 괴롭혀 온 귀신은 이제 어떻게 하든지 위기를 모면하려고 합니다.

예수님께서 나오라고 명하시지만 귀신이 갈 곳이 어디겠습니까? 그가 갈 곳은 영원한 형벌의 장소 지옥입니다. 그런데 이 귀신이 머리를 써서 그 옆에 있던 돼지떼에게 들어가게 해달라고 요구합니다. 예수님이 그 요구를 들어주시자 귀신은 얼씨구나 하며 돼지에게 들어갔습니다. 그 돼지들은 어떻게 되었을까요? 모두 바다(호수)에 빠져 몰사합니다. 이것은 귀신의 멸망을 사람들에게 시각적으로 분명히 보여 주는 사건입니다. 성경에서 바다는 멸망과 심판의 상징으로 종종 사용됩니다. 돼지들은 바다에 빠져 죽었지만 귀신들은 바다보다 더 깊은 무저갱 속으로 들어갔습니다. 이 일을 통해 예수님은 귀신도 멸망시키고 부정한 짐승인 돼지 떼도 몰살시키셨습니다.

### 그 당시 이스라엘의 영적 상황

우선 돼지라는 동물에 주목해 봅시다. 죽은 짐승이 돼지든 소든 무슨 상관이냐고 할지 모르겠지만 이는 본문을 이해하는 데 매우 중요합니다. 우리는 소나 돼지나 같은 가축으로 생각하지만, 구약성경은 둘을 엄격하게 분리합니다. 소나 양은 하나님께 제물로 사용되는 깨끗한 동물이지만 돼지는 부정한 동물로 간주합니다. 레위기 11장 7절에 따르면, 돼지는 굽이 갈라져 쪽발이지만 새김질을 못하기 때문에 부정한 동물로 간주됩니다.

거라사 사람들은 이 부정한 동물을 적어도 2천 마리를 기르고 있었습니다. 실제로는 훨씬 더 많았을 것입니다. 이렇게 많은 수의 부정한 동물이 갈릴리 바로 건너편에서 사육되고 있었습니다. 성경은 분명히 밝히고 있지 않지만 우리는 여기서 돼지치기가 인근에 사는 이스라엘 백성들의 삶에 어떻게든 영향을 미쳤으리라는 사실을 유추해 볼 수 있습니다. 실제로 돼지는 헬라 신에게 바치는 제물이기도 했고, 로마인들이 때때로 유대인들에게 강제로 돼지고기를 먹이는 일이 있었습니다. 따라서 유대인들은 이방인 문화에 노출되어 유혹을 받거나 강요를 당했을 것입니다. 주전 168년 안티오쿠스

에피파네스가 예루살렘 성전에 그리스 신상을 세우고 그 제단에 돼지를 제물로 바치고 절하게 한 다음 이스라엘 사람들에게 강제로 먹인 적이 있습니다. 어떻게 보면 예수님께서 돼지떼를 몰사하게 하신 것은 돼지치기와 같은 부정한 일로 자신들을 더럽히고 있던 이스라엘에 대한 경고라고도 할 수 있습니다.

### 축신에 대한 반응

예수님께서 귀신을 쫓아내시는 과정에서 수많은 돼지들이 죽었지만 한 영혼이 귀신의 압제에서 해방되었습니다. 거라사 사람들은 그 사실을 분명히 보았습니다. 그럼에도 예수님께 그 지역을 떠나기를 구합니다. 그 지역에는 귀신 때문에 고통당하는 사람이 적지 않았을 텐데 거라사 사람들은 이상하게도 그들을 예수님께 데려와 치유해 주려 하지 않습니다. 그들에게 중요한 것은 사람이 아니라 돼지였습니다. 예수님의 사역으로 막대한 손실을 본 그들은 예수님을 그냥 두면 앞으로 무슨 일이 일어날지 모른다고 생각했습니다.

갈릴리 이쪽 편으로 돌아오신 예수님은 사역을 계속하셨습니다. 열두 해를 혈루증으로 고생하던 여자를 고치셨습니다. 회당장 야이로의 딸을 죽음에서 건지셨습니다. 하지만 이런 병 고침의 축복을 거라사 사람들은 받지 못했습니다. 거라사 사람들의 반응은 갈릴리 사람들의 반응과 반대입니다. 4장을 보면 갈릴리에서 예수님이 귀신을 쫓아내실 때, 귀신들이 나가면서 "당신은 하나님의 아들이니이다"(41절)라고 소리친 것을 본 사람들은 예수님을 떠나지 못하게 했습니다. 그들은 하나님 나라의 복음을 독점하려고 했지만, 예수님은 자신이 다른 동네들에서도 복음을 전하는 부름을 받았다고 말씀하며 그곳을 떠나셨습니다.

거라사 사람들과 반대로 귀신에서 해방된 사람은 예수님이 떠나시는 것을 만류했습니다. 그는 예수님과 같이 있기를 원했습니다. 하지만 예수님은 그를 보내면서 '하나님께서' 어떻게 큰 일을 행하셨는지 자세히 알리라고 명하셨습니다. 그러나 그는 성에 가서 '예수님께서' 어떻게 큰 일을 행하셨는지 알렸습니다. 이것은 아주 미묘한 차이지만 큰 의미를 갖습니다. 귀신에서 해방된 이후 그는 자신에게 이적을 행하신 하나님이 바로 예수님이라는 것을 알았기 때문입니다.

마가복음을 보면 예수님이 큰 일을 행하신 다음에 "불쌍히 여기신 것"이라는 어구가 따라 나옵니다(5:19). 예수님이 귀신 들린 사람을 해방시킨 것은 그를 긍휼히 여기셨기 때문임을 알 수 있습니다. 갈릴리 사람들을 긍휼히 여긴 것과 마찬가지로 예수님은 거라사 사람들도 동일하게 긍휼히 여기셨습니다.

그렇습니다. 예수님이 귀신을 쫓아내신 가장 큰 이유는 귀신 들린 사람을 긍휼히 여기셨기 때문입니다. 거라사 지역에 귀신 들린 사람들이 많이 있었지만 오직 택하신 이 사람만 해방의 기쁨을 얻었습니다. 이것은 그야말로 하나님의 큰 일이라고 할 수 있습니다. 그런 의미에서 하이델베르크 요리문답 제1문을 다시 한번 생각해 봅시다. "문: 살아서나 죽어서나 우리의 유일한 위로가 무엇입니까? 답: 예수님께서 그분의 보혈로 나의 모든 죗값을 완전히 치르고 나를 마귀의 모든 권세에서 구해 주신 것입니다."

부활하고 승천하신 예수님은 성령을 보내어 오늘도 하나님의 큰 일을 하고 계십니다. 에베소서에 따르면 우리는 허물과 죄로 인해 죽은 자들입니다. 예수님이 안 계셨더라면 여전히 죄에 종노릇 하면서 수치를 모르고 가정을 등한시하고 자신의 욕심과 정욕을 따라 돼지처럼 살 수밖에 없었을 것입니다. 하나님은 이런 우리를 사랑하여 선택하고 백성으로 삼으며 구원하셨습니다. 귀신에서 해방된 사람이 마을에 들어가 한 일처럼 우리도 기회가 될 때마다 하나님께서 우리에게 얼마나 큰 일을 행하셨는지 능력 있게 전해야겠습니다.

1. 예수님이 귀신 들린 사람을 해방시켜 주신 가장 큰 이유는 무엇입니까?
2. 거라사 사람들은 왜 귀신을 쫓아내신 예수님에게 떠나 달라고 요청했습니까?
3. 예수님의 축신을 바르게 바라보는 세 가지 관점은 무엇입니까?(100-103쪽)

10

# 영화롭게 되신 주님
# "너희는 그의 말을 들으라"

누가복음 9:28-36

제자들과 함께 산에 오르신 예수님이 갑자기 영광스러운 모습으로 변화되는 사건이 일어납니다. 성경에는 기이한 일들이 많이 기록되어 있지만, 이 사건은 그중에서도 매우 독특하다고 볼 수 있습니다. 마태(17:1-9)와 마가(9:2-8), 누가가 모두 이 일을 기록하고 있다는 것은 그만큼 깊은 인상을 받았다는 뜻이겠지요. 실제로 이 사건은 제자 중에서 베드로와 야고보, 요한 세 사람만이 목격했습니다. 그들도 처음에는 이 사건이 구체적으로 무엇을 의미하는지 몰랐고, 예수님도 부활 전까지는 이 일을 비밀에 부치셨습니다. "제자들이 잠잠하여 그 본 것을 무엇이든지 그때에는 아무에게도 이르지 아니하니라"(36절). 그렇다면 우리는 이 사건을 어떻게 봐야 할까요?

TV나 서커스 공연에서 빈 상자에 들어간 사람이 바뀌어 나오는 마술을 본 적이 있을 것입니다. 아주 짧은 순간에 전혀 다른 복장으로 나오거나 아예 다른 사람이 등장합니다. 어떻게 그런 일이 가능한지 관객은 놀라워하며 박수갈채를 보냅니다.

피상적으로 보면, 본문에 나오는 예수님의 변모가 그런 마술과 비슷한 것 같기도 합니다. 그러나 본질적으로 중요한 차이가 있습니다. 마술사는 오직 자기가 선택하여 준비한 그 사람만 변하게 할 수 있지 그 외의 사람들은 변화시킬 수 없습니다. 게다가 사람 자체를 변화시키지 못합니다. 기발한 아이디어와 부단한 연습으로 바꿀 뿐이고, 엄밀히 말하면 실제로 바뀐 것도 아닙니다. 그러나 예수님의 변화는 그야말로 '진짜'입니다. 우리에게 실제로 변화를 일으키기 때문입니다. 성경은 근본적으로 예수 그리스도에 대한 믿음으로 구원에 이르는 지혜를 주기 위해 기록된 것이 분명합니다. 그렇지 않다면 이 사건이 공관복음에 모두 기록되지는 않았을 테지요.

### 용어에 대해

이 일을 우리는 보통 '변화산 사건'이라고 부릅니다. 변화에는 여러 종류가 있지요. 좋은 변화가 있는가 하면 좋지 않은 변화도 있습니다. "너 변했어." 이 말은 어감이나 말투에 따라 좋은 뜻으로 쓰일 수도, 혹은 나쁜 뜻으로 쓰일 수도 있습니다. 그렇다 보니 '변화'라는 용어가 본문의 놀라운 사건을 가리키기엔 부족하다는 생각이 듭니다. 실제로 헬라어 성경에는 '변하다'라는 의미의 동사가 없습니다.

문자적으로 번역하자면, 예수님의 얼굴이 '다른 것'(헤테로)이 되었다는 표현이 쓰입니다. 그리고 그분의 옷이 희어지고 빛이 났습니다. 마태복음은 이 대목에서 보다 정확한 단어 '메타모르포'(metamorpho)를 사용합니다(17:2). 이것은 기본적으로 번데기가 나방으로 변하는 것을 지칭하는 용어입니다. 육체적으로 볼 때 별 흠모할 만한 게 없던 예수님이 찬란한 모습으로 변하신 것입니다.

예수님의 본성은 그대로인 채 외적인 모습이 전혀 다른 것이 되었습니다. 이것은 단지 '변화'라는 단어만으로는 설명할 길이 없습니다. 그래서 저는 이 사건을 '예수님의 영화롭게 되심'이라고 부르겠습니다. 예수님은 이 산에서 영화롭게 되어 하나님의 아들로서 하나님의 영광을 제자들에게 보여 주셨습니다. 그러므로 이 산 역시 변화산이 아니라 '영화산'이라 부르겠습니다. 그럴 때 이 산에서 일어난 일의 영적 의미가 보다 더 정확하고 확실하게 전달될 것입니다.

### 주님의 영화롭게 되심으로 구속의 주님을 알게 되다

'예수님의 영화롭게 되심'에 대한 이야기가 나오기 전에, 베드로가 예수님을 "주는 그리스도시요 살아 계신 하나님의 아들"이라고 고백하는 장면이 나옵니다. '그리스도'가 예수님의 직분에 관한 고백이라면, '하나님의 아들'은 예수님의 인격에 관한 고백입니다. 오늘날 기독론은 이와 같이 크게 예수님의 직분과 인격을 구분하여 다루고 있습니다.

이 얼마나 놀라운 고백입니까? 그 당시 많은 사람들은 예수님을 엘리야나 세례 요한 같은 선지자 정도로만 알고 있었습니다. 이 고백을 들은 예수님은 베드로에게 복되다고 칭찬하시면서 그가 스스로 이 사실을 알게 된 게 아니라 하나님이 알게 해주신 것임을 알려 주십니다. 그리고 그에게 천국의 열쇠를 맡기겠다고 말씀하십니다. 그러나 이런 신앙고백을 했다고 해서 베드로가 예수님을 완전히 알고 있었다고 볼 수는 없습니다. 똑같은 단어를 쓰더라도 생각하는 의미가 많이 다를 수 있기 때문입니다. 실제로 당시 베드로가 이해한 그리스도는 유대인들이 이해하고 있는 그리스도와 본질적으로 차이가 없었습니다. 유대인들은 그리스도가 오시면 당장 하나님의 나라가 임하고 그들을 괴롭히던 원수들을 물리치실 것이라 믿었고, 베드로도 그렇게 믿었습니다. 다만 유대인들은 예수님이 그리스도가 될 수 없다고 생각했다는 점이 다를 뿐입니다.

이 점은 베드로의 신앙고백 후 예수님이 비로소 자신의 죽음과 부활에 대해 말씀하실 때, 그가 보인 반응을 보면 알 수 있습니다. 베드로의 입장에서 그리스도가 죽는다는 건 상상조차 할 수 없는 일이었습니다. 그래서 그는 그런 일은 절대 일어나지 않게 하겠다고 항변했지요. 그러자 예수님은 베드로에게 "사탄아, 내 뒤로 물러가라"고 단호히 말씀하셨습니다. 복 있는 자라고 칭찬을 받고 나서 얼마 있지 않아 사탄이라고 불린 사람이 바로 베드로입니다.

그런 일이 있고 나서 약 8일 만에 영화산 사건이 일어났습니다. 이 사건은 베드로의 생각이 얼마나 잘못되었는지를 확실히 보여 줍니다. 사건의 현장에는 모세와 엘리야가 등장합니다. 제자들은 그들을 본 적이 없었을 텐데 어떻게 알아보았을까요? 성경은 모든 일을 다 기록하지는 않습니다. 아마 두 사람이 대화할 때 엘리야나 모세라는 호칭을 사용하지 않았나 싶습니다.

왜 구약의 수많은 인물 중에서 하필 모세와 엘리야일까요? 그것은 모세가 율법을, 엘리야가 선지자를 대표하기 때문입니다. 그렇다면 두 사람은 구약성경 전체를 대표한다고 볼 수 있습니다. 그들이 와서 예수님이 예루살렘에서 별세하실 것을 예언하고 있습니다(31절). 즉 구약성경을 대표하는 두 사람이 그리스도의 죽음에 대해 이야기하고 있는 것입니다. 그러니 베드로의 그리스도에 대한 이해가 완전히 잘못된 것임을 알 수 있습니다. "죽음이 결코 미치지 않게 내가 예수님을 지키겠다"는 그의 발언은 잘못된 구약의 이해에 근거합니다. 베드로도 다른 유대인들과 마찬가지로 구약에 대한 지식은 많았지만 정작 구약이 말하고 있는 참된 그리스도에 대해서는 알지 못했습니다. 제자들이 실제로 예수님이 죽으시고 부활하시기까지 영화산 사건에 대해 침묵한 것은, 예수님이 금하셨기 때문이기도 하지만 여전히 모세와 엘리야의 말을 확신할 수 없었기 때문이기도 할 것입니다.

이것은 오늘날도 마찬가지입니다. 우리는 하나님의 아들도 죽을 수 있다는 것을 압니다. 하지만 예수님의 죽으심이 없었다면, 정말 하나님의 아들이 죽는다는 사실을 우리가 받아들일 수 있었을까요? 모세와 엘리야가 사용한 '별세'라는 말은 헬라어로 '엑소도스'인데 이 단어에 주목하시기 바랍니다. 엑소도스는 죽음을 뜻하기도 하지만 근본적으로 '탈출'이라는 의미를 갖습니다. 사도행전 13장 24절에서는 그리스도의 오심을 '에이스도스'(eisdos)라고 칭하고 있습니다. 그렇다면 주님의 '죽으심'보다는 '떠남'을 엑소도스라고 할 수 있습니다. '출애굽'을 뜻하는 단어가 왜 하필 이곳에 쓰였을까요? 이것은 단순히 예수님의 죽으심이 죽음만을 의미하지 않기 때문입니다. 노예처럼 살아가던 이스라엘 백성이 구출되어 '출애굽'한 것처럼 그리스도의 죽음도 그와 같은 일을 하게 될 것입니다. 그러고 보면 예수님의 죽으심과 부활은 제2의 출애굽 사건이라고 할 수 있습니다. 그분의 죽으심은 모든 사람을 위한 대속의 죽음이 됩니다. 이 지점에서 주님의 죽으심이 점점 구체화되고 있습니다. 베드로에게 말씀하실 때만 해도 주님은 자신이 단순히 죽었다가 살아날 것이라는 말씀만 하셨습니다. 그러나 이제 죽으실 장소까지 지정되고 죽으심의 성격까지 분명해지고 있습니다.

그렇다면 주님은 도대체 어떤 분이기에 그와 같은 구속 사역을 감당할 수 있단 말입니까? 이 일은 예수님이 하나님의 아들로서 죽으시기 때문에 가능한 일입니다. 모세와 엘리야와 예수님이 대화를 나눌 때 구름이 그들을 덮었고, 그 속에서 "이는 나의 아들 곧 택함을 받은 자니 너희는 그의 말을 들으라"(35절)는 소리가 들렸습니다. 베드로가 진정으로 예수님을 하나님의 아들이라고 인정한다면 아들이 말하는 모든 것, 즉 그의 죽으심까지 받아들여야 하는 것이 맞습니다.

주님은 변모하심으로 아버지의 영광을 드러내셨습니다. 이 광경을 직접 본 사람은 베드로와 야고보, 요한입니다. 그들은 처음에는 이 사건이 의미하는 바를 잘 몰랐지만 주님의 부활을 경험하고 나서 분명히 알게 되었습니다. 세 사람 중에 야고보는 일찍 순교했고 기록해 놓은 성경이 없어서 그가 이 사건을 어떻게 이해했는지는 알 수 없지만, 베드로와 요한의 경우에는 그들이 남긴 책을 보면 잘 알 수 있습니다.

베드로는 그의 서신서에서 영화산의 경험을 설명합니다(벧후 1:12-19). 이 편지를 쓸 때, 베드로는 자신이 죽을 날이 얼마 남지 않았다는 사실을 알고 있습니다. 15절에서 그는 자신의 죽음을 '떠나는 것'으로 묘사하고 있는데, '떠난다'는 말에 공교롭게도 '엑소도스'가 사용됩니다. 아마도 그가 주님의 엑소도스와 자신의 엑소도스를 연관지은 것이 아니었나 생각해 봅니다. 베드로는 교회가 그리스도의 강림과 능력을 확신하기를 원했습니다. 그래서 신자들에게 편지를 쓸 때 영화산에서 일어났던 일을 언급하며 시작합니다. 그 이야기를 풀어서 쓰면 다음과 같을 것입니다. "이것은 지어낸 이야기가 아닙니다. 성도들이여, 내가 정말로 크신 하나님의 영광을 보았습니다. 바로 그 예수 그리스도가 다시 오실 것입니다. 주님의 재림을 확신하지 못하겠거든 영화산의 일을 기억하시기 바랍니다." 베드로에게 영화산의 일은 단순히 마술 같은 기이한 일이 아니라 영광의 주님을 바라보게 하는 역사적 사실이었습니다. 그 사건은 장차 오실 주님의 영광을 미리 맛보는 사건이기도 했습니다. 이 산에서 예수 그리스도는 아버지에게 지극히 큰 존귀와 영광을 받으셨습니다.

베드로와 더불어 요한도 같은 증언을 합니다. "우리가 그의 영광을 보니 아버지의 독생자의 영광이요 은혜와 진리가 충만하더라"(요 1:14). "본래 하나님을 본 사람이 없으되 아버지 품속에 있는 독생하신 하나님이 나타내셨느니라"(요 1:18). 이 말씀이 명시적으로 예수님의 어떤 모습을 가리키는지 말하지는 않지만, 문맥상 영화산 사건을 가리키는 것이 분명합니다. 요한의 증언을 종합해 보면, 인간은 죄로 인해 하나님을 알지 못했지만 예수 그리스도로 말미암아 알게 되었다는 것입니다. 이는 새 시대의 출발을 의미합니다. 율법의 시대는 가고 은혜와 진리의 시대가 시작되었습니다. 새 시대에 살고 있는 지금 우리는 그리스도 안에 나타난 하나님의 영광을 소망하며 살아갑니다.

베드로는 영화산에서 주님의 영화롭게 되심을 보았을 때, 초막 셋을 지어 영광스런 예수님과 모세와 엘리야를 영영 붙들어 두고 싶었습니다. 그러나 그리스도의 영광은 장막 속에 가둬둘 수 없습니다. 이 일을 통해 베드로는 우리도 조만간 장막을 떠날 때가 있음을 알게 되었을 것입니다. "이는 우리 주 예수 그리스도께서 내게 지시하신 것같이 나도 나의 장막을 벗어날 것이 임박한 줄을 앎이라"(벧후 1:14). 우리의 육체가 장막이라는 사실을 안 것입니다. 예수님의 영화롭게 되심은 장막을 벗어날 때가 임박했음을 보여 주었습니다.

우리가 사는 이곳은 장막이라는 사실을 잊지 맙시다. 이 장막을 벗어날 때 우리는 지극히 영화롭게 변할 것입니다. 이 장막을 벗어나야 하는 이유는 장막이 그 영광을 담아낼 수 없기 때문입니다.

### 영화산은 우리를 주님께 순종하게 한다

누가복음은 다른 두 복음서와는 달리 주님이 영화롭게 되는 시점을 기록하고 있습니다. 바로 예수님께서 기도하시는 순간입니다. 기도하시는 동안 예수님의 몸이 변했습니다. 그런데 주님도 기도하실 필요가 있었을까요? 네, 우리는 주님이 우리와 똑같은 인간이었다는 사실을 항상 염두에 두어야 합니다. 주님은 아버지의 도움을 간구하셨습니다. 기도는 주님이 아버지께 순종한다는 표시였습니다.

주님이 무슨 기도를 하셨는지는 명확하지 않지만, 그분의 변화가 기도의 응답이었다는 점은 분명합니다. 바로 전에 예수님께서 제자들에게 이렇게 말씀하셨기 때문입니다. "내가 참으로 너희에게 이르노니 여기 서 있는 사람 중에 죽기 전에 하나님의 나라를 볼 자들도 있느니라"(눅 9:27). 예수님은 영광스런 하나님의 나라를 보여 주려고 제자들 중 세 명을 데리고 산에 오르신 것입니다. 영광스러운 하나님 나라의 임재는 바로 기도를 통해 이루어졌습니다. 우리는 주기도문에서 배운 것처럼 "나라가 임하옵소서"라고 기도합니다. 그런데 그렇게 기도하면 정말 하나님의 나라가 임할까요? 물론 우리가 예수님과 같이 영화롭게 됨을 경험할 수 있다는 말은 아닐 것입니다. 하지만 우리가 예수님처럼 기도할 때, 부활하고 영화롭게 되신 주님이 성령으로 우리의 교회에 임하시는 것은 확실합니다.

예수님의 영화를 통해 적어도 한 가지 사실이 확실히 드러났습니다. 영화산 사건은 예수님이 죽음을 거치지 않고도 부활의 몸으로 변하실 수 있음을 보여 줍니다. 그 점에서 우리의 몸과 주님의 몸은 다릅니다. 우리가 부활의 몸을 입기 위해서는 죽음의 관문을 거쳐야 하지만 주님의 몸은 그렇지 않았습니다. 주님은 언제든지 부활의 몸으로 영원히 변하실 수 있었습니다. 그러므로 그분의 죽으심은 어디까지나 자발적인 순종의 결과였습니다. 만약 주님이 죽음을 통하지 않고 영원히 영화롭게 되심을 선택하셨다면 우리는 그 영화로움에 참여하지 못했을 것입니다. 하지만 예수님은 그 길을 버리고 죽으심을 통해 영화롭게 되는 길을 선택하셨습니다. 다름 아니라 우리를 위해 그렇게 하셨습니다.

순종하시는 주님 곁에 있는 자들에게 하늘에서 음성이 들렸습니다. "너희는 그의 말을 들으라"(35절). 이 말씀은 예수님이 모세가 언급한 바로 그 선지자이심을 증명합니다. "나와 같은 선지자 하나를 일으키시리니 너희는 그의 말을 들을지니라"(신 18:15). 본문이 시작되기 바로 전에, 주님은 "아무든지 나를 따라오려거든 자기를 부인하고 날마다 제 십자가를 지고 나를 따를 것이니라"(눅 9:23)고 말씀하셨습니다. 십자가를 지고 따르는 마지막 지점은 죽음입니다. 하지만 우리는 영화롭게 되신 주님을 통해 그 순종의 종착지가 영화로움이고, 죽음은 그 영화로움으로 인도하는 길이라는 것을 압니다. 따라서 영화산은 우리로 하여금 그리스도인으로서 순종의 삶을 살게 합니다. 영화산의 교훈은 바로 영화롭게 되신 주님에게 주목하게 합니다. 더욱 구체적으로 영화롭게 되신 주님의 목소리에 귀를 기울이게 합니다.

영화산 사건은 기이한 마술쇼나 이벤트가 아니었습니다. 주님이 행하신 모든 일들이 바로 우리를 위한 것이었다는 점은 주님이 영화롭게 되신 장면에서도 동일하게 적용됩니다. 주님은 변모하심을 통해 자신이 진정 어떤 분인지를 드러내셨습니다. 한마디로 주님은 우리를 위해 영화롭게 되신 것입니다. 그 일을 통해 우리는 구속의 주님을 알게 되고, 영광의 주님을 바라보며, 주님의 목소리에 순종하게 되기 때문입니다. 여러분 모두가 이같이 복된 삶에 참여하시기를 축원합니다.

1. 예수님께서 세 명의 제자와 기도하러 산에 올라가셨을 때 무슨 일이 일어났습니까?
2. 변화산 사건은 예수님께서 제자들에게 "너희는 나를 누구라 하느냐"(눅 9:20)라고 질문하신 것에 대한 하나님의 응답이라고 볼 수 있습니다. 하늘에서 무슨 말씀이 들렸습니까?
3. 변화산에서 영화롭게 변모하신 주님을 통해 우리는 그분의 신성을 확인할 뿐 아니라 그분의 죽으심이 자발적인 순종의 결과였음을 알 수 있습니다. 이를 통해 우리는 어떤 소망을 가질 수 있습니까?

11

# 잘못된 질문
# "가장 작은 그가 큰 자니라"

누가복음 9:46-48

본문의 내용은 짧고 이해하기도 아주 쉬워 보입니다. 예수님께서 이 말씀을 통해 어린아이를 귀하게 여겨야 한다는 가르침을 주셨다고 많이들 생각합니다. 실제로 이 구절은 어린이주일에 단골 본문으로 쓰입니다. 그러나 예수님은 어린아이를 들어 하나님 나라의 진리를 나타내려 하신 것이지 어린아이 자체에 대해 말씀하신 것은 아닙니다. 이 상황은 예수님의 제자들이 교만해져 서로 '누가 크냐'는 문제로 다투면서 시작됩니다. 이에 예수님은 어린아이를 예로 들며 '가장 작은 자가 가장 큰 자'라는 가르침을 주십니다. 그래서 신자들은 교만한 제자들과 달리 어린아이처럼 겸손해야 한다는 교훈을 끌어내기도 합니다. 물론 신자들은 겸손해야 합니다. 겸손은 그리스도인이 꼭 갖춰야 할 아름다운 덕목입니다. 그러나 과연 예수님이 이 본문을 통해 겸손을 가르치려 하셨는지는 다시 생각해 볼 문제입니다.

우리는 주님의 말씀을 도덕적으로만 이해하고 있는 건 아닐까요? 성경 말씀에서 도덕적인 교훈을 끌어내는 것에만 집중할 경우, 예수님이 누구신가에 대한 가르침을 놓치기가 쉽습니다. 그러므로 말씀 속에 드러나신 예수님의 모습을 제대로 이해하고, 그런 다음 그것에 근거해 우리의 삶을 돌아보아야 합니다. 실제로 예수님은 "너희 모든 사람 중에 자신을 가장 작다고 여기는 자가 가장 크다"가 아니라 "너희 모든 사람 중에 가장 작은 그가 큰 자니라"(48절)고 말씀하셨습니다. 이 말씀대로라면 우리 교회에서 가장 큰 자는 지난달에 돌을 맞이한 아기일 것입니다. 따라서 예수님께서 전하고자 하신 메시지가 제자들의 겸손이 아니라는 사실을 알 수 있습니다.

### 교만: 남과 비교하는 이유

서로 '누가 크냐'로 논쟁을 벌이는 제자들의 모습은 모든 인간의 타락한 습성을 보여 주는 것 같습니다. 사람들은 비교하기를 좋아합니다. 비교 그 자체가 나쁜 것은 아닙니다. 비교를 통해 자신의 우월감을 확인하려는 것이 문제입니다. 아이들이라고 해서 다르지 않습니다. 아이들이 놀이터에서 만나 얘기를 나눌 때면 종종 이런 질문이 이어집니다. "어디 살아?" "집은 몇 평이야?" 가끔은 타고 다니는 차종을 묻기도 합니다. 유치하기 짝이 없는 질문이지만 아이들은 아주 중요하게 생각합니다. 그런 비교를 통해 자신의 우월함을 드러낼 수 있기 때문입니다.

어른들도 별로 다르지 않습니다. "강남에 살아요? 아니면 강북?" "자녀는 학교에서 몇 등 해요?" 주로 뭔가를 가졌고 좀 어설프게 잘난 사람들이 이런 질문을 합니다. 가진 게 별로 없다고 생각하는 사람은 그런 질문 자체를 하지 않습니다. 스스로를 대단하게 생각하는 사람들은 다른 사람들과의 비교를 통해 자신의 우월감을 나타내려 합니다. 이러한 예를 바리새인과 세리의 기도에서 찾아볼 수 있습니다. 바리새인은 일주일에 두 번이나 금식을 하고 십일조를 내는 자신이 저 뒤에서 하늘을 쳐다보지도 못하고 가슴을 치며 기도하는 죄인인 세리보다 훨씬 의롭다고 생각했습니다.

본문에서도 제자들 사이에 유치한 비교 경쟁이 벌어집니다. '누가 크냐'는 그들에게 아주 중요한 문제였습니다. 하지만 그들은 정작 중요한 것은 놓치고 있었습니다. '누가 크냐'는 질문에 대한 예수님의 답변이 바로 그 점을 가르쳐 줍니다. 전교 1등을 하는 것 자체가 아니라 공부를 정말 잘하는 것이 중요하듯이, 예수님의 제자 중에 누가 1등을 하느냐가 아니라 어떤 사람이 진정으로 참된 주님의 제자인지가 중요합니다. 제자가 아닌데 '누가 크냐'가 무슨 소용이 있겠습니까?

### 질문의 배경

먼저 이 질문이 나온 배경을 살펴봅시다. 9장 1절에서 예수님은 열두 제자들을 불러 모아 그들에게 귀신을 제어하고 병 고치는 능력과 권세를 주셨습니다. 이런 권세를 주신 것은 하나님 나라를 전파하기 위함이었습니다. 예수님은 그들에게 능력과 권세 말고는 아무것도 주지 않으셨습니다. 그들은 돈도 가지면 안 되었고, 옷도 한 벌만 입어야 했으며, 심지어 먹을 양식도 가지면 안 되었습니다. 여관에도 들리면 안 되고 나그네처럼 돌아다녀야 했습니다. (오늘날 직장에서 이렇게 일을 시키면 남아 있을 사람이 아무도 없을 것입니다.)

제자들은 예수님의 말씀을 듣고 각 마을을 두루 다니면서 복음을 전하고 병을 고쳤습니다. 이전에 예수님이 혼자 하시던 일을 열두 명이 하니 복음이 얼마나 빨리 전파되었을까요? 그 소문은 헤롯 대왕의 귀에도 들어갔습니다. 소문을 들은 헤롯은 상당히 당황했습니다. 자신이 옛날에 처형한 세례 요한이 다시 살아나 활동한다는 생각이 들 정도였습니다. 제자들은 전도여행에서 돌아와 자신들이 행한 모든 일들을 보고했습니다. 생각해 보십시오. 제자들이 두루 다니며 귀신을 쫓아내고 병을 고치고 설교를 했는데 수많은 사람들이 그 가르침에 순종한 모습을 보았습니다. 그러니 얼마나 신나게 그 일을 예수님께 보고했을까요?

그 다음 12절에서 제자들은 오병이어 기적을 맛봅니다. 그때 예수님은 감사 기도를 드린 다음 음식을 제자들에게 떼어 주어 무리에게 나눠 주게 하셨습니다. 제자들의 입장에서 생각해 보십시오. 예수님께 떡을 받아 사람들에게 나눠 주는데 떡이 없어지지 않고 계속 생기니 얼마나 신기하고 신이 났을까요? 제자들은 오병이어 기적을 단순히 목격한 자들이 아니라 실제로 참여한 자들입니다.

오병이어 기적 후에는 베드로의 유명한 신앙고백이 이어집니다. 세상 사람들은 예수님의 행적을 보며 예레미야나 세례 요한, 선지자 중 하나라고 말하지만 베드로는 제자들을 대표하여 이렇게 고백합니다. "주는 그리스도시요 살아 계신 하나님의 아들이시니이다"(마 16:16). 이제 제자들의 신앙이 상당한 수준에 올라와 있다는 것을 알 수 있습니다. 이때부터 예수님은 자신의 죽음과 부활에 대해 이야기하기 시작하십니다. 진정한 제자가 되려면 십자가를 져야 한다는 말씀도 하십니다. 이후에 제자들은 예수님과 함께 산에 올랐고, 예수님이 기도하실 때 영화롭게 변모되면서 모세와 엘리야와 더불어 말씀하시는 모습을 봅니다. 예수님이 장차 예루살렘에서 이루실 일과 죽게 되심에 관한 이야기였습니다.

그런데 다음날 예수님이 산에서 내려오셨을 때, 제자들이 귀신 들린 아이 하나를 고치지 못하고 쩔쩔 매는 모습을 보십니다. 이제껏 큰 능력을 보고 행하던 제자들이 여전히 작은 기적 하나 행하지 못하고 있었던 것입니다. 예수님은 제자들의 믿음 없음을 나무라신 후 아이를 고쳐 주시고, 제자들에게 "인자가 장차 사람들의 손에 넘겨[질]"(44절) 것이라고 말씀하십니다. 그러나 제자들은 예수님의 말씀을 전혀 이해하지 못했습니다.

이 모든 것으로 볼 때 제자들은 한편으로는 대단한 자들이었지만, 다른 한편으로는 아주 보잘 것 없는 자들이었습니다. 주님의 명을 받고 순종하여 전도여행을 나갔을 때는 큰 권능을 행사했지만,

믿음이 결여되었을 때는 귀신 들린 아이 하나를 고치지 못했습니다. 베드로도 참으로 위대한 신앙고백을 했지만, 예수님이 죽으심과 고난에 대해 이야기할 때는 무슨 말씀을 하시는지 전혀 알지 못했습니다. 제자들은 스승이 앞으로 무슨 일을 할지 전혀 감을 잡지 못한 것입니다. 스승은 얼마 안 있어 십자가를 져야 하는데 제자들이라고 하는 자들은 모여서 '누가 크냐'는 논쟁이나 하고 있으니 얼마나 한심합니까?

## 논쟁의 진행

제자들이 어떤 식으로 논쟁했는지는 성경에 나와 있지 않으므로 지나친 추론은 삼가야겠지만, 그럼에도 어떤 상황인지 우리는 비교적 합리적인 추측을 해볼 수 있습니다. 예수님은 열두 제자를 세우면서 그들 사이에 서열을 정하지 않으셨습니다. 애초에 서열이 정해졌더라면 그런 논란은 없었을 테지요. 또한 예수님께서 서열을 정하지는 않았지만 열두 제자 중 몇몇을 특별하게 대하신 것도 사실입니다. 가끔은 열두 제자 중 일부만 데리고 다니기도 하셨습니다. 야이로의 딸을 살리실 때에도 그랬고, 변화산에 오르실 때는 베드로와 야고보, 요한만 데려가셨습니다. 나중에는 특별히 베드로에게 "너는 베드로라. 내가 이 반석 위에 내 교회를 세우겠다"는 말씀도 하셨습니다(마 16:18). 그러고 보면 예수님의 제자들은 다 평등한 것 같기도 하고 그렇지 않은 것 같기도 합니다.

예수님에게 병 고치고 귀신을 쫓는 능력과 권세를 받아 세상에 파송된 제자들은 놀라운 일들을 행했습니다. 주님의 이름으로 명령하니 사람들의 병이 낫고 귀신들이 나갔습니다. 여러분이 제자라면 어땠을까요? 자신이 뭔가 대단한 사람이 된 듯한 생각이 들지 않았을까요? 자신이 한 일을 들먹이며 서로 크다고 논쟁을 벌였을 것입니다.

### 주님의 개입

제자들은 이런 논쟁을 예수님이 계시지 않은 곳에서 한 것 같습니다. 그런 논쟁이 바르지 않다는 걸 그나마 알고 있었던 모양입니다. 제자들 중에 누가 큰지 정말 궁금하고 스스로 떳떳하다면 그냥 예수님께 물어보면 될 일입니다. 하지만 자신이 큰 자가 되고 싶은 것이 그들의 속마음입니다.

예수님은 제자들의 생각을 간파하시고, 그들 가운데 어린아이를 세우며 말씀하셨습니다. "누구든지 내 이름으로 이런 어린아이를 영접하면 곧 나를 영접함이요 또 누구든지 나를 영접하면 곧 나를 보내신 이를 영접함이라. 너희 모든 사람 중에 가장 작은 그가 큰 자니라"(48절).

'누가 크냐'라는 질문에 예수님은 먼저 자신과 아버지의 관계를 언급하십니다. 예수님은 자신을 아버지께서 보내신 자라고 선언하십니다. 그런 다음 자신과 제자들의 관계를 말합니다. 제자들은 예수님께서 보내신 자들입니다. 여기에서 강조되는 것은 보내심을 받은 자는 보낸 자와 동일하다는 사실입니다. 그렇다면 보내심을 받은 자는 누가 보냈는가에 따라 큰 자인지 작은 자인지가 결정됩니다. 동일한 인물이더라도 왕이 보냈을 때와 장관이 보냈을 때의 위상이 같을 수 없습니다. 아무리 작은 자일지라도 주님이 보내신 사람이면 그는 주님과 같은 권세를 가진 자입니다. 그 차이를 부각시키고자 예수님은 일부러 어린아이를 세우고 말씀하셨습니다. 아무리 아이일지라도 주님의 이름으로 세상에 나간다면 그 아이는 주님과 같은 위치에 있는 것입니다.

'누가 크냐'고 논쟁하는 제자들에게 예수님은 그들이 누구의 보내심을 받았는지 물으십니다. 그들은 모두 동일한 한 분 예수님의 보내심을 받았습니다. 그렇다면 '누가 크냐'는 논쟁은 불필요합니다. 모두가 예수님의 사도들이기 때문입니다. 이것은 심지어 예수님이 보내신 자가 어린아이라 할지라도 마찬가지입니다. 따라서 그들이 진정으로 해야 할 질문은 이것입니다. "나는 정말 주님이 보내신 자인가? 주님의 이름으로 일하고 있는가?"

예수님의 질문은 오늘날 우리에게도 적용됩니다. 예수님은 우리에게 누구를 보내 주셨습니까? 그가 누구든 간에 예수님께서 보내신 자라면 우리는 그를 가장 큰 자로 영접해야 할 것입니다. 예수님께서 사도를 세워 세상에 보내셨듯이 오늘날에도 자기 백성을 위해 누군가를 사신으로 보내십니다. 그를 통해 메시지를 전하십니다. 주님이 보내시는 것이므로 목사가 전달할지라도 그것은 주님의 메시지입니다. 그러므로 교회는 그 메시지를 받아들여야 합니다. 다시 말해, 영접해야 합니다. 여기서 '영접한다'는 말은 잘 대접한다는 뜻이 아니라 보내심을 받은 자가 전달하는 메시지를 보낸 자의 것으로 받아들인다는 뜻입니다.

♛

'누가 크냐'는 질문에 대해 예수님은 전혀 다른 질문을 하십니다. 예수님이 보시기에 제자들의 질문 자체가 잘못되었습니다. 중요한 것은 '누가 크냐'가 아니라 '누구에게 보내심을 받았느냐'입니다. 그래서 예수님은 그들에게 보내심과 영접에 대해 말씀하셨습니다. 본문은 일반적인 의미에서 겸손에 대한 가르침을 주지 않습니다. 남을 나보다 낫게 여기며 살라는 교훈을 주는 것도 아닙니다. 겸손을 이야기하고는 있지만, 그것은 예수님이 보내신 자를 영접하기 위해 갖춰야 하는 겸손입니다.

주님은 우리 교회에 말씀 사역자를 보내셨습니다. 말씀 사역자가 귀한 이유는 그가 주님의 말씀을 갖고 있기 때문입니다. 주님은 자기 백성들에게 직접 말씀하실 수도 있지만 성경을 통해, 특히 말씀 사역자인 목사를 통해 말씀하십니다. 그 말씀을 영접한다는 것은 목사를 영접하는 게 아니라 목사를 보내신 주님을 영접하는 것입니다. 이런 마음으로 살아갈 때 우리는 세상에서 주님의 음성을 따라가게 될 것입니다. 이것이 복된 길임을 확신하며 따라가는 성도가 되시기를 바랍니다.

1. 제자들 사이에 '누가 크냐'는 논쟁이 벌어진 이유는 무엇입니까?

2. '누가 크냐'는 질문에 예수님은 무엇에 초점을 맞추어 말씀하십니까?

3. 예수님께서 보내신 자를 '영접'하기 위해 우리가 갖춰야 할 덕목은 무엇입니까?

# 예루살렘으로 가는 길

누가복음 10:1-19:27

12

# 누가 강도 만난 자의 이웃인가 "가서 너도 이와 같이 하라"

누가복음 10:25-36

'선한 사마리아인' 이야기는 교회를 다니지 않는 사람들도 한 번쯤 들어봤을 정도로 유명합니다. 내용이 감동적이고 극적인 요소가 많습니다. 선한 사마리아인의 이야기는 교회 역사 속에서 많은 신자들에게 감동을 주었습니다. 실제로 아프리카에서 평생 의료봉사를 한 슈바이처 박사와 같이 선한 사마리아인처럼 살기 위해 자신의 삶을 바친 사람들도 적지 않습니다.

여러분은 어떻습니까? 도움이 필요한 사람을 잠시 도와줄 수는 있지만 선한 사마리아인처럼 끝까지 책임질 수 있습니까? 솔직히 저는 자신 없습니다. 많은 신자들이 자신은 선한 사마리아인처럼 살 수 없다고 생각합니다. 영성이 아주 탁월한 사람만 그렇게 살 수 있으며, 사실 그렇게 살지 않아도 구원받는 데는 별 지장이 없다고 봅니다. 하지만 이와 같은 생각은 위험합니다. 본문을 포함해 예수님의 모든 말씀은 일부 특별한 사람이 아니라 모든 성도에게 주시는 것이기 때문입니다. 다른 말씀도 그렇지만 본문은 영생과 관련된, 즉 죽고 사는 일이 달린 아주 중요한 문제를 다루고 있습니다. '착하게 살면 복 받는다'는 도덕적인 차원을 넘어섭니다. 선한 사마리아인의 이야기를 통해 예수님이 영생에 관해 주시는 가르침을 분명히 인식하기를 소망합니다.

### 배경: 율법사의 공격

"예수께서 승천하실 기약이 차가매 예루살렘을 향하여 올라가기로 굳게 결심"하셨습니다(9:51). 예수님이 성전에 들어가실 때까지(19:45) 누가는 예수님이 '예루살렘으로 가신다'는 사실을 여러 번 강조합니다(17:11, 18:31, 19:11, 19:28, 19:41). 최종 목적지는 예루살렘에서 승천하심이고, 이 일을 막기 위해 사탄은 온갖 일로 예수님을 시험하고 방해합니다.

예수님께서 갈릴리에서 출발한 지 얼마 지나지 않아 길에서 율법사의 도전을 받습니다. 율법사는 당시에 성경을 전문적으로 연구하던 사람입니다. 오늘날로 치면 신학교수나 목사에 해당합니다. 아마도 율법사 중에서도 가장 뛰어난 자가 예수님을 시험하러 나섰을 것입니다. 그는 예수님을 랍비 중 한 명 정도로 인식했을 것이고, 실제로 예수님을 '선생님'이라고 불렀습니다.

누가복음은 처음부터 세리와 병자들, 그리고 바리새인과 서기관과 율법사를 대비시켜 묘사합니다. 전자는 회개하고 세례를 받고 예수님을 영접했지만, 후자는 배척하고 고소할 구실만 찾았습니다. 7장 29-30절이 이 사실을 요약하고 있습니다. "모든 백성과 세리들은 이미 요한의 세례를 받은지라. 이 말씀을 듣고 하나님을 의롭다 하되 바리새인과 율법교사들은 그의 세례를 받지 아니함으로 그들 자신을 위한 하나님의 뜻을 저버리니라." 본문에 등장하는 율법사도 6장 7절의 바리새인과 서기관들처럼 예수님을 송사할 근거를 찾으려 했습니다.

하나님의 백성들은 율법을 잘 알아야 합니다. 그런데 율법을 잘 아는 것도 중요하지만 어떻게 사용하느냐가 더 중요합니다. 율법사는 두 가지 점에서 자신의 지식을 잘못 사용했습니다. 첫째, 율법을 예수님을 공격하는 데 사용했습니다. 율법을 올무로 쓴 것입니다. 둘째, 율법을 자신의 의로움을 변증하는 데 사용했습니다. 이것은 말씀 사역자들이 빠지기 쉬운 유혹입니다. 그들은 성경을 잘 알기 때문에 얼마든지 자신의 행동을 변명하고 자신의 의로움을 증명하는 도구로 쓸 수 있습니다. 해박한 성경 지식으로 상대방을 공격할 수도 있습니다.

### 율법사의 두 가지 질문

율법사의 첫 질문은 "내가 무엇을 하여야 영생을 얻으리이까"(25절)

였습니다. 이 질문은 대단히 중요합니다. 여러분은 이 질문을 들었을 때 곧바로 요한복음 3장 16절이 떠올랐을 것입니다. "예수님을 믿어야, 더 정확하게 말하면 예수님이 하나님의 아들이심을 믿어야 구원을 얻습니다." 그런데 예수님은 그렇게 대답하지 않으셨습니다. 그랬다면 율법사의 시험에 걸려들었을 것이고, 그에게 송사의 빌미를 주었을 것입니다.

율법사의 질문에 예수님은 "율법에 무엇이라 기록되었으며 네가 어떻게 읽느냐"(26절)라고 되물으셨습니다. 율법사가 답을 다 알고 있으면서 질문하고 있음을 아신 것입니다. 그러니 답하실 필요가 없었습니다. 율법사는 "네 마음을 다하며 목숨을 다하며 힘을 다하며 뜻을 다하여 주 너의 하나님을 사랑하고 또한 네 이웃을 네 자신같이 사랑하라 하였나이다"(27절)라고 대답했습니다. 이에 예수님은 "네 대답이 옳도다. 이를 행하라. 그러면 살리라"(28절)고 말씀하셨습니다.

율법사와 예수님은 영생의 문제에 동일한 답을 갖고 있었습니다. 율법을 이해하는 데 적어도 내용 면에서는 아무런 차이가 없습니다. 예수님이 "내가 하나님의 아들이니 나를 믿어야 영생을 얻으리라"고 대답해야 율법사가 예수님을 공격할 텐데 이제 공격 거리가 없어진 것입니다. 싸움이 싱겁게 끝날 뻔했는데 율법사가 이번에는 자신의 의로움을 드러내기 위해 "그러면 내 이웃이 누구니이까"라고 다시 물었습니다. 이번에도 답을 알면서 짐짓 질문한 것입니다. 예수님은 이 점을 정확히 파악하고 그가 얼마나 의롭지 않은 자인지를 비유로 드러내고자 하셨습니다.

예수님은 이번에도 율법사의 질문에 대답하지 않고 율법에 뭐라고 기록되어 있는지도 묻지 않으며, 대신에 선한 사마리아인의 이야기를 들려 주셨습니다. 이 이야기를 듣기 직전까지 율법사는 자신이 이웃을 자기 몸처럼 사랑한다고 생각했습니다. 율법사가 생각한 이웃은 문자 그대로 가까이 지내는 사람이었습니다. 공간상 가까이 사는 사람이나 가까운 친족, 친구들을 말합니다. 성전에서 예배 드리는 경건한 이스라엘 사람도 이웃이라고 생각했습니다. 이웃의 반대말은 원수이기 때문에 이방인이나 이방인과 다를 바 없는 사마리아인이나 유대인이지만 세리 같은 죄인이나 귀신 들린 자나 병자는 이웃이라고 생각하지 않았습니다. 반대로 예수님은 그들을 이웃으로 생각하고 교제를 나누셨고, 이 때문에 바리새인과 서기관들은 예수님이 죄인들과 어울려 다닌다며 비난을 퍼부었습니다.

### 선한 사마리아인

이제 예수님이 들려 주시는 선한 사마리아인의 이야기입니다. 어떤 사람이 예루살렘에서 여리고로 가고 있었습니다(지금 예수님도 예루살렘으로 가기 위해 여리고로 향하고 있습니다). 예루살렘은 해발 750미터에 위치하고, 여리고는 해수면 이하 250미터에 있기 때문에 두 도시의 고도가 무려 1천 미터나 차이가 납니다. 상당히 가파른데다 험한 산과 광야로 이어져 있어 매우 위험한 길입니다. 이 길을 가던 어떤 사람이 강도를 만나 큰 부상을 입고 쓰러졌습니다. 그대로 두면 죽을 수밖에 없는 상황입니다.

마침 한 제사장이 그 길로 내려가다가 부상을 입은 그를 보고 피하여 지나갔습니다. 레위인도 그를 보았지만 그냥 지나갔습니다. 왜 도와주지 않았을까요? 자신도 강도를 만날 수 있으므로 빨리 도망쳐야겠다고 생각했거나 급한 일이 있어 그냥 떠났을지 모릅니다. 제사장과 레위인은 시체를 만지면 부정해지므로 이를 핑계로 그냥 떠났을 수도 있습니다. 가장 확실한 답은 그들이 강도 만난 사람을 이웃으로 생각하거나 불쌍히 여기지 않았다는 것입니다.

제사장과 레위인은 강도 만난 사람이 하나님의 심판을 받은 죄인이라고 여겼을 가능성도 큽니다. 그렇다면 그를 도울 필요가 없다는 것이 그들의 생각입니다. 그들은 성경으로 자신의 행동을 얼마든지 정당화했을 것입니다. 율법사에 따르면 이웃은 사랑받을 만한 가치가 있는 사람입니다. 하지만 예수님은 이전에 이렇게 가르치셨습니다. "남에게 대접을 받고자 하는 대로 너희도 남을 대접하라. 너희가 만일 너희를 사랑하는 자만을 사랑하면 칭찬받을 것이 무엇이냐. 죄인들도 사랑하는 자는 사랑하느니라"(눅 6:31-32).

제사장과 레위인이 지나간 다음에 누가 등장하는 것이 가장 자연스러울까요? 아마도 일반 유대인이겠지요. 그런데 전혀 의외의 인물이 나옵니다. 바로 사마리아인입니다. 사마리아인은 다친 사람에게 가까이 가서 기름과 포도주를 상처에 붓고 상처를 싸매고 자기 짐승에 태워 주막으로 데리고 갑니다. 비용까지 다 지불하고 모자란 비용은 돌아올 때 갚겠다는 약속까지 합니다. 사마리아인이 강도 만난 사람을 자기 몸처럼 돌보고 있음을 보여 주는 대목입니다.

그 당시 사마리아인과 유대인은 원수지간이었습니다. 유대인은 사마리아인을 개나 돼지처럼 생각하여 상종하지 않고 한 자리에서 식사도 하지 않았습니다. 그럼에도 사마리아인은 강도 만난 사람을 자기 몸처럼 사랑하고 돌보았습니다. 그는 어떻게 이런 행동을 할 수 있었을까요? 그의 구체적인 행동을 이해하려면 역대하 28장 8-15절을 자세히 살펴봐야 합니다.

아하스 왕이 남쪽 유다를 다스릴 때 하나님께서 그들을 징벌하여 르말랴의 아들 베가가 와서 하루 만에 용사 12만 명을 죽이는 사건이 벌어졌습니다. 또한 하나님은 북이스라엘을 일으켜 20만 명에 이르는 유다인의 아내와 자녀들을 사마리아에 포로로 데려가게 하셨습니다. 노략물도 엄청났습니다. 오늘날로 쳐도 20만 명은 어마어마한 숫자입니다. 승리에 도취한 북이스라엘인은 포로들을 노예로 삼으려 했습니다. 그때 하나님께서 선지자 오뎃을 보내 그들을 책망하셨습니다. 하나님께서 유다에 진노하여 이스라엘로 하여금 치게 하셨지만, 그것은 이스라엘이 잘나서 거둔 승리가 아니었습니다. 오뎃은 "너희는 너희의 하나님 여호와께 범죄함이 없느냐"라고 질책하면서 포로들을 놓아주라고 일렀습니다. 오뎃의 말에 에브라임 자손 중 지도자 몇 명이 나아가 전쟁에서 돌아오는 자를 막으며 포로들을 돌아가게 했습니다. 그런데 그들을 어떻게 돌아가게 했는지 잘 보시기 바랍니다. "옷을 가져다가 벗은 자들에게 입히며 신을 신기며 먹이고 마시게 하며 기름을 바르고 그 약한 자들은 모두 나귀에 태워 데리고 종려나무 성 여리고에 이르러 그의 형제에게 돌려준 후에 사마리아로 돌아갔더라"(대하 28:15). 어떻습니까? 사마리아인이 강도 만난 사람에게 행한 일과 무척 유사하지 않습니까? 여기서 우리는 사마리아인의 행동이 우연히 나온 것이 아니라 말씀에 근거한 것임을 짐작해 볼 수 있습니다.

역대하 28장 8-15절은 이웃이 누구인지를 잘 보여 주는 구약의 말씀입니다. 예수님은 그 말씀을 '선한 사마리아인'의 비유로 풀어 더욱 분명하게 드러내셨습니다. 구약성경에 해박한 제사장과 레위인을 포함해 율법사도 당연히 이 말씀을 알았을 것입니다. 그러나 그들은 이 교훈을 자신에게 적용하지 않았습니다. 반면에 율법을 잘 모른다고 생각했던 사마리아인은 놀랍게도 율법의 가르침에 그대로 순종했습니다. 앞서 지나간 유대인들과 달리 그는 강도 만난 자를 이웃이라고 생각했고, 역사적인 예를 따라서 하나님의 말씀에 순종한 것입니다.

♛

예수님의 메시지는 분명했고, 구약성경을 잘 아는 율법사는 예수님의 의도를 정확히 파악했을 것입니다. 이제 예수님께서 질문하십니다. "누가 강도 만난 자의 이웃이 되겠느냐?" 예수님은 "내 이웃이 누구니이까"라는 율법사의 질문을 바꾸어 물으신 것입니다. 이 바꿈이 아주 중요합니다. 예수님은 율법사의 이웃이 아니라 강도 만난 자의 이웃에 관심을 갖고 계십니다. 앞서 말했듯이 '내 이웃이 누구인가'라는 율법사의 질문에는 자기 의가 교묘하게 숨어 있습니다. 그러나 '누가 강도 만난 자의 이웃인가'라는 질문 앞에서는 우리의 죄성와 영적 무능력이 그대로 드러납니다.

예수님의 질문에 율법사가 대답합니다. 그는 "사마리아인입니다"라고 대답하지 않고 "자비를 베푼 자니이다"라고 대답합니다. 이 대답을 들은 예수님은 이렇게 결론을 내리십니다. "가서 너도 이와 같이 하라." 이 말씀에 율법사는 아무런 반박을 할 수 없었습니다. 예수님의 말씀은 완벽했고, 율법사는 자신의 생각이 틀렸다는 것을 인정하지 않을 수 없었습니다. 자기 의를 드러내려 했던 율법사는 자신이 얼마나 무능력한 죄인인지 뼈저리게 느꼈을 것입니다.

율법사가 예수님의 말씀에 순종했을까요? 여러분은 어떻습니까? "가서 너도 이와 같이 하라"(37절)는 예수님의 명령에 순종할 수 있겠습니까? 강도 만난 사람은 누구든 상관없이 우리의 이웃이므로 우리 자신처럼 돌봐야 합니다. 누가 그렇게 할 수 있을까요? 사마리아인의 행동이 어디서 출발합니까? 그렇습니다. 긍휼과 자비입니다. 긍휼과 자비가 있어야 강도 만난 사람에게 그와 같은 행동을 할 수 있고, 우리도 그들과 동일한 죄인이라는 것을 인정해야 강도 만난 사람을 이웃처럼 생각할 수 있습니다.

이 긍휼과 자비는 어디서 나올까요? 우리의 부패한 본성에서 나오는 건 불가능합니다. 하나님의 은혜가 있어야, 하나님의 긍휼을 체험해야 다른 사람에게 긍휼과 자비를 베풀 수 있습니다. 그렇다면 긍휼을 어디서 체험할 수 있을까요? 오직 하나님께 예배드리는 성전에서 체험할 수 있습니다. 예배 속에서 하나님의 긍휼을 체험하지 못한다면 다른 어떤 곳에서도 허사입니다.

그런 점에서 제사장과 레위인을 다시 한번 살펴봅시다. 그들은 예루살렘에서 여리고로 내려가고 있었습니다. 분명 예루살렘 성전에서 제사의 직무를 마치고 돌아가는 길이었을 것입니다. 제사란 하나님의 긍휼과 자비가 시행되는 현장입니다. 그런데 그 제사를 방금 마친 제사장과 레위인이 강도 만난 사람에게 전혀 자비를 베풀지 않았습니다. 이것은 그 당시 예배가 완전히 형식적이었음을 의미합니다.

예수님 당시 성전의 예배는 하나의 의식에 불과했습니다. 고위 성직자들은 자기 배를 채우는 일에만 관심이 있었습니다. 그들에게 경건의 모양은 있었지만 경건의 능력은 없었습니다. 예배 시간에 하나님의 긍휼과 은혜를 전혀 체험하지 않은 그들은 강도 만난 자를 보아도 아무런 자비도 베풀 수 없었습니다. 결국 바리새인이나 서기관이나 율법사는 하나님을 제대로 사랑한 것도 아니었습니다. 당연히 그들은 스스로 하나님을 섬긴다고 생각했을 것입니다. 그래서 율법사가 "나의 하나님이 누구니이까"라는 질문은 하지 않고 "내 이웃이 누구니이까"라고 물은 것입니다.

"가서 너도 이와 같이 하라"는 대단히 중요한 명령입니다. 그 다음에 "그리하면 살리라"는 구절이 생략되어 있다고 보시면 됩니다. 이 엄중한 명령에 우리는 어떻게 순종할 수 있을까요? '예수님을 믿으면 영생을 얻는다'는 말에 우리는 너무 익숙합니다. 이제는 예수님을 믿는 것이 도대체 무엇을 의미하는지 물어야 합니다. 예수님을 믿는 사람은 몸과 마음을 다해 하나님을 사랑하고 이웃을 내 몸과 같이 사랑합니다. 둘은 서로 연결되어 있습니다. 예배 속에서 하나님의 긍휼을 체험하고 그 긍휼이 여러분의 마음속에 뿌리내리기를 바랍니다. 세상에서 만나는 모든 이웃에게 긍휼과 자비를 베푸시기를 바랍니다. 그러면 하늘에서 영생의 상이 여러분을 기다릴 것입니다.

1. 율법사는 무슨 의도로 예수님에게 "내 이웃이 누구니이까"라고 질문했습니까?
2. 사마리아인은 제사장이나 레위인과 달리 강도 만난 자를 자기 몸처럼 사랑하고 돌보았습니다. 그가 이렇게 행동할 수 있었던 구약성경의 역사적인 배경은 무엇입니까?
3. 그리스도인인 우리의 삶에 하나님의 긍휼과 자비가 얼마나 나타나고 있습니까?

13

# 주님이 보시기에 좋은 것
# "마리아는 이 좋은 편을 택하였으니"

누가복음 10:38-42

인생은 선택의 연속입니다. 인생이 선택이라는 말은 우리가 원하는 것을 모두 선택하며 살 수 없다는 뜻입니다. 이것을 선택하면 저것을 포기해야 하는 경우가 많습니다. 어떤 선택은 인생 전체에 아주 큰 영향을 미칩니다. 특히 진로나 직업 선택을 앞두고 우리는 크게 고민합니다. 그런 경우에 여러분은 어떻게 결정을 내리십니까? 그런 결정을 내리는 최종적인 이유는 무엇입니까? 대부분은 자신의 가치관이나 확신대로 결정해도 나중에 후회하는 경우도 많습니다.

우리 삶의 모든 문제가 본질적으로는 다 영적이라 할 수 있지만 보다 더 영적인 문제가 있습니다. 예를 들어 신자라면 매사에 주님을 기쁘시게 하는 길을 선택하려 할 것입니다. 문제는 '어떻게 하는 것이 주님을 기쁘시게 하는가'입니다. 이에 대한 답은 의외로 간단합니다. '주님이 기뻐하시는 방식으로' 섬기면 됩니다. 그러나 많은 사람이 주님을 섬기고 싶어 하면서도 자기가 원하는 대로 섬기려 합니다. 이것이 죄 때문에 타락한 인간의 본성입니다. '거룩한 일'을 할 때조차 자기의 유익을 구하려는 본성 말입니다.

본문에는 주님을 섬기는 두 자매가 나옵니다. 두 자매 중 한 명만 주님을 올바로 섬겼고 칭찬을 받았습니다. 본문을 통해 주님이 정말 원하시는 것이 무엇인지 배워서 주님을 기쁘시게 하는 삶을 살기를 바랍니다.

### 마르다의 집을 방문하신 예수님

예수님은 마르다가 살고 있는 베다니라는 마을에 들어가셨습니다. 이곳은 예루살렘에서 남동쪽으로 3킬로미터 떨어진 아주 작은 동네입니다. 예루살렘에서 가깝기 때문에 예수님이 자주 들르신 곳이기도 합니다. 이곳에는 감람원이라는 산이 있어 이 산에 오르면 바로 건너편에 위치한 예루살렘 성을 내려다볼 수 있었습니다. 예수님께서 승천하신 곳도 바로 이곳 베다니입니다.

베다니는 '슬픔의 집'이라는 뜻인데, 역사적으로 동네 자체가 슬픔이 많은 곳이었던 것 같습니다. 예루살렘에서 아주 가깝기 때문에 이민족이 쳐들어올 때 가장 먼저 침략군에게 짓밟혀 그런 이름이 붙었는지도 모릅니다. 베다니에 사는 나병환자 시몬의 이야기로 미루어 보아 이 동네에 나병환자가 많지 않았나 하는 생각도 듭니다. 마치 우리가 예전에 '소록도' 하면 나병환자촌을 떠올렸듯이 말입니다. 실제로 예수님이 방문하시고 얼마 지나지 않아 마르다의 남동생 나사로가 병들어 죽는 일이 일어났습니다.

아무튼 예수님과 제자들이 이 마을에 도착했을 때, 마르다가 예수님을 자신의 집으로 맞아들였습니다. 마르다가 어떻게 예수님을 알게 되었는지는 나와 있지 않지만 예수님은 마르다와 마리아, 그리고 그들의 남동생 나사로를 참으로 사랑하셨습니다. 이후에도 예수님은 나사로가 병들어 죽게 되었을 때, 그리고 십자가 죽음을 앞두셨을 때, 이렇게 모두 세 차례 마르다의 집을 방문하셨습니다. 복음서를 통틀어 예수님이 한 집을 세 번이나 방문하신 일은 이 집이 유일합니다.

마르다가 예수님을 자신의 집으로 맞아들인 일은 바로 앞장에서 예수님과 제자들이 배척을 받는 것과 대조를 이룹니다(9:53). 예수님께서 예루살렘으로 가려고 사마리아의 한 마을에 들르셨을 때, 사마리아 사람들은 예수님이 예루살렘으로 가시려는 것을 알고는 그분을 받아들이지 않았습니다. 일반적으로 사마리아인과 유대인은 서로 적대감을 강하게 갖고 있었기 때문입니다. 그들에게 배척당하셨을 때, 예수님은 "여우도 굴이 있고 공중의 새도 집이 있으되 인자는 머리 둘 곳이 없도다"(9:58)라고 말씀하셨습니다. 성경에서 예수님이 초대받은 몇몇 기록을 보며 우리는 그분과 제자들이 늘 환영받은 것처럼 느낄 수 있으나 실제로 예수님은 머리 둘 곳 없이 고단한 삶을 사셨습니다. 이런 예수님을 마르다가 집으로 맞아들였으니 아주 귀한 일을 한 것입니다.

### 분주한 마르다, 경청하는 마리아

예수님처럼 귀한 손님을 맞이하려면 예나 지금이나 신경이 많이 쓰입니다. 예수님은 까다로운 분은 아니었을 테지만 초대한 사람의 입장에서는 이것저것 준비하느라 분주하기 마련입니다. 그런데 예수님을 맞이하는 마리아와 마르다의 태도가 전혀 다릅니다. 마리아는 예수님 발아래에 앉아 말씀을 들었습니다. 당시만 하더라도 여자가 가르침을 받는다는 것 자체가 놀라운 일이었습니다.

한편, 마르다는 준비하는 일이 많아 '마음이 분주했다'고 우리말 성경은 기록합니다(40절). 정확히 말해, 섬기는 일이 많아 정신이 없었다는 뜻입니다. 그녀는 지금 왜 분주할까요? 그녀는 어떻게 하면 예수님을 잘 섬길까 하는 생각밖에 없습니다. 아마 음식 준비를 하느라 정신없었다고 보는 게 가장 자연스러울 테지요. 그런데 자세히 살펴보면 예수님과 제자들 모두를 집으로 부른 것은 아닙니다. 예수님은 마르다의 집에 유하시고 제자들은 여관이나 다른 숙소를 사용한 것으로 보입니다. 그렇다면 마르다가 준비할 음식의 양이 많지는 않았을 텐데, 아마 예수님을 극진히 모시려고 여러모로 신경을 쓴 것 같습니다.

분주한 마르다와는 달리 마리아는 아주 느긋합니다. 예수님 발아래에 앉아 말씀을 듣고 있는 마리아를 본 마르다는 화가 났습니다.

공평하지 않다는 생각이 들었기 때문입니다. '나는 이렇게 고생하는데 동생은 편히 앉아 말씀이나 듣고 있다니.' 특히 자신이 열심히 섬기고 있는 것을 예수님이 알아주지 않는 것 같아 속상했을 것입니다. 왜 "가서 언니를 도와주라"고 말씀하지 않으시는지 이해되지 않았을 것입니다. 그래서 마르다는 동생에게 도와달라고 말하는 대신에 예수님께 이렇게 말합니다. "주여, 내 동생이 나 혼자 일하게 두는 것을 생각하지 아니하시나이까? 그를 명하사 나를 도와주라 하소서."

어떻게 보면 마르다의 요구는 매우 정당합니다. 주님은 이 요구를 어떻게 판단하실까요?

### 주님의 판단

첫째, 주님은 마르다가 봉사하는 반면에 마리아는 곁에서 가르침을 듣고 있음을 모르지 않으셨습니다. 알면서도 마리아가 계속 그렇게 하도록 내버려두셨습니다. 그렇게 하신 것은 마리아의 행동이 옳았기 때문입니다.

둘째, 마르다는 자신이 옳고 주님이 틀렸다고 생각했습니다. 자신이 의롭고 주님의 처신이 불공평하다고 생각했습니다. 지금 마르다는 주님의 불공평함을 시험하고 있는 것입니다. 이런 태도는 앞장에 나온 율법사의 태도와도 연결됩니다. 발단은 율법사가 예수님께 "무엇을 해야 영생을 얻으리이까"라고 묻는 데서 시작합니다. 율법사는 자기를 옳게 보이려는 마음에 "내 이웃이 누구니이까"라는 질문을 이어 갑니다. 결국 예수님은 선한 사마리아인의 비유를 들며 이웃이 단지 주변 사람들뿐 아니라 원수들까지 포함한다는 사실을 가르치시고 바리새인의 의가 얼마나 형편없는지를 보여 주십니다.

마르다도 마찬가지입니다. 그녀는 주님을 섬기는 방식에서 자신이 옳다고 여겼고, 이 일에 동생도 반드시 참여해야 한다고 생각했습니다. 그리고 율법사처럼 자신이 옳고 마리아가 틀렸다는 것을 확인받고 싶었습니다. 마르다는 주님을 섬기되 자기 방식대로, 자기 의를 따라 섬겼습니다. 이런 모습은 교회 안에서 목회자인 저를 비롯해 모든 성도가 조심해야 하는 문제입니다. 자신이 옳다는 확신에 빠지면 자기 방식대로 섬기지 않는 다른 이들을 비난할 뿐 아니라 주님이 틀렸다는 주장까지 하게 되기 때문입니다.

마리아의 입장에서 한번 생각해 봅시다. 아마도 예수님이 오시기 전에 마르다와 마리아는 이미 의견이 맞지 않았을 것입니다. 마리아가 보기에는 마르다가 이해되지 않습니다. 예수님이 귀한 손님인 것은 맞지만 그분을 모시기 위해 그렇게 많은 것을 준비할 필요가 있나 생각했을 것입니다. 적어도 마르다와 마리아는 예수님을 선지자, 즉 주의 말씀을 전하는 자라고 생각했습니다. 마리아는 예수님이 전하시는 하나님의 말씀을 직접 듣고 싶었습니다. 그 당시에 예수님은 대부분 야외에서 말씀을 전하셨습니다. 수백 수천 명이 모인 곳에서 말씀하시는데 과연 그 말씀이 사람들의 귀에 직접 들렸을까요? 아마도 예수님이 말씀하시면 중간 중간에 그 말씀을 전달하는 사람들이 있었을 것입니다. 그런데 예수님이 내 집에 들어오시고 그분의 생생한 목소리를 바로 앞에서 들을 수 있게 되었습니다. 언제 다시 올지 모르는 귀한 기회를 마리아는 놓치고 싶지 않았습니다. 다른 일을 하는 데 이 시간을 쓰고 싶지 않았던 것입니다.

예수님은 하나님의 선지자입니다. 선지자가 어떤 집에 들어왔다는 것은 그 집에 들려 줄 메시지가 있다는 뜻입니다. 공개적인 장소에서는 공개적으로 전하는 말씀이 있는가 하면, 개인의 가정에 오셨을 때에는 그 가정만을 위한 메시지가 있습니다. 어떻게 해야 그 선지자를 가장 잘 섬기는 것일까요? 그것은 선지자를 선지자로 영접하는 것입니다. 그의 메시지를 내 것으로 받아들이는 것입니다. 선지자가 지금 말씀을 전하러 왔는데, 그것을 받는 데는 관심이 없고 다른 데 관심을 가지면 그 선지자를 제대로 대접하는 것일까요?

예수님이 마리아에게 개인적으로 어떤 말씀을 하셨는지는 알 수 없으나 아마도 평소에 늘 말씀하신 복음을 전하셨음이 분명합니다. 예수님은 이 가정에 어떤 불행이 닥칠지 알고 계셨습니다. 머지 않아 나사로가 죽으리라는 것을 아셨습니다. 그러니 그들에게 필요한 것은 부활 신앙이었습니다. 나중에 보면, 마리아와 마르다가 부활 신앙을 확고하게 붙들고 있는 것을 알 수 있습니다. 더 나아가 예수님은 자신의 죽으심에 대해서도 설교하셨을 것입니다. 훗날에 마리아는 예수님의 죽으심을 예비하며 그분의 발에 값비싼 향유를 다 부었습니다. 그와 같이 행동한 것은 예수님께서 이때 하신 말씀에 큰 영향을 받은 것이 분명합니다.

"마르다야, 네가 많은 일로 염려하고 근심하나 몇 가지만 하든지 혹은 한 가지만이라도 족하니라. 마리아는 이 좋은 편을 택하였으니 빼앗기지 아니하리라 하시니라"(41-42절).

우리말 성경에는 한 가지만으로 족하다고 되어 있는데, 본래 뜻은 한 가지가 꼭 필요하다는 말입니다. 마르다는 주님을 섬기기 위해 많은 것을 염려하고 걱정했지만 꼭 필요한 하나가 부족했습니다. 주님을 섬기는 모든 행동들이 잘못되었다는 말이 아닙니다. 필수 요소 하나가 빠졌기 때문에 나머지 행동들이 의미가 없다는 말입니다. 그것은 바로 주님을 선지자로 대접하는 것, 즉 그분의 말씀을 듣는 것입니다. 이것이 빠지면 우리의 모든 섬김이 의미 없게 됩니다. 교회를 섬기는 우리 모두의 행위는 주님의 말씀을 듣기 위함이라는 사실을 잊지 마시기 바랍니다.

주님은 최고의 의를 판단하시는 재판장입니다. 우리는 주님을 섬길 때도 주님이 보시기에 좋은 것과 선한 것을 선택해야 합니다. 주님은 마리아가 좋은 것을 선택했고 누구도 그것을 빼앗을 수 없다고 선언하셨습니다. 우리도 마리아와 같은 영적 안목을 가져야 합니다. 우리의 삶도 선택의 연속입니다. 모든 것을 다 선택할 수는 없습니다. 우리의 삶이 얼마나 바쁘고 선택할 것도 많습니까? 그럴수록 주님이 보시기에 선한 것을 선택하며 살아가는 성도가 되시기를 바랍니다.

1. 주님을 잘 대접하기 위해 분주하게 일하던 마르다는 왜 문득 화가 났습니까?

2. 그런 마르다에게 주님은 뭐라고 말씀하십니까?

3. 인생의 중요한 갈림길에서 가장 좋은 것 하나를 선택하는 기준은 무엇입니까?

14

# 밤중에 찾아온 친구
# “벗 됨으로 인하여서는 주지 아니할지라도”

누가복음 11:5-8

많은 신자들이 하나님께서 자신의 기도를 들어주시기를 기대하고 당연히 들어주셔야 한다고 생각합니다. 그런데 우리의 기도를 하나님께서 들어주셔야 할 이유가 정확히 무엇일까요? 식당에 가서 음식을 주문하는 경우에 돈을 지불했다면 혹은 지불할 것이 확실하다면 식당 주인은 당연히 음식을 제공할 것입니다. 그런데 우리가 음식을 주문하듯이 “오늘 먹을 양식을 주십시오”라고 기도한다고 해서 하나님께서 들어주시란 법은 없습니다. 하나님께서 우리의 기도를 꼭 들어주실 이유가 없다면 우리는 왜 하나님께 기도하는 것일까요? 우리의 기도가 응답된다는 확신을 어떻게 가질 수 있을까요?

다른 종교인들은 대부분 기도 응답의 확신을 자기 자신에게서 찾습니다. “지성이면 감천이다”라는 말도 있듯이 정성을 다하면 하늘이 감동해서 응답해 준다고 믿습니다. 기도 응답을 받지 못하면 정성이 부족했다고 생각하지요. 그래서 더욱 정성을 들이려고 노력합니다. 이것은 기본적으로 반기독교적인 발상이지만 그리스도인 중에 이런 생각을 가지고 기도하는 사람이 적지 않습니다. 본문에 나오는 친구처럼 시도 때도 없이 간절히 하나님께 구하면 소원을 이룰 수 있는 것이 기도라고 오해합니다. 이런 생각은 본문의 의도와 맞지 않고 기도에 대한 성경의 가르침과도 완전히 상충됩니다.

### 이 비유의 주제는 '강청'이 아니다

본문은 기도에 대해 매우 중요한 교훈을 주고 있습니다. 기도를 들으시는 분이 어떤 분인지를 비유를 통해 잘 가르쳐 주고 있기 때문입니다. 특별히 하나님께서 우리 기도를 들어주실 수밖에 없는 이유에 대해 잘 설명하고 있습니다.

그동안 우리는 이 비유를 '간절히 구하면 이루어진다'는 뜻으로 잘못 이해해 왔습니다. 가장 큰 이유 중 하나가 원문을 우리말로 잘못 번역한 데 있습니다. 이 비유의 결론이라고 할 수 있는 마지막 구절을 다시 한번 읽어 봅시다. "비록 벗 됨으로 인하여서는 일어나서 주지 아니할지라도 그 간청함(개역한글은 '강청함')을 인하여 일어나 그 요구대로 주리라"(8절). 이 문장만 본다면 '무엇이든 간절히 기도하면 소원을 이룬다'는 뜻으로 이해하기가 쉽습니다. 그런데 정말 그런 뜻일까요?

본문을 차근차근 따라가 봅시다. 밤중에 왜 친구가 찾아왔을까요? 뭔가를 빌리기 위해서입니다. 무엇을 빌리러 왔나요? 떡 세 덩이를 빌리러 왔습니다. 집에 손님이 왔는데 마침 먹을 것이 떨어졌기 때문입니다. 떡 세 덩이는 양이 어느 정도나 될까요? 예수님이 오병이어 기적을 일으키시기 전에 소년이 가져온 떡 다섯 덩이를 생각해 보십시오. 그것은 아마도 소년이 한 끼에 먹을 분량이었을 것입니다. 그렇다면 친구가 빌리러 온 떡 세 덩이는 아주 작은 양이라고 할 수 있습니다. 아무리 밤이지만 고작 떡 세 덩이를 빌리려고 '강청'하는 사람은 없을 것입니다. 물론 강청이 필요없다는 말은 아닙니다. 누가복음 18장에 나오는 과부는 불의한 재판장에게 자신의 원수를 갚아 달라고 강청했습니다. 그러나 이 비유에서 중심 주제는 '강청'이 아닙니다.

'강청'이라는 번역이 우리를 혼란하게 만들고 있습니다. 이 단어는 헬라어로 '아나데이아'라고 하는데, 성경에서 이곳에 유일하게 등장합니다. 심지어 구약의 헬라어 성경에도 등장하지 않습니다. 따라서 이 단어의 정확한 의미를 알기가 쉽지 않습니다. 영어성경 흠정역이 이것을 '강청'이라고 번역하는 바람에 우리말 성경도 이에 많은 영향을 받았습니다. 나중에 문맥을 통해 살펴보겠지만 이 단어의 기본적인 뜻은 '수치'입니다. 가장 가까운 한글 단어를 찾자면 '체면'이지요. 이런 관점에서 보면 본문의 주된 의미가 드러날 것입니다. 이제 비유의 내용을 본격적으로 살펴봅시다.

## 비유의 내용

본문은 예수님께서 한 장소에서 기도를 마치고 제자들에게 어떻게 기도할지 말씀하시며 든 비유를 전합니다. 누가복음은 예수님께서 친히 기도하는 모범을 보이셨을 뿐 아니라 직접 기도에 대한 가르침을 주신 일을 많이 소개하고 있습니다. 예수님께서 세례 받으실 때 기도하셨는데 그때 하늘 문이 열렸습니다(3:21). 예수님은 한적한 곳에 가서 기도하기를 즐기셨습니다(5:16). 열두 제자를 선택하기 전에는 밤을 새면서 기도하셨습니다(6:12) 그리고 변화산에서 기도하셨습니다(9:28 이하). 이런 모습에 제자들은 깊은 인상을 받았을 것입니다. 그래서 예수님이 기도를 마치시자 그분께 기도를 가르쳐 달라고 부탁했습니다.

제자들의 부탁을 받고 예수님은 그들에게 주기도문을 가르쳐 주셨습니다. 주기도문은 마태복음뿐 아니라 누가복음에도 기록되어 있습니다. 이는 예수님께서 주기도문을 여러 번 반복해서 가르치셨음을 보여 줍니다. 누가복음에는 마태복음보다 기도문이 간략한 형태로 소개됩니다. 그리고 예수님은 본문에 나오는 비유를 가르쳐 주셨습니다. 13절까지 계속해서 기도에 대한 중요한 가르침이 나오고 있습니다. 주기도문의 내용 중에 '일용할 양식'이라는 표현이 나오는데, 본문의 비유는 일용할 양식이 무엇인지 이해하는 데 많은 도움이 됩니다.

비유의 내용은 아주 간단합니다. 여행 중에 있던 친구가 갑자기 찾아왔는데 마침 집에 먹을 것이 떨어져서 친구에게 대접할 게 없습니다. 친구는 엄청나게 배가 고플 텐데 말입니다. 그래서 급한 마음에 밤중이지만 떡 세 덩이를 빌리러 다른 친구의 집에 갑니다. 한편, 다른 친구의 입장에선 좀 성가신 상황입니다. 다들 저녁식사를 마치고 잠자리에 든 시간입니다. 문도 잠갔습니다. 문을 열어 주면 온 가족이 깰 것 같습니다. 떡 세 덩이를 주는 것은 문제될 게 없지만 자다 말고 일어나서 주자니 좀 귀찮기도 합니다.

그런데 지금 떡을 빌리러 온 사람이 누구입니까? 그는 거지가 아닙니다. 두 사람은 가까운 친구 사이입니다. 집에 갑자기 손님이 왔는데 대접할 음식이 떨어졌다면 여러분은 누구의 집을 찾아가겠습니까? 가장 가까운 집으로 가시겠습니까? 부잣집에는 음식이 많을 테니 동네에서 가장 큰 집으로 가시겠습니까? 적어도 자신이 생각하기에 가장 친한 친구의 집으로 갈 테지요. 비록 밤이지만 떡 세 덩어리 정도는 얻을 수 있는 친구의 집으로 말입니다. 친구 좋다는 게 무엇입니까? 아쉬울 때 서로 도울 수 있는 사이가 친구입니다. 그 정도도 도와줄 수 없다면 친구라고 할 수도 없습니다.

이 비유에서 우리가 기억할 점은 밤중에 떡 세 덩이를 빌려 주는 것은 그리 큰일이 아니라는 것입니다. 약간 번거로울 수는 있어도 친구 사이라면 얼마든지 감내할 수 있는 일입니다. 어떤 친구도 그런 상황에서 문이 잠겼다느니, 아이들이 잠들었다느니 하는 이유로 밤중에 찾아온 친구를 그냥 돌려보내지 않을 것입니다. 그런데 실제로 '그런 말도 안 되는 핑계로 친구를 그냥 돌려보냈다고 가정합시다. 그 다음에 어떤 일이 일어날까요? 설령 밤에 찾아온 친구가 진심으로 "미안해. 내가 실례를 했어"라고 사과한들, 돌려보낸 친구가 "어쩔 수 없었어. 미안해"라고 변명한들 둘은 예전과 같은 관계를 이어 가기 힘들 것입니다. 가장 친하다고 생각해서 찾아왔는데 문전박대를 당했다면 어떻게 계속 친구로 지낼 수 있을까요? 절교하겠다고 마음먹지 않는 한 친구는 떡 세 덩이를 빌려 주지 않을 수 없습니다. 평소에 친구 관계를 정리할 마음이 있었다면 일부러 문전박대를 해서 친구가 스스로 관계를 끊게 만들 수도 있을 것입니다.

하지만 막상 문전박대하기도 쉽지 않습니다. 우리는 비유를 그 당시 상황 속에서 이해할 필요가 있습니다. 사실 이 비유를 오늘날 우리나라 사람들이 이해하기란 쉽지 않습니다. 음식이 떨어지고 없다면 어떻게 하시겠습니까? 근처의 마트에 가서 사오면 됩니다. 그런데 이 사건이 옛날 어느 작은 마을에 일어났다고 생각해 보십시오. 문전박대 당한 친구는 화가 나서 그 일을 분명 온 마을 사람들에게 알릴 것입니다. 그 이야기를 들은 사람들은 문전박대한 친구에 대해 어떻게 생각할까요? 그의 평판은 땅에 떨어지고 말 것입니다. "그 사람 좋게 봤는데 영 아니네. 어떻게 밤에 찾아간 친구를 그냥 돌려보내지? 친구 관계를 끊기로 작정한 모양인데 그래도 그렇지. 거지가 온들 그렇게 돌려보내는 건 사람의 도리가 아니야." 결국 그 친구는 자기 체면을 생각해서라도 일어나서 밤에 찾아온 친구에게 떡을 줄 수밖에 없습니다.

이 비유를 통해 우리는 하나님께서 왜 우리 기도를 들으실 수밖에 없는지를 알 수 있습니다. 이 비유의 주인공은 밤에 떡을 빌리러 온 친구가 아닙니다. 이 비유에서 대응을 이루는 것은 밤에 떡을 빌리러 온 친구와 기도하는 신자가 아닙니다. 그보다는 떡을 내준 친구와 하나님이 대응을 이루고 있습니다. 비유의 결론부가 이야기하고 있듯이 떡 세 덩이를 줄 수밖에 없는 하나님의 사정을 이해해야 합니다.

앞서 말씀드렸듯이 하나님은 우리의 기도에 반드시 응답하실 의무가 없습니다. 그런데도 우리의 기도를 들으시는 것은 하나님과 우리 사이에 맺은 관계 때문입니다. 세상의 악한 자들도 체면을 생각해서 친구의 요구를 들어줍니다. 하물며 하나님과 우리는 어떤 관계입니까? 다음 구절에서 보듯이 무려 아버지와 아들의 관계입니다. 예수님은 3절에서 "우리에게 날마다 일용할 양식을 주시옵소서"라고 기도하라고 가르치셨습니다. 우리가 그런 기도를 할 수 있는 것은 그리스도 예수 안에서 하나님이 우리의 아버지가 되시기 때문입니다. 자녀들은 대개 "엄마, 배고파요"라고 말하면서 어머니가 밥을 차려 줄 것이라고 확신합니다(너무 당연시하는 게 문제이긴 합니다만). 자녀의 "배고파" 한마디에 어머니가 일어나서 밥을 주는 이유가 무엇일까요? 사랑하기 때문입니다. 이보다 더 큰 이유는 없습니다. 하나님께 드리는 기도 응답의 확신은 관계에서 옵니다. 하나님이 정말 나의 아버지이심을 믿는 자에게 하나님은 모든 것을 채워 주실 것입니다.

한밤중에 친구의 집을 찾아간 사람은 떡을 얻을 것이라고 확신했습니다. 친구가 가장 친한 그의 요구를 들어주지 않을 리 없기 때문입니다. 적어도 체면을 생각해서 떡을 내줄 것이라고 생각했습니다. 인간도 이렇게 친구를 대하는데 하물며 아버지 되신 하나님은 우리의 기도를 얼마나 잘 들어주실까요?

주님은 우리에게 일용할 양식을 구하라고 명하셨습니다. 일용할 양식을 자기 힘으로만 구하려는 사람은 진정 하나님의 자녀라고 할 수 없습니다. 불신자와 신자 간에 중요한 차이점은 불신자들은 항상 "무엇을 먹을까, 무엇을 마실까"를 고민한다는 것입니다. 혼자 힘으로 살아내야 하니까요. 그러나 신자는 고민하는 대신에 하나님께 기도할 수 있습니다. 이때 준비물은 하나님이 그리스도 안에서 우리의 아버지가 되신다는 사실 하나입니다. 기도할 때 이보다 더 확신을 주는 것도 없습니다. "너희가 악할지라도 좋은 것을 자식에게 줄 줄 알거든 하물며 너희 하늘 아버지께서 구하는 자에게 성령을 주시지 않겠느냐"(13절). 우리 아버지는 떡 세 덩이는 물론이고 우리 영혼에 필요한 성령도 주시는 분입니다. 이 모든 것은 하나님 아버지께 믿음으로 간구할 때 우리에게 주어집니다. 이러한 확신 속에서 늘 믿음으로 기도하여 응답받는 성도가 되시기를 바랍니다.

1. 예수님은 밤중에 떡 세 덩이를 빌리러 온 온 친구의 비유를 어떤 상황에서 제자들에게 들려주십니까?
2. 비유 속의 남자가 밤중에 떡을 빌리러 온 친구의 청을 들어주는 이유는 무엇입니까?
3. 우리가 하나님께 기도할 때 응답의 확신을 가질 수 있는 근거는 무엇입니까?

15

# 무엇이 지혜로운 인생인가
# "어리석은 자여"

누가복음 12:13-21

본문은 참된 지혜에 대해 말합니다. 지혜란 삶의 방식에 관한 문제이고요. 어떻게 사는 것이 가장 지혜롭고 복된 삶일까요? 사람들은 저마다의 답을 가지고 있고 그 답을 이루기 위해 노력합니다. 능력 있고 성실한 사람일수록 최선의 노력을 다합니다. 그래서 큰 성과를 거두기도 합니다. 누구는 큰돈을 벌고 누구는 학위를 따고 누구는 높은 지위에 오릅니다. 중요한 것은 그 다음입니다. 지혜로운 사람과 미련한 사람이 나누어지는 지점이지요. 사업에 성공하고 돈을 벌고 지위를 얻어도 그것을 올바로 사용하지 못한다면, 그는 겉으로는 지혜로워 보일지 몰라도 실제로는 미련한 사람입니다.

여러분은 어떻습니까? 어떤 인생을 살고 있습니까? 지혜롭게 살고 있습니까? 지혜롭게 살고 있다고 어떻게 확신하십니까? 누가 지혜로운 자인지 미련한 자인지는 평소에 잘 드러나지 않습니다. 평소에는 모두가 지혜롭게만 보이지요. 본문에 나오는 부자도 남들이 보기에는 아주 지혜로운 사람이었습니다. 그러나 하나님이 보시기에는 아주 미련한 사람이었습니다. 그래서 하나님은 그에게 "이 바보야"라며 책망하셨습니다. 본문을 통해 우리가 어떻게 지혜로운 자로 이 세상을 살아갈 수 있는지 함께 생각해 보겠습니다.

### 배경: 재판을 거절하신 예수님

예수님께서 무리에게 설교를 마치셨을 때, 무리 중 한 명이 나와 예수님께 이렇게 부탁합니다. "내 형을 명하여 유산을 나와 나누게 하소서"(13절). 그러나 예수님은 "이 사람아, 누가 나를 너희의 재판장이나 물건 나누는 자로 세웠느냐"(14절)라며 그의 부탁을 거절하셨습니다. 그리고 "삼가 모든 탐심을 물리치라. 사람의 생명이 그 소유의 넉넉한 데 있지 아니하니라"(15절)고 말씀하셨습니다. 그런 다음 어리석은 부자의 비유가 이어집니다.

먼저, 예수님께 재판을 요청한 사람에 대해 살펴봅시다. 이 사람이 아버지에게 받은 유산이 꽤 많은 것 같습니다. 그런데 그에게는 형제가 있었습니다. 우리말 성경에는 형이라고 되어 있지만 실제로 형일 수도 있고 동생일 수도 있습니다. 유산을 나누기란 쉽지 않습니다. 유산이 현금으로만 있다면 간단하게 처리할 수 있지만 토지인 경우에는 공평하게 나누기가 쉽지 않습니다. 토지가 여러 군데 흩어져 있고 밭과 임야가 섞여 있다면 공정하게 나누기란 거의 불가능합니다.

형제는 이 문제를 해결하지 못했습니다. 그래서 그중 한 명이 예수님께 문제를 해결해 달라고 부탁했습니다. 이것은 그가 예수님을 랍비로 인정하고 있음을 의미합니다. 그 당시 랍비들은 선생이라고 불렸고 사법적인 판단도 했습니다. 예수님께 이 문제를 부탁했다는 것은 예수님을 대단히 높게 생각했음을 의미합니다.

앞서 말씀드렸듯이 유산을 나누기는 정말 어려운 일입니다. 최고의 지혜가 필요한 일이지요. 또한 공평과 정의가 달린 문제입니다. 그러나 예수님은 그런 부탁을 거절하셨습니다. 왜 거절하셨을까요? 그럴 만한 지혜가 없었기 때문일까요? 아니면 아주 사소한 일이라고 생각하셨기 때문일까요? 적어도 그 사람에게는 매우 중요한 문제인데 말입니다.

예수님께서 유산 문제를 해결해 주지 않은 것은 그 사람의 마음을 보셨기 때문입니다. 그의 마음속에 공평이나 정의가 아니라 탐심이 가득한 것을 보셨습니다. 탐심이 가득한 사람은 아무리 공평한 답을 주어도 불평할 것입니다. 만약 답을 받아들인다면 그것은 탐심이 충족되었기 때문일 테지요. 그래서 예수님은 그와 같은 부탁을 아예 처음부터 거절하셨습니다. 그런 다음 무리에게 이렇게 말씀하셨습니다. "삼가 모든 탐심을 물리치라. 사람의 생명이 그 소유의 넉넉한 데 있지 아니하니라."

탐심이란 어떤 물건 자체를 갖고자 하는 욕심을 의미합니다. 여기서 예수님은 부자가 되는 것을 금하거나 부요함 자체가 나쁘다고 말씀하시는 것이 아닙니다. 주님은 탐심을 경고하고 계십니다. 탐심을 가진 사람은 재물이 많으면 만족과 평안을 누릴 수 있다고 생각합니다. 많이 소유할수록 풍요롭고 행복한 삶이 보장될 것이라고 생각합니다. 예수님은 본문을 통해 사람들이 부자가 되려고 하는 본질적 이유, 즉 탐심에 대해 교훈을 주십니다.

### 어리석은 부자: 사람이 보기에 지혜로운 자

어떤 부자가 있었습니다. 보통 이 부자를 나쁜 사람(예를 들면 가난한 사람을 착취한 사람)이라고 생각하기 쉽지만, 비유에는 그런 암시가 전혀 없습니다. 그는 오히려 성실하고 경영을 잘하는 사람 같습니다. 창고가 여럿 있었고 매우 넓은 땅을 소유하고 있었습니다. 그 땅에서 나는 소출도 엄청났습니다. 얼마나 소출이 많았는지 창고에 다 넣을 수 없을 정도였습니다. 소출이 많은 이유는 당연히 그가 농사를 잘 지었기 때문입니다. 물론 날씨도 아주 좋았습니다. 구약의 관점에서 보면 그는 분명 하나님의 축복을 많이 받은 사람입니다.

농사가 안 돼도 걱정이지만 너무 잘 돼도 걱정입니다. 수확량이 너무 많으면 곡식을 쌓아 둘 곳이 없기 때문입니다. 그럴 때엔 어떻게 해야 할까요? 여러분 같으면 어떻게 하시겠습니까? 답은 아주 간단합니다. 곡식 쌓을 곳을 만들면 됩니다. 부자는 이렇게 생각했습니다. "곳간을 헐고 더 크게 짓고 내 모든 곡식과 물건을 거기 쌓아 두리라"(18절).

그것은 누가 보아도 현명한 해결책이었습니다. 그는 부자가 되었다고 해서 흥청망청 쓰지 않았습니다. 그는 미래를 대비하여 저축을 했습니다. 구약 시대의 요셉처럼 말입니다. 요셉은 애굽의 국무총리로서 7년 풍년 기간에 각 성마다 곡식을 저장하여 이후 7년의 흉년을 대비했습니다(창 41장). 식당을 하나 차렸는데 장사가 잘 되어 손님이 앉을 자리가 부족하다고 생각해 봅시다. 어떻게 해야 할까요? 당연히 더 큰 식당으로 옮기든지, 식당을 새로 크게 짓든지 해야 하지 않을까요? 사실 부자는 지극히 당연한 결정을 했습니다.

그러나 부자는 근본적인 문제가 있었습니다. 그는 자기 영혼에게 이렇게 말했습니다. "영혼아, 여러 해 쓸 물건을 많이 쌓아 두었으니 평안히 쉬고 먹고 마시고 즐거워하자"(19절). 부자는 쌓아 둔 재산이 그의 행복을 보장할 것이라고 생각했습니다.

사실 대부분이 이 부자처럼 생각하며 살아갑니다. 요즘 초등학생에게 장래희망을 물어보니 1위가 공무원, 2위가 건물주라는 설문조사 결과가 나왔다고 합니다. 아이들이 어떻게 그런 생각을 갖게 되었을까요? 부모를 비롯해 어른의 가치관이 그대로 아이들에게 전달된 것입니다. 건물 하나만 소유하고 있으면 평생 걱정 없이 먹고 살 수 있겠다는 생각이 온 국민의 마음속에 자리하고 있습니다. 처음에는 이런 세태가 '안타깝다'는 생각이 들다가도 이것이 '현실'이라는 자각이 듭니다.

부자는 아주 성실하고 하나님의 복을 받았을 뿐 아니라 세상 사람들이 보기에 지혜로운 사람이었습니다. 그러나 하나님의 판단은 전혀 달랐습니다. 하나님은 그에게 "이 바보야!"라고 말씀하셨습니다("어리석은 자여", 20절). 이것은 부자에게만 하시는 말씀이 아닙니다. 이 부자와 같이 생각하며 살아가는 모든 사람들에게 하나님은 "이 바보야!"라고 말씀하십니다. 여기서 우리는 인간의 지혜와 하나님의 지혜가 얼마나 다른지를 보게 됩니다.

하나님께서 이 부자의 생각이 미련하다고 판단하시는 이유는 무엇일까요? 하나님은 이렇게 질문하십니다. "오늘밤에 네 영혼을 도로 찾으리니 그러면 네 준비한 것이 누구의 것이 되겠느냐"(20절). 아마 대부분의 사람들은 이렇게 생각할 것입니다. '하나님께서 그날 밤 부자가 잘 때 영혼을 데려가시나 보다. 부자가 모은 재산은 다른 사람이 가져가겠지. 벌어 놓은 것을 제대로 써 보지도 못하고 죽는 불쌍한 영혼이군.' 그렇다면 부자의 미련함은 미래를 예측하지 못한 데 있겠지요. 만약 부자가 그날 밤에 자신이 죽는다는 것을 미리 알았다면 곳간을 더 짓고 유유자적하게 쉬고 먹고 마시고 즐거워하자는 말은 하지 않았을 것입니다.

그렇다면 부자의 미련함은 언제 어디서 죽을지 모른다는 사실에 있을까요? 그렇지는 않습니다. 죽는 시일에 대해서는 아무도 모릅니다. 언제 어디서 죽을지 모른다면 우리는 어떻게 살아야 할까요? 창고도 짓지 말고, 저축도 하지 말고, 가진 재산을 다 가난한 사람에게 나눠 주고, 아무 일도 하지 않은 채 주님이 오실 날만 손꼽고 있으면 될까요?

본문을 제대로 해석하지 않으면 여느 불신자들이 장례식장에 가서 인생의 허무함을 이야기하며 서로 넋두리를 늘어놓는 것과 크게 다를 바가 없게 됩니다. 본문에서 우리가 주목하는 부분은 "네 영혼을 도로 찾으리니"(20절)라는 말씀입니다. 우리말 성경으로 보면 하나님께서 영혼을 찾는다는 식으로 해석될 수 있지만, 원문의 뜻을 살리자면 "그것들이 너의 영혼을 요구한다"입니다. 오늘밤이라는 말도 '곧' 혹은 '즉시'라는 뜻을 갖고 있습니다. 참고로 유대인들은 저녁부터 새 날이 시작된다고 생각했습니다.

"그것들이 너의 영혼을 요구한다"라는 표현은 이해하기 어렵기 때문에 대부분의 영어성경은 '그것들'이라는 말을 생략한 채 수동태로 번역합니다. 이 부분을 상세히 설명하는 주석을 찾기도 쉽지 않습니다. 그러나 여기서 '그것들'은 부자가 쌓아 놓은 곡식과 재물을 가리키는 것이 분명합니다. 또한 '요구한다'는 말은 소유권을 행사한다는 의미입니다(눅 6:30). 즉 부자는 많은 재물을 가지고 있기 때문에 자신이 자기 영혼의 주인이라고 생각하지만, 이제는 재물이 그의 영혼에 주인 노릇을 하게 된다는 뜻입니다.

이제 부자가 왜 미련했는지 다시 한번 생각해 봅시다. 만약 미래 예측이 문제라면 우리 인간은 미련함에서 결코 벗어날 수 없습니다. 신자라고 해서 다르지 않습니다. 하지만 부자의 미련함은 미래를 예측하지 못한 것이 아니라 재물의 본성을 제대로 알지 못한 것에 있습니다. 재물이 우리의 생명과 안녕을 보장해 줄 수 있다고 생각하는 순간, 그 재물은 우리 생명의 주인이 되어 버립니다. 부자가 되면 행복이 보장될 것 같지만 부자가 되는 순간 부를 지키고 늘리기 위해 더 노력하고 더 고민을 하게 됩니다. 그때부터는 재물의 종이 되어 살아가게 되는 것입니다. 언제 죽을지는 아무도 알 수 없지만, 재물이 우리에게 주인 노릇하지 않도록 경계하는 것은 모든 신자가 알아야 할 지혜입니다.

♛

그렇다면 신자는 이 세상에서 어떻게 살아야 할까요? 산상수훈에서 예수님은 사람이 하나님과 재물을 겸하여 섬길 수 없다고 선언하셨습니다(마 6:24). 골로새서 3장 5절에서 바울 사도도 탐심은 곧 우상숭배라고 규정했습니다. 재물의 힘이 얼마나 크면 이런 말을 했을까요? 그러므로 예수님이 경고하셨듯이 우리 신자들은 모든 탐심을 물리쳐야 합니다. "사람의 생명이 그 소유의 넉넉한 데 있지 아니"하기 때문입니다(15절).

예수님은 마지막 부분에서 이렇게 결론을 내리십니다. "자기를 위하여 재물을 쌓아 두고 하나님께 대하여 부요하지 못한 자가 이와 같으니라"(21절). 앞에서 강조했지만 재물을 쌓아 두는 것 자체가 문제가 아닙니다. 하나님이 보시기에 부요하지 못한 상태가 문제입니다. 본문은 적어도 하나님이 보시기에 '부요하지 못한 것'이 무엇인지 가르쳐 주고 있습니다.

아쉽게도 하나님이 보시기에 '부요한 것'이 무엇인지는 본문을 통해서는 잘 알 수 없지만, 22절 이하의 가르침에서 어느 정도 파악할 수 있습니다. 하나님이 보시기에 부요한 자는 어리석은 부자와 마찬가지로 무엇을 입을까 무엇을 먹을까를 염려하지 않는 사람입니다. 다만 그가 염려하지 않는 이유는 재물을 쌓아 놓았기 때문이 아니라 하나님께서 그것들을 공급하실 것이라는 믿음이 있기 때문입니다. 공중의 새는 창고가 없지만 하나님께서 기르시고, 들의 백합화는 실이 없지만 하나님께서 입히시듯이, 하나님께서 그분의 자녀들을 먹이고 입히신다는 믿음을 가지고 살아가는 사람이 진정으로 부요한 사람입니다.

정말 그런 믿음을 가졌는지는 어떻게 알 수 있을까요? 어리석은 부자를 보십시오. 그는 자기 말고는 관심이 없습니다. 17절에서 19절 사이에 '나'라는 말이 계속 반복되고 있습니다. 하지만 하나님이 보시기에 부요한 자는 전혀 다릅니다. 그는 하나님께서 자신의 먹을 것과 입을 것을 챙겨 주신다고 확신하기 때문에 의식주 문제는 걱정하지 않고 오직 하나님의 나라와 의를 구합니다. 이런 사람이 진정으로 부요한 사람입니다.

사랑하는 성도 여러분, 열심히 노력하고 성실하게 일하면 하나님께서 복을 주십니다. 때로는 많이 주시기도 합니다. 그때 여러분은 어떻게 하시겠습니까? 지혜로운 자처럼 그것을 하나님의 나라와 의를 위해 사용하겠습니까? 아니면 어리석은 자처럼 자신의 안녕과 행복을 위해 사용하겠습니까? 우리 모두가 하나님에 대한 믿음을 가지고 이 세상에서 그분의 나라와 의를 사랑하면서 세상의 재물을 사용하는 지혜로운 성도가 되기를 축원합니다.

IIIIIIIIIIIIIIIIIIIIIII

1. 유산 배분 문제를 해결해 달라는 한 사람의 요청에 예수님은 뭐라고 말씀하십니까?
2. 부자가 하나님께 어리석다는 말씀을 들은 근본적인 이유는 무엇입니까? 사람의 지혜와 하나님의 지혜는 어떻게 다릅니까?
3. 하나님이 보시기에 부요하고 지혜롭게 살려면 어떤 믿음을 가져야 합니까?

16

# 좁은 문
# "구원받는 자가 적으니라"

누가복음 13:22-30

누가복음은 예수님의 사역이 갈릴리에서 예루살렘으로 이동하는 것을 강조하고 있습니다. 다음은 흐름상 큰 분기점이 되는 9장 51절 말씀입니다. "예수께서 승천하실 기약이 차가매 예루살렘을 향하여 올라가기로 굳게 결심하시고." 예수님은 예루살렘으로 가기로 마음을 굳히고 제자들을 앞서 보내셨습니다. 먼저 나선 제자들이 사마리아의 한 마을에 들어갔으나 그곳 사람들이 맞아들이기를 거부하자 예수님과 일행은 다른 마을로 가서 복음을 전했습니다. 그 결과 수만 명이 예수님께 몰려들었습니다(12:1). 바야흐로 예루살렘으로 올라가는 여정이 본격적으로 시작되었습니다. 본문의 첫 구절은 예수님께서 각 성 각 마을로 다니며 가르치시는 가운데 점점 더 예루살렘을 향해 가심을 기록하고 있습니다(22절).

예수님을 따라 예루살렘으로 가는 중에 한 사람이 하루는 이런 질문을 했습니다. "주여, 구원을 받는 자가 적으니이까?"(23절) 이 사람이 말한 '구원'은 우리가 일반적으로 생각하는 구원이 아닙니다. 우리는 그리스도의 십자가 공로로 값없이 죄사함을 받는 것을 구원이라고 생각하지만, 당시 유대인들은 메시아의 왕국에 들어가 특권과 혜택을 누리는 것을 구원으로 여겼습니다. 그런데 이 사람이 구원받는 자의 '수'를 물은 데는 유대 민족이 가지고 있는 아픈 역사적 배경이 있습니다. 이스라엘 백성이 다 홍해를 건넜지만 정작 가나안 땅에 들어간 사람은 여호수아와 갈렙 단 두 명이었음을 기억하실 것입니다. 유대인 제자들은 이제 예수님이 예루살렘에 입성하여 메시아 왕국을 세우실 텐데 과연 몇 명이나 그 혜택을 보게 될지가 매우 궁금했습니다.

수에 집착하는 이 질문은 오늘날로 치면 이런 질문과 비슷합니다. "우리 교회는 참 신앙을 추구하는데 왜 교인 수가 이것밖에 안 돼요?" "하나님이 함께하시면 교인 수가 늘어나는 게 정상 아닙니까?" 우리는 교회의 규모에 관심이 많습니다. 교인 수가 몇 명인지, 예배당 면적이 몇 평인지, 재정은 얼마나 되는지 묻고 교회를 판단합니다. 그 교회에서 무엇을 가르치는지, 예배를 어떻게 드리는지는 별로 궁금해하지 않습니다. 그러나 숫자가 기준이 되면 문제의 본질을 놓치기 쉽습니다. 어떤 고등학교 졸업식에 가서 보니 교장 선생님이 훈화를 하며 그 학교 졸업생 중에 "서울대 몇 명, 고려대 몇 명…"이 합격했다고 자랑을 하더군요. 하나같이 들어가기 어려운 상위권

학교들이니 자랑스러워할 만도 합니다. 그러나 그 학교가 1년에 수백 명의 학생을 서울대에 보내도 내 자녀가 들어가지 못한다면 그 수가 무슨 의미가 있을까요?

이제 '구원받는 사람의 수'를 묻는 질문에 예수님이 어떤 답변을 하셨고, 그 의미가 무엇인지 살펴봅시다.

### 좁은 문으로 들어가기를 힘쓰라

"구원을 받는 자가 적으니이까?"라는 질문에 예수님은 좀 엉뚱하게 대답하십니다. "좁은 문으로 들어가기를 힘쓰라"(24절). 언뜻 보기에 동문서답 같기도 합니다. 예수님의 답변이 틀린 걸까요? 아니요, 애초에 질문이 잘못되었습니다. 예수님은 이를 정확히 파악하고 바로잡아야겠다고 생각하셨습니다. 중요한 것은 구원받는 사람의 수가 아니라 '그들이 구원받는 것'입니다. 가장 큰 문제는 제자들이 자신들은 당연히 구원받을 것이라고 착각하고 있다는 점입니다. 메시아 예수님과 함께 있으니 말입니다. 하지만 그것이 착각일 수 있음을 예수님은 알려 주십니다.

예수님이 말씀하신 '좁은 문'의 의미가 무척 궁금하실 것입니다. 우리는 이 문의 특성에 주목해야 합니다. 우선, 이 문은 집으로 들어가는 통로입니다. 집은 하나님의 나라를 상징하고, 현재 그 안에서 잔치가 벌어지고 있습니다. 잔치는 복음서에서 하나님의 나라를 설명하는 아주 중요한 상징입니다. 이 본문 바로 앞에서 예수님은 하나님의 나라를 비유로 가르치셨습니다(겨자씨 비유와 누룩 비유). 좁은 문의 비유도 하나님의 나라에 대한 가르침의 연장선에 있음을 기억하시기 바랍니다. 실제로 28절과 29절에 '하나님 나라'라는 단어가 두 번 등장합니다.

하나님 나라에 들어가는 문은 하나밖에 없습니다. 게다가 이 문은 좁아서 들어가기가 매우 힘듭니다. 그래서 많은 사람이 이 문으로 들어가려 해도 들어가지 못한다고 예수님은 말씀하십니다. 이 문은 곧 닫힐 것이고, 한번 닫히면 다시는 열리지 않는 문이기도 합니다. 따라서 열려 있는 동안 들어가기 위해 최대한 노력해야 합니다. 문에 들어간다는 것은 생명과 교제 안에 들어가는 것을 의미합니다. 문밖은 어둠이 지배하고 '슬피 울며 이를 갈게' 되는 곳입니다. 여기서 "들어가기를 힘쓰라"는 말은 입장권을 받기 위해 노력하라는 의미가 아닙니다. 이것은 좁은 문에 도달하기 위해 힘써 싸우라는 의미입니다. 여기에 사용된 '힘쓰라'는 단어는 상대방과의 전투나 경기에서 이기기 위해 전력을 다하는 것을 의미합니다(요 18:36, 고전 9:25, 골 1:29).

#### 좁은 문에 들어갈 수 있는 기준

누가 이 문에 들어갈 수 있을까요? 집주인이 문을 닫자 사람들이 문을 두드리며 소리칩니다. "주여, 열어 주소서." 집주인은 이렇게 대답합니다. "너희가 어디에서 온 자인지 알지 못하노라."

여기서 우리는 중요한 교훈을 하나 발견합니다. 문 안에 들어가고 말고는 들어가려는 사람이 아니라 집주인이 결정하는 문제라는 것입니다. 주인이 입장을 결정하는 기준은 아는 사람인지 아닌지에 달려 있습니다. 아는 사람이면 들여보내겠지만 모르는 사람이면 들여보내지 않을 것입니다. 이 개념은 우리의 구원을 이해하는 데 대단히 중요합니다. 교회 역사 속에서 많은 거짓 교사들이 구원이 우리의 노력에 달려 있다고 가르쳤습니다. 하지만 본문은 그것이 사실이 아님을 보여 줍니다.

집주인이 모르는 사람들이라고 하자 그들은 반론을 제시합니다. "우리는 주 앞에서 먹고 마셨으며 주는 또한 우리의 길거리에서 가르치셨나이다"(26절). 그들이 제시한 반론의 근거는 두 가지입니다. 하나는 자신들이 주인 앞에서 먹고 마셨다는 것이고, 다른 하나는 주인이 자신들을 길에서 가르쳤다는 것입니다. 그들은 지금 거짓말을 하고 있지 않습니다. 실제로 주인과 친밀하게 교제를 나누었음을 강조합니다. 주인이 자신들을 모른다고 하는 것이 말이 안 된다고 따지고 있습니다.

그들이 근거로 제시한 두 가지 일은 오늘날 무엇을 의미할까요? 먹고 마시는 것은 성찬에, 가르치는 것은 설교에 빗댈 수 있습니다. 성찬식에서 주님의 살과 피를 먹고 마시고, 설교 시간에 복음을 듣는 것은 대단히 중요합니다. 하지만 성찬식에 참여하고 설교를 듣는다고 해서 구원이 보장되는 것은 아닙니다. 예수님은 성찬도, 설교도 다 필요없다고 말씀하시는 것이 절대 아닙니다.

그보다는 주님이 우리를 아는가 그렇지 않은가가 더 중요합니다. 물론 주인이 그들을 모를 리 없습니다. 그들은 주인 앞에서 먹고 마셨으며 길거리에서 직접 말씀을 들었습니다. 그런데도 주인은 그들을 모른다고 말했습니다. 왜일까요? 그것은 그들이 불의를 행하는 자였기 때문입니다. 그들은 예수님의 말씀을 듣고 예수님과 함께 먹고 마셨지만 예수님의 가르침대로 살지 않았습니다. 예수님은 그런 자를 이렇게 판정하십니다. "행악하는 모든 자들아, 나를 떠나가라"(27절). 하나님의 나라에 불의를 행하는 자들을 위한 자리는 하나도 없습니다.

예수님은 문을 열어 달라는 자들을 '불의를 행하는 자'라고 규정하십니다. 그들이 어떤 불의를 행했는지는 모르지만, 여기서 우리는 중요한 사실을 알게 됩니다. 예수님 앞에서 먹고 마시고 직접 가르침을 받아도 얼마든지 행악자가 될 수 있다는 것입니다. 그런 자들은 자신의 행악으로 인해 구원을 받지 못합니다. 예수님은 그들을 향해 다시 한번 "나는 너희가 어디에서 왔는지 알지 못하노라"(27절)고 선언하십니다. 세상에서 가장 무시무시한 말이 있다면 이것이 아닐까요? "내가 너희를 모른다."

### 나중 된 자로서 먼저 됨

좁은 문으로 들어가기를 힘써도 들어가지 못하는 자가 많다고 예수님은 말씀하셨습니다. 그렇다면 구원받는 자가 적다는 말일까요?

표면상으로는 그렇습니다. 아브라함과 이삭과 야곱과 모든 선지자는 하나님 나라에 있겠지만(28절), 그들의 후손임을 자처하면서 선지자들의 글을 읽었던 많은 이들이 바깥으로 쫓겨나 슬피 울며 이를 갈게 될 것입니다.

제자들은 이 말을 듣고 하나님 나라가 텅 비어 있을 것이라고 생각했을지도 모릅니다. 주님을 열심히 따라다닌 자신들도 그 나라에 들어갈 수 없는데 도대체 누가 그곳에 들어갈 수 있단 말입니까? 하지만 예수님은 이렇게 말씀하십니다. "사람들이 동서남북으로부터 와서 하나님의 나라 잔치에 참여하리니"(29절). 이것은 구원의 새 시대가 왔음을 알리는 놀라운 예언입니다. 하나님의 나라는 예수님의 구속 사역으로 인해 그 범위가 이스라엘을 넘어 온 세상으로 향하게 되었습니다. 이스라엘 밖의 사람들이 어떻게 하나님의 나라 잔치에 참여할 수 있을까요? 그들 역시 동일하게 복음을 듣고 믿고 순종했기 때문입니다.

예수님은 이렇게 선언하십니다. "보라, 나중 된 자로서 먼저 될 자도 있고 먼저 된 자로서 나중 될 자도 있느니라"(30절). 여기서 나중 된 자는 하나님 나라 밖에 있는 자를 가리키고, 먼저 된자는 하나님 나라 안에 있는 자를 가리킨다고 할 수 있습니다. 예수님께서 오심으로 이 순서가 바뀔 수 있음을 누가는 말합니다. 누가복음은 복음서 기자 중에 유일한 이방인이었던 누가가 기록한 책입니다. 특별히 신약교회 안에 있는 이방인들을 위해 쓰였지요. "나중 된 자로서 먼저 될 자가 있다"는 예수님의 선언은 초대 교회 내 이방인들에게 큰 격려가 되었을 것입니다.

우리는 원래 언약 밖에 있던 자들입니다. 그런 점에서 우리는 먼저 된 자가 아니라 나중 된 자입니다. 그런데 나중 된 자로서 먼저 되어 그리스도인으로 살아갑니다. 어떻게 이런 일이 가능하게 되었을까요? 그리스도가 새로운 하나님의 나라를 세우고 그곳으로 들어가는 새 길을 여신 덕분입니다. 이 길은 십자가에서 성취하신 구속 사역으로 열렸습니다. 그 결과 동서남북 어디서든지 이 복음을 받아들이는 자는 하나님 나라에 들어가 그 안에서 열리는 잔치에 참여할 수 있게 되었습니다.

우리는 하나님의 은혜로 매주 함께 모여 예배를 드리고 주님의 말씀을 듣습니다. 성찬을 통해 주님의 살과 피를 나누며 그리스도 안에서 한 형제 됨을 경험합니다. 그러나 주의할 것이 있습니다. 먼저 된 유대인들처럼 설교를 듣고 성찬에 참여하는 것 자체가 주님이 우리를 아시는 것을 보증하지 않는다는 것입니다. 주님의 말씀을 듣고 주님의 살과 피를 먹었다면 이제 우리의 삶 속에서 하나님 나라의 의를 실천해야 합니다.

'하나님이 나를 알고 계시는가'는 '내가 구원을 받았는가'와 사실상 동일한 질문입니다. 여러분은 하나님을 알고 계십니까? 아마 자기 자신이 알 것입니다. 그런데 하나님이 여러분을 아신다는 것은 어떻게 알 수 있을까요? 본문은 주님의 말씀을 듣고 실천하는 것이야말로 하나님이 우리를 알고 계신다는 증거라고 가르칩니다. 삶 속에서 주님의 명령을 실천하고 있지 않다면, 하나님이 우리를 알고 계신지 정말 신중하게 돌아보아야 합니다.

주님은 우리에게 좁은 문으로 들어가기를 힘쓰라고 말씀하십니다. 좁은 문은 주님의 말씀을 듣고 순종하는 것, 믿음과 행함이 일치된 삶을 의미합니다. 이것은 결코 쉬운 일이 아닙니다. 먼저 된 자들 중에 대부분이 좁은 문에 이르지 못했습니다. 하지만 정말 다행스럽게도 나중 된 우리가 그 일을 이룰 수 있도록 성령이 도우십니다. 하나님은 좁은 문으로 들어오는 자들을 위해 천국의 잔치를 예비해 놓으셨습니다. 우리 모두 좁은 문에 들어가기를 힘쓰는 자가 되어 하나님께서 예비하신 하늘의 신령한 복을 마음껏 누리게 되기를 축원합니다.

1. 구원받는 사람이 적냐고 물어보는 사람에게 예수님은 뭐라고 대답하십니까?
2. 예수님이 말씀하시는 '좁은 문'이란 무슨 의미입니까?
3. "보라, 나중 된 자로서 먼저 될 자도 있고 먼저 된 자로서 나중 될 자도 있느니라"(30절)는 말씀에서 먼저 된 자와 나중 된 자는 각각 누구를 가리킵니까? 이것은 오늘날 우리에게 어떤 격려와 도전을 줍니까?

17

# 계산하는 믿음의 제자*
# "그 비용을 계산하지 아니하겠느냐"

누가복음 14:25-33

본문은 "허다한 무리"라는 말로 시작하고 있습니다. 엄청난 무리가 여러 가지 이유로 예수님을 따랐습니다. 어떤 사람은 예수님의 기적을 보았기 때문에, 어떤 사람은 병 고침을 받기 위해, 어떤 사람은 가르침을 받기 위해 예수님을 따랐습니다. 정작 예수님은 그렇게 많은 무리가 따르는 것을 기뻐하지 않으신 것 같습니다. 예수님은 앞서 가시다가 갑자기 뒤돌아서서 무리에게 본문의 말씀을 들려 주십니다. 그것은 따라오는 자들을 격려하기보다는 도전하며 어떤 의미에서는 큰 부담을 주는 의외의 말씀이었습니다.

한국 교회는 지금 코로나로 인한 팬데믹으로 대면예배와 모임에

* 고신총회 교회들이 다함께 고려신학대학원을 기억하며 예배드린 주일날 설교를 정리한 글이다.

큰 어려움을 겪고 있지만 이전까지만 해도 큰 성장을 이루어 왔습니다. 세계에서 제일 큰 교회들이 즐비합니다. 사람들이 왜 교회로 몰려들었을까요? 많은 무리가 저마다의 이유를 가지고 예수님을 따랐듯이 오늘날 교회를 찾는 사람들의 이유도 여러 가지일 것입니다. 그런 이들에게 교회는 어떠한 메시지를 주어야 할까요? 대면예배도 어려워진 마당에 어떻게든 사람들의 귀를 즐겁게 하고 마음을 맞추어 그들을 교회에 붙들어 두어야 할까요? 아니면 주님이 본문에서 말씀하신 것처럼 도전의 메시지를 전해야 할까요?

예수님이 진정으로 원하시는 것은 수많은 무리가 아니라 진정한 제자였습니다. 많은 무리 중에 제자는 많지 않음을 아시는 주님은 때가 되어 그들 가운데서 참된 제자를 분리해 내기를 원하셨습니다. 그래서 엄숙하게 명하십니다. "무릇 내게 오는 자가 자기 부모와 처자와 형제와 자매와 더욱이 자기 목숨까지 미워하지 아니하면 능히 내 제자가 되지 못하리라"(26절). 이것은 수사학적인 말씀이 아닙니다. 실제로 예수님의 제자들은 모든 것을 다 버려두고 예수님을 따랐습니다. 갑자기 이런 말씀을 들은 수많은 무리는 무슨 생각을 했을까요?

### 예수님의 두 비유

무엇보다 깜짝 놀랐을 것입니다. 특히 호기심으로 별 생각 없이 예수님을 따라다니던 사람들은 큰 충격을 받았을 것입니다. 이런 사정을 아셨는지 예수님도 갑작스러운 선포와 관련해 두 가지 쉬운 비유를 들어 자세히 설명하십니다. 비유 자체는 이해하기가 아주 쉽습니다. 하나는 망대를 세우는 건축가에 관한 비유이고, 다른 하나는 전쟁에 임하는 어떤 임금에 관한 비유입니다. 두 비유는 사실상 동일한 메시지를 담고 있습니다 .

첫 번째 비유를 보겠습니다. 어떤 사람이 망대를 세우고자 합니다. 망대를 세우기란 쉬운 일이 아닙니다. 설계부터 시작해 일정, 자재, 인부 등 고려해야 할 사항이 많습니다. 무엇보다 건축에 필요한 경비를 정확히 계산해야 합니다. 일단 세우고 보자는 식으로 시작하면 기초만 쌓다가 공사가 중단되는 사태가 벌어질 것입니다.

두 번째 비유를 보겠습니다. 어떤 임금이 다른 나라를 상대로 전쟁을 벌입니다. 만약 자신의 군사가 수십만 명이고 상대편 군사가 수천 명이라면 바로 공격을 개시할 것입니다. 그런데 자신의 군사는 1만 명이고 상대편 군사는 2만 명입니다. 그럴 경우 아무 대책없이 공격을 개시할 수는 없습니다. 여러 작전을 세우고 나서 이길 수 있다는 판단이 서면 전쟁을 하겠지만, 그렇지 않으면 화친을 청해야 합니다. 그것이 임금이 해야 하는 일입니다.

예수님께서 이 비유를 말씀하신 목적이 무엇일까요? 무슨 일이든 계획을 잘 세워서 해야 한다는 당연한 교훈을 주시려는 걸까요? 그것도 맞는 말입니다. 그런데 예수님은 이 교훈을 구체적으로 제자도에 적용하십니다. 예수님을 따른다는 것은 제자가 되는 것을 의미합니다. 제자가 되기 위해서는 예수님을 아무 생각 없이 따라다니기만 해서는 부족합니다.

정말 예수님을 따르고 그분의 제자가 되기를 원하십니까? 그렇다면 참 감사한 일입니다. 그러나 제자가 되기로 결심하기 전에 먼저 해야 할 일이 있습니다. 진짜 제자가 되려면 먼저 제자가 되는 데 드는 비용을 계산해야 합니다. 자신이 제자가 될 수 있는지도 따져 보아야 합니다. 결단만으로 되는 일이 아닙니다. 무작정 저지르는 식으로 제자가 되어서도 안 됩니다. 많은 무리가 주님을 따랐지만 제자가 되지 못한 것은 그에 따른 비용과 가능성을 가늠하지 않았기 때문입니다.

### 제자도의 비용

예수님은 비유를 든 다음 이렇게 결론을 내리십니다. "이와 같이 너희 중의 누구든지 자기의 모든 소유를 버리지 아니하면 능히 내 제자가 되지 못하리라"(33절). 여기서 예수님은 제자가 되는 데 드는 정확한 비용을 말씀하십니다. 그 비용은 한편으로 보면 정해진 것이고, 다른 한편으로 보면 정해진 것이 아닙니다. 그 비용이란 제자가 되려고 하는 사람이 소유한 모든 것입니다.

엄밀히 말해 이것은 비용의 문제가 아닙니다. 자신이 소유한 모든 것이란 사실 자기 자신과 같은 말입니다. 예수님은 두 비유를 들기 전에 이것을 가리켜 '목숨'이라고 말씀하셨습니다. "자기 목숨까지 미워하지 아니하면 능히 내 제자가 되지 못하고"(26절). 여기서 목숨을 미워한다는 것은 목숨을 경시한다는 뜻이 아니라 그만큼 제자도가 가치 있음을 이야기합니다. 제자도의 가치가 자신의 모든 소유나 목숨보다 귀하다는 것을 확신하는 자만이 예수님의 제자가 될 수 있습니다.

일반적으로 계산과 믿음은 그리 어울리는 조합이 아닙니다. 우리는 계산하기를 좋아하고 계획을 세우고 따지는 사람을 보며 믿음이 좋다고 생각하지 않습니다. 그러나 계산 없이 무턱대고 저지르고 보는 것은 믿음이 아닙니다. 교회 건축 붐이 한창 일었을 때, 꼼꼼한 계획과 계산 없이 교회 건축에 나섰다가 도중에 중단하고 준공하고 나서도 대출금 상환으로 어려움을 겪는 교회가 많았습니다. 물론 그분들도 건축 비용을 계산했을 테지요. 하지만 정말 계산에 넣어야 할 항목은 성도들의 믿음이었습니다. 어떤 일을 시작하기 전에 정확한 비용을 계산하고 그 가치를 엄중히 가늠한 다음에 믿음으로 결단하는 것이 참 믿음입니다. 무조건 하나님이 알아서 해주실 거라고 생각하는 것은 겉으로는 좋은 믿음처럼 보이지만 실제로는 만용이고 무책임입니다.

### 구체적인 적용

제자가 되려면 당장 부모도 버리고 아내도 버리고 자기 소유를 다 팔라는 것은 본문이 의도하는 바가 아닙니다. 제자가 되기 위한 비용이 우리가 생각하는 것보다 훨씬 더 큽니다. 마음을 다하고 힘을 다하고 목숨을 다하여 하나님을 사랑하지 않으면 참된 제자가 될 수 없다는 뜻입니다.

모든 신자가 예수님의 제자지만 그중에서도 목사는 가장 훈련된 제자라고 할 수 있습니다. 개 교회에서 신자들을 예수님의 제자로 만들기 위해 애쓰듯이 목사인 제자들을 기르는 일에도 온 힘을 기울여야 합니다. 다른 일들은 필요한 양만큼 형편에 맞게 힘을 써도 됩니다. 예를 들어 구제가 중요하기는 하지만 교회가 온 힘을 다 쏟을 필요는 없습니다. 그러나 제자가 되고 제자를 세우는 일은 다른 문제입니다. 적어도 예수님의 가르침에 비추어 보았을 때, 제자가 되고 제자를 세우는 일에 교회는 온 힘을 쏟아야 합니다. 그래야 비로소 제자를 기를 수 있기 때문입니다.

힘들다고 해서 교회가 제자훈련을 적당히 하고 온 힘을 기울이지 않는다면, 어느 정도 요건을 갖춘 직업 목사는 만들어 낼 수 있을지 몰라도 정말 주님의 말씀에 붙잡힌 참된 제자인 목사는 기를 수 없을 것입니다. 제자는 그런 식으로는 될 수 없고 양성할 수도 없기 때문입니다. 하나님은 만홀히 여김을 받으시는 분이 아닙니다. 무엇이든지 심은 대로 거두는 것이 세상의 이치일 뿐 아니라 하나님 나라의 원리입니다.

많은 교회들이 좋은 목사를 청빙하고 싶어 하고 이를 위해 기도도 많이 합니다. 특히 교회가 어려움을 당하고 있다면 이 문제가 더욱 절실해질 것입니다. 그러나 목사는 하루아침에 만들어질 수 없습니다. 교육을 받는 데만 최소한 10년 이상이 걸립니다. 이 점을 꼭 기억하시기 바랍니다. 지금 신학대학원에서 공부하고 있는 전도사들이 10년 후, 20년 후 우리 교회가 청빙해야 할 목사의 모습입니다.

많은 교회가 좋은 목사를 맞이하고 싶어 하면서도 정작 그에 따른 정확한 비용은 생각하지 않는 것 같습니다. 우리 교단은 비교적 규모가 작은 편입니다. 그러나 교단의 규모에 비해 아주 훌륭한 신학교를 운영하고 있습니다. 다른 교단에서 부러워할 정도지요. 그렇게 된 것은 우리 신앙의 선배들이 그만큼 애정과 관심을 쏟았기 때문입니다. 그들은 왜 그렇게 신학대학원을 위해 힘썼을까요? 그것의 참된 가치를 알았기 때문입니다. 신학대학원은 주님의 참된 목사를 기르는 양성소이고, 참된 목사를 기르는 것이야말로 다른 어떤 일보다 가치 있고 중요하다는 것을 확신했기에 그렇게 헌신할 수 있었습니다.

♛

오늘날 교회들이 외적인 것에 관심이 많고 교인 수에 민감합니다. 그러나 주님의 눈으로 바라보시기 바랍니다. 주님은 외형적인 것에 관심을 두지 않으십니다. 주님은 많은 무리 중에서도 제자에 관심을 두십니다. 한국 교회가 지난날 수적으로 부흥을 이루었다면, 이제는 우리도 주님처럼 제자를 기르는 데 관심을 기울여야 합니다. 수많은 무리가 예수님을 따랐지만 예수님은 그들을 위해 교회당을 세우신 적이 없습니다. 열두 제자를 세우고 그들을 통해 복음을 전하셨을 뿐입니다. 그 결과 하나님의 교회가 크게 흥왕했습니다. 이것이 교회가 하나님의 복을 누리는 길입니다. 이 복된 일에 참여하는 성도들에게 주님의 은혜가 함께하기를 바랍니다.

1. 예수님의 이적이 신기해서 따르는 무리에게 예수님은 뭐라고 말씀하십니까?
2. 예수님께서 망대 건축과 전쟁 준비의 비유를 들려 주신 목적은 무엇입니까? 이 교훈을 제자도에 구체적으로 어떻게 적용할 수 있습니까?
3. 오늘날 교회가 10년, 20년 후를 바라보며 가장 힘써야 할 일은 무엇입니까?

18

# 아버지의 마음
# "기뻐하는 것이 마땅하니라"

누가복음 15:11-32

탕자의 이야기는 성도들 대부분이 잘 아는 비유입니다. 절기 때마다 연극 무대에 단골로 등장하는 스토리이기도 합니다. 그러나 익숙한 스토리가 오히려 하나님의 말씀을 제대로 이해하는 데 방해가 될 때가 있습니다. 예를 들어 대부분의 연극은 탕자에 초점을 맞춥니다. 탕자가 다른 나라에 가서 얼마나 타락한 생활을 했는지 지나치게 자세히 묘사하는 경우가 많습니다. 그러나 본문은 탕자의 방탕한 생활에는 별 관심이 없습니다. 13절의 "허랑방탕하여 그 재산을 낭비하더니"가 그의 타락한 삶을 설명하는 전부입니다.

'탕자의 비유'라는 제목 자체가 탕자에게 시선이 쏠리게 합니다. 탕자의 극적인 회개가 비유의 중심 주제가 될 테지요. 설교의 적용도 "나도 탕자처럼 진심으로 회개하고 하나님 아버지께 용서를 받아야 한다"가 됩니다. 물론 이런 해석과 적용이 틀린 것은 아닙니다. 우리 중에는 탕자처럼 살았던 사람도 있을 것입니다. 사실 우리는 모두 예전에 하나님의 원수였던 자들입니다. 하지만 지금은 그런 삶을 버리고 하나님의 자녀가 되었습니다. 그런 우리에게 탕자의 이야기는 어떤 의미가 있을까요? 예전의 타락한 삶을 계속 떠올리면서 회개해야 한다는 뜻일까요? 아니면 현재 우리가 가지고 있는 죄성을 회개해야 할까요?

이 비유에서 주인공은 탕자가 아닙니다. 비유 속에서 탕자에 대한 언급은 21절에서 끝나고 맙니다. 영화로 말하자면 탕자는 초반에 등장했다가 중간에 사라지는 인물입니다. 비유의 후반부에는 오히려 탕자의 형에 관한 이야기가 이어집니다. 비록 악역이지만 주인공에 가까울 정도로 중요하게 다루고 있습니다. 그런데 형을 능가하는 주요 인물이 있습니다. 처음부터 끝까지 등장하는 주요 인물은 아버지입니다. 사실 이 비유는 아들이 아니라 아버지에 대한 이야기입니다. 비유의 첫 소절이 그 사실을 말해 줍니다. "어떤 사람에게 두 아들이 있는데"(11절). 예수님은 두 아들을 둔 아버지에 관해 말씀하십니다. 그렇다면 비유의 제목은 '아들을 되찾은 아버지'가 되어야 합니다.

탕자에 초점을 맞추면 이 비유를 우리에게 적용하기가 용이하지 않습니다. 탕자에 대해 잘 알게 되어도 어떤 격려나 위로가 크게 와 닿지 않습니다. 그런데 관심을 아버지에게로 돌려보시기 바랍니다. 아버지가 두 아들을 어떻게 대하고 있는지를 보면 우리 하나님이 어떤 분이신지 발견하게 될 것입니다.

### 배경: 바리새인들과 서기관들의 비난

먼저 예수님께서 탕자의 비유를 말씀하신 배경을 살펴보겠습니다. 이 비유는 누가복음 15장에 기록되어 있습니다. 이 장에는 아주 유명한 세 개의 비유가 나옵니다. 첫째는 한 마리의 어린 양을 '찾은' 목자의 비유, 둘째는 드라크마 하나를 '찾은' 여자의 비유입니다. 그렇다면 셋째는 아들을 '찾은' 아버지의 비유가 되어야 적절할 것입니다. 세 가지 비유의 공통된 주제는 '찾은 자의 기쁨'입니다.

하루는 모든 세리와 죄인이 말씀을 들으러 예수님께 가까이 왔습니다(1절). 그때 바리새인들과 서기관들이 수군거리면서 예수님을 비난하기 시작합니다. "이 사람이 죄인을 영접하고 음식을 같이 먹는다"(2절). 누가는 한편으로 세리와 죄인을, 다른 한편으로 바리새인과 서기관을 대조하고 있습니다. 이상하지 않습니까? 예수님이 죄인들과 함께 계신들 무엇이 잘못된 걸까요? 왜 바리새인들과 서기관들은 그 모습을 보고 화를 내는 걸까요?

예수님이 세리나 죄인만 만나서 교제를 하셨다면 그들이 보기에 문제가 될는지도 모르겠습니다. 하지만 예수님은 바리새인과의 교제도 거부하지 않으셨습니다. 누가복음 7장을 보면 시몬이라는 바리새인이 예수님을 집으로 초청하여 식사를 함께했습니다. 이로 보아 예수님이 모든 부류의 사람들과 교제를 나누셨다는 것을 알 수 있습니다. 그런데 바리새인들과 서기관들은 바로 그 점이 못마땅했습니다. 특히 예수님을 선지자나 랍비라고 생각했기 때문입니다. 바리새인 시몬의 집에서 죄 많은 한 여자가 눈물을 흘리며 자기 머리털로 예수님의 발을 닦은 일이 있었습니다. 그때 시몬은 이렇게 생각했습니다. '예수가 선지자라면 발을 씻기는 자가 죄인인 줄 알았을 텐데.' 바리새인들과 서기관들이 보기에 예수님은 선지자가 아니었습니다. 죄인과 의인도 가려내지 못하는 사이비 선지자였습니다. 더욱이 예수님은 죄인들에게 설교만 하신 게 아니라 식사도 함께하셨습니다. 죄인을 책망해야 할 선생이 그들과 어울려 교제하는 것을 바리새인들과 서기관들은 이해할 수 없었습니다.

예수님은 왜 세리나 죄인과 교제를 나누셨을까요? 그들과 어울리는 것이 더 재미있기 때문이었을까요? 가장 쉬운 대답은 그들을 전도하기 위해서일 것입니다. 실제로 예수님을 본받아 교도소 전도나 집창촌 목회를 열심히 하는 목사도 있습니다. 그런 사역이 귀한 것은 분명하지만 비유의 핵심이 우리에게 그런 사역을 요구하는 것은 아닙니다. 예수님은 세리들이나 죄인들과 함께 교제하는 가운데 성부 하나님의 기쁨을 나누기를 원하셨는데 바리새인들은 그것을 아주 싫어했습니다. 예수님은 그 사실을 간파하고는 세 가지 비유를 차례로 들려 주십니다. 탕자의 비유를 제대로 알기 위해서는 나머지 두 가지 비유도 함께 떠올려야 합니다.

세 가지 비유의 핵심은 아주 간단합니다. 주인공에게 아주 기쁜 일이 생겼고, 그가 그 기쁨을 다른 사람들과 함께 나누었다는 것입니다. 목자는 백 마리 양 중에서 잃어버린 양 한 마리를 찾았고, 여자는 열 개의 드라크마 중에서 잃어버린 드라크마 하나를 찾았고, 아버지는 두 아들 중에서 잃어버린 한 아들을 찾았습니다. 주인공들은 잃어버린 것을 찾기 위해 애태우다가 마침내 찾았을 때 그 기쁨을 이웃과 나누고 싶어 했습니다. 6절과 9절에 "나와 함께 즐기자"라는 말이 정확하게 반복되고, 24절에도 "그들이 즐거워하더라"고 기록되어 있습니다.

시대와 문화가 다르기 때문에 이 세 가지 비유를 정확하게 이해하기가 쉽지 않습니다. 잃은 양 한 마리를 찾은 것이 얼마나 기쁜 일이길래 동네 사람들을 다 불러 모아 잔치를 벌였을까요? 액수로만 보면 드라크마 한 개는 그리 큰 돈이 아닙니다. 그러나 본문이 의도하는 바는 아주 명확합니다. 주인공은 되찾았다는 사실로 인해 크게 기뻐했고, 그 기쁨을 다른 사람과 함께하기를 정말로 원했다는 것입니다. 이것은 탕자의 비유에도 그대로 적용됩니다.

잃었다가 되찾은 아들이 어떤 아들입니까? 겉으로 봐서는 전혀 훌륭한 아들이 아닙니다. 그는 아버지가 멀쩡히 살아 있는데도 자기 몫의 유산을 미리 달라고 졸라 댔습니다. 며칠 후에 재물을 받고 즉시 다른 나라로 떠난 것을 보면 유산을 미리 받기 위해 사전에 철저히 준비했던 것 같습니다. 이방 땅에서 탕자는 재산을 다 허비했습니다. 형의 말에 의하면 그는 "아버지의 살림을 창녀들과 함께 삼켜버"렸습니다(30절).

재산이 다 떨어졌을 때 설상가상으로 흉년이 들었습니다. 집도 없던 그는 다른 사람의 집에 얹혀 살 수밖에 없었습니다. 집주인은 탕자를 들로 보내 돼지를 치게 했습니다. 이스라엘 사람들은 돼지를 부정한 동물로 여겼습니다. 돼지치기는 탕자에게 아주 수치스러운 일이었지만 먹고살기 위해서는 어쩔 수 없었습니다. 그는 돼지가 먹는 쥐엄열매로 배를 채우려 했으나 그것마저도 주는 사람이 없었습니다. 그는 돼지보다도 못한 대접을 받았던 것입니다. 이제 굶어 죽는 일만 남았습니다. 그제야 탕자는 아버지의 집으로 돌아가기로 결심합니다. 하지만 자신의 죄를 알기 때문에 아들이 아니라 품꾼으로 살기로 결심하고 길을 나섭니다.

탕자가 집에 이르렀을 때, 거리가 매우 멀었지만 아버지는 아들을 바로 알아보았습니다. 외모만 봐서는 아무리 아들이지만 알아보기가 어려웠을 것입니다. 아버지는 얼마나 반가운지 뛰어가 아들의 목을 안고 입을 맞추었습니다. 아버지는 아들에게 제일 좋은 옷을 입히고, 손에 가락지를 끼우고, 발에 신발을 신겼습니다. 종들에게 살진 송아지를 잡으라고 명령하면서 "우리가 먹고 즐기자"라고 외쳤습니다. 그리고 그 이유를 이렇게 설명했습니다. "이 내 아들은 죽었다가 다시 살아났으며 내가 잃었다가 다시 얻었노라"(24절). 주인의 말에 종들은 함께 즐거워했습니다.

얼마 후 큰아들이 들에서 돌아왔습니다. 아버지는 너무 기뻐서 큰아들이 돌아오기 전에 잔치를 베풀었던 것 같습니다. 큰아들이 집에 가까이 왔을 때 음악 소리가 들렸습니다. 춤추는 소리도 들렸습니다. 평소와는 다른 분위기여서 큰아들은 매우 이상하게 생각했습니다. 그래서 한 종을 불러 이유를 물으니 종이 이렇게 대답합니다. "당신의 동생이 돌아왔으매 당신의 아버지가 건강한 그를 다시 맞아들이게 됨으로 인하여 살진 송아지를 잡았나이다"(27절).

큰아들은 이 말을 듣고 너무 화가 나서 집에 들어가지도 않았습니다. 큰아들이 왔다는 소식을 들은 아버지는 집 밖으로 나와서 들어가자고 권했습니다. 큰아들은 아버지께 항의합니다. "내가 여러 해 아버지를 섬겨 명을 어김이 없거늘 내게는 염소 새끼라도 주어 나와 내 벗으로 즐기게 하신 일이 없더니 아버지의 살림을 창녀들과 함께 삼켜 버린 이 아들이 돌아오매 이를 위하여 살진 송아지를 잡으셨나이다"(29-30절).

큰아들의 항의를 어떻게 생각하십니까? 맞는 말이 아닙니까? 아무리 반가워도 아버지가 큰아들을 생각해 그냥 조용히 작은아들을 맞이할 수도 있지 않았을까요? 이에 아버지는 두 가지로 대답합니다. 첫째, "너는 항상 나와 함께 있으니 내 것이 다 네 것"이다(31절). 즉 네가 지금까지 수고한 것에 대해 너는 보상을 받을 것이다. 둘째, "네 동생은 죽었다가 살아났으며 내가 잃었다가 얻었기로 우리가 즐거워하고 기뻐하는 것이 마땅하다"(32절). 이 잔치는 동생이 잘해서 벌이는 것이 아니라는 설명입니다. 아버지도 작은아들이 창기와 어울려 재산을 탕진한 사실을 다 알고 있습니다. 그럼에도 잔치를 연 이유는 죽은 줄 알았던 아들이 살아 돌아왔기 때문입니다. 동생이 살아 돌아왔으니 형도 같이 기뻐하는 게 마땅하다는 것이 아버지의 논지입니다.

탕자가 돌아왔는데 아버지와 형의 태도가 크게 차이 나는 이유가 무엇일까요? 아버지는 탕자를 아들로 생각한 반면에, 형은 탕자를 동생으로 생각하지 않았기 때문입니다. 탕자가 집을 나갔을 때에도 아버지는 여전히 그를 아들이라고 생각했지만, 형은 그를 더 이상 동생으로 생각하지 않았습니다. 그래서 아버지의 태도를 도저히 이해할 수 없었습니다. 그에게 탕자는 더 이상 동생이 아니라 대접받을 가치가 전혀 없는 죄인일 뿐입니다. 그래서 그는 아버지의 기쁨에 참여할 수 없었습니다.

♛

본문의 비유가 주는 교훈은 무엇일까요? 우리도 탕자처럼 회개해야 할까요? 아니면 탕자의 아버지처럼 자녀가 무슨 짓을 해도 뉘우치면 무조건 용서해야 할까요? 밖에 나가서 세리와 죄인들에게 열심히 복음을 전해야 할까요? 잃은 양과 드라크마 비유와 마찬가지로 탕자의 비유에서 주님이 주시는 가르침은 아주 분명합니다. 비유의 핵심은 대개 마지막에 드러나지요. "우리가 즐거워하고 기뻐하는 것이 마땅하다"(32절). 예수님은 이것을 증명하기 위해 지금까지의 긴 비유를 말씀하신 것입니다.

본문의 말씀은 우리에게 즐거워하고 기뻐하라고 요구하고 있습니다. 보다 정확히 말하면, 그리스도와 함께 즐거워하고 그리스도의 기쁨에 동참해야 합니다. 이 말씀에 순종하려면 어떻게 해야 할까요? 먼저 그리스도가 무엇 때문에 그토록 기뻐하시는지를 정확히 이해해야 합니다. 주님이 기뻐하시는 이유가 무엇입니까? 잃어버렸던 소중한 아들을 찾았기 때문입니다.

그리스도는 잃어버린 아들을 찾기 위해 무슨 일을 하셨습니까? 목자는 온 벌판을 헤맸습니다. 여자는 집안 구석구석을 쓸면서 찾았습니다. 탕자의 아버지는 항상 아들이 돌아오기를 애타게 기다렸습니다. 우리 주님은 아들을 찾기 위해 십자가에서 자신의 모든 것을 지불하셨습니다. 그분이 이 세상에 오신 이유는 잃어버린 자를 찾아 구원하시기 위함입니다. 이를 위해 십자가에서 보혈을 아낌없이 쏟으셨습니다. 주님이 그렇게 찾으신 이는 다른 사람이 아니라 바로 우리의 형제요 자매요 부모입니다. 우리는 그리스도의 지체들입니다. 그러니 주님과 함께 기뻐하고 즐거워하는 것이 마땅합니다.

기뻐하라는 주님의 초청에 여러분은 얼마나 준비되어 있습니까? 큰아들처럼 주님의 말씀에 순종하고 교회를 세우기 위해 봉사하고 형제들을 사랑하십니까? 잘하고 계십니다. 하늘에서 받을 상이 클 것입니다. 그러나 주님이 어떤 분이신지, 무엇을 기뻐하시는지 모른다면 아무런 의미가 없습니다. 큰아들은 아버지의 명령을 한 번도 어긴 적이 없었지만 아버지가 어떤 분인지, 무엇을 기뻐하는지 전혀 알지 못했습니다.

천국은 주님과 함께 기뻐할 수 있는 자들의 것입니다. 주님은 세상 끝날까지 잃어버린 자들을 불러 모으실 것입니다. 그들이 다시 돌아올 때 주님은 그 기쁨을 백성들과 함께 나누십니다. 그 현장이 바로 매주 우리가 함께 모이는 예배입니다. 특별히 예배 가운데 함께 하는 성찬이야말로 주님의 기쁨을 누리는 시간입니다. 정말 주님의 자녀들이라면 주님과 함께 즐거워하고 기뻐하는 것이 마땅합니다. 이와 같은 즐거움과 기쁨이 여러분의 마음속에 가득 차기를 주님의 이름으로 축원합니다.

1. 탕자의 비유와 더불어 누가복음 15장에 나오는 다른 두 비유는 무엇입니까? 이 세 가지 비유의 중심 주제는 무엇입니까?
2. 돌아온 탕자를 대하는 아버지와 형의 태도는 각각 어떻습니까? 두 사람의 태도가 크게 차이 나는 이유가 무엇입니까?
3. 잃었던 아들을 되찾은 아버지가 가장 하고 싶어 하는 일은 무엇입니까? 그것은 오늘날 우리에게 어떤 교훈을 줍니까?

19

# 부자와 나사로 “모세와 선지자들에게 듣지 아니하면”

누가복음 16:19-31

부자와 나사로의 이야기는 신학적으로 여러 질문을 하게 합니다. 예를 들면 이 이야기가 정말로 일어난 일일까요, 아니면 단순한 비유일까요? 소위 자유주의 신학자들은 이것을 단순한 비유로 봅니다. 그 결과 그들은 지옥(음부)이란 단어도 실제로 존재하는 곳을 지칭하는 것이 아니라 고통스러움을 상징하는 하나의 표현이라고 설명합니다. 하지만 이 이야기는 실제로 일어난 일로 보는 것이 자연스럽습니다. 이것을 비유로 보기 힘든 이유는 다른 비유들과 달리 실제 인물이 등장하기 때문입니다. 아브라함이 실제 인물이라면 나사로도 실제 인물로 보는 것이 자연스럽고, 나사로가 실제 인물이라면 부자도 실제 인물로 보아야 할 것입니다.

이 이야기는 실화이든 단순한 비유이든 그 자체에 실체적 진실을 담고 있습니다. 특히 지옥은 단순한 비유가 아닙니다. 여기에 나오는 일은 실제로 일어날 일이라는 것도 확실합니다. 우리에게 정말 중요한 질문은 '왜 부자가 지옥에 갔는가' 혹은 '왜 나사로는 천국에 갔는가'일 것입니다. 적어도 본문에 따르면 나사로가 천국에 간 이유는 알 수 없습니다. 나사로는 평생 가난에 시달렸고 부잣집 대문 앞에 누워 있다가 죽었을 뿐입니다. 이 이야기에는 부자와 아브라함의 대화만 나오고 나사로가 한 일에 대한 설명은 따로 나오지 않습니다.

그렇다면 왜 부자는 지옥에 갔을까요? 부자가 정말 잘못한 것이 무엇일까요? 자기만 부를 즐기고 나사로를 돌보지 않았기 때문일까요? 그렇다면 가난한 사람들을 돌보지 않는 부자들은 죄다 지옥에 가는 걸까요? 우선, 본문의 주된 관심이 부와 가난이 아니라는 점을 알아야 합니다. 성경은 한 번도 부 자체를 정죄한 적이 없습니다. 가난 자체를 선하다고 하지도 않습니다. 본문은 우리가 이 세상에 사는 동안 가난한 사람들과 물질을 나누며 착하게 살아야 한다는 도덕적 가르침을 주기 위해 기록되지 않았습니다. 예수님은 이 이야기를 통해 하나님의 심판과 구원을 전하십니다.

## 극단적인 대비

### 현세에서의 대비

본문에는 극단적으로 대비되는 두 사람이 나옵니다. 한 명은 부자이고 다른 한 명은 가난한 사람입니다. 대부분의 성경에서는 '거지'

라고 하지만 '가난한 사람'이라는 표현이 더 정확합니다. 여기에 쓰인 헬라어 '프토코스'는 성경에서 자주 나오는 단어로 힘없는 자, 가난한 자, 억압받는 자, 그래서 남의 도움 없이는 살 수 없는 자라고 규정할 수 있습니다. 이 단어는 누가복음에서 한 번도 부정적인 의미로 사용된 적이 없습니다. 특히 누가복음 4장에서는 '가난한 자'를 이사야 61장 말씀의 성취라는 관점에서 이해하고 있습니다. 성령이 임하신 목적이 바로 '가난한 자에게 복음(아름다운 소식)이 전파되는 것'입니다(사 61:1 참조). 한편 부자는 꼭 그런 것은 아니지만 누가복음에서 대체로 부정적인 의미로 사용되고 있습니다. 본문이 대표적인 예입니다.

부자와 가난한 사람이 서로 어떻게 대비되고 있는지 살펴봅시다. 우선 의식주에서 이들의 삶은 결정적으로 차이가 납니다.

첫째, 부자가 입은 옷을 보십시오. 자색 옷과 고운 베옷을 입고 있습니다. 반면에 나사로의 몸은 헌데 투성이입니다. 개역한글 성경에는 "헌데를 앓으며"(20절)라고 되어 있는데 헌데로 뒤덮여 있다는 의미입니다. 심지어 개가 와서 헌데를 핥았습니다. 개가 헌데를 핥았다는 것이 그나마 거지의 고통을 덜어 주었다는 의미인지, 아니면 더해 주었다는 의미인지는 주석가들마다 해석이 다릅니다. 하지만 본문의 의도에서 크게 벗어나지 않습니다. 개가 그를 불쌍히 여겼다는 것은 부자의 인품이 개만도 못하다는 것을 암시합니다. 반대로 개마저 그에게 고통을 주었다는 것은 그의 삶이 그만큼 비참했다는 뜻입니다. 저는 후자가 맞지 않나 생각합니다. 어떻게 해석하든 본문의 의도에는 영향을 주지 않습니다.

둘째, 먹는 것을 보십시오. 본문에 따르면 부자는 날마다 호사를 누렸습니다. 당연히 음식이 남아돌았을 것입니다. 반면에 나사로는 부자의 상에서 떨어지는 것이라도 먹고 살고자 했습니다.

셋째, 집을 보십시오. 부잣집은 대문이 있을 정도로 컸지만 나사로는 거할 곳도 없이 부잣집 대문 앞에 누워 있습니다. 대문은 부자와 나사로를 나누는 하나의 상징물입니다. 대문 안에는 음식이 넘쳐나지만 대문에 가로막혀 나사로는 생전에 그 안에 들어가 보지 못했을 것입니다.

이렇게 큰 차이가 나지만 두 사람에게 공통된 것도 있습니다 그것은 바로 죽음입니다. 나사로도 죽었고 부자도 죽었습니다. 먼저 죽느냐 나중에 죽느냐의 차이가 있지만 죽음은 어느 누구도 피할 수 없습니다. 나사로가 먼저 죽은 것은 아마도 이 세상에서의 고통을 덜어 주시는 하나님의 은혜가 아니었나 싶습니다. 부자가 늦게 죽은 것은 아무래도 좋은 음식을 먹고 건강했기 때문이 아닐까요? 하지만 죽음 이후의 진술에는 차이가 납니다. 나사로가 장사되었다는 말은 없지만 부자가 장사되었다는 말은 나옵니다. 부자의 장례식은 틀림없이 성대했을 것이고 나사로는 아마 길거리에 방치되었을 것입니다. 아무도 나사로의 죽음을 알지 못했을 것입니다. 하지만 천사가 그를 데려갔습니다.

## 내세에서의 대비

두 사람의 대비는 내세에서는 전혀 반대로 이루어집니다. 부자는 지옥에서 고통을 당하고 있는 반면에 나사로는 아브라함의 품에 안겨 있습니다. 본문은 지옥을 이해하는 데 매우 중요한 정보를 제공합니다. 성경을 그대로 믿는 그리스도인들은 지옥이 당연히 있다고 믿지만 막연히 고통스러운 곳이라고만 짐작해 볼 뿐입니다. 지옥이 어떤 곳인지 복음서는 명시적으로 밝히고 있지 않으니까요.

그런데 본문은 지옥에 대해 아주 실감나는 힌트를 줍니다. 여기서 지옥은 물이 없는 곳입니다. 지구상에 지옥에 비교할 수 있는 곳이 있다면 사막입니다. 물은 생명을 의미하고 물이 있는 곳에 생명이 있습니다. 외계에 생명체가 존재하는지 알아보기 위해 가장 먼저 조사하는 것이 물의 여부라고 합니다.

지옥은 또 어떤 곳입니까? 불이 있는 곳입니다. 부자는 불 가운데서 아브라함에게 호소하고 있습니다. 여러분이 불 속에 있다고 생각해 보십시오. 그 고통이 얼마나 심할까요? 불에 살짝만 데여도 피부에 물집이 생기고 고통이 말로 다할 수 없습니다. 나사로가 이 세상에서 겪은 고통을 이제는 부자가 겪고 있습니다.

지옥은 또 어떤 곳입니까? 그곳에서는 어떤 자비도 받을 수 없습니다. 부자는 아브라함에게 자비를 호소하며 나사로를 보내어 손가락 끝에 물을 찍어 자신의 혀를 서늘하게 해달라고 청합니다. 지옥에서 특히 혀가 고통을 당한다는 것에 주목하시기 바랍니다. 어떻게 보면 당연합니다. 우리가 여러 모양으로 죄를 짓지만 혀로 죄를 행할 때가 얼마나 많습니까?

여러분은 부자의 부탁을 어떻게 생각하십니까? 얼마나 고통스러우면 저런 요구를 다할까 하는 생각이 들기도 하지만, 사실 부자는 지금 아주 뻔뻔한 요구를 하고 있습니다. 그는 이 세상에 있을 때 나사로에게 한 번도 음식을 준 적이 없었습니다. 남에게 한 번도 자비를 베푼 적이 없으면서도 자신은 자비를 받아야 하는 존재로 생각하고 있습니다. 부자가 가장 먼저 할 일은 나사로에게 용서를 구하는 것이지만 그는 자신의 고통을 피하는 데만 관심이 있습니다. 지옥에 가서도 정신을 못 차리고 있는 것입니다.

부자의 요구를 들은 아브라함은 뭐라고 대답합니까? 지상에서 부자와 나사로를 갈라놓은 것은 대문이었습니다. 부자의 허락 없이 나사로는 부잣집 대문 안에 들어가고 싶어도 들어갈 수 없었습니다. 이제 죽고 나서 두 사람을 나누는 것은 큰 구렁입니다. 이 구렁은 아브라함도 어쩔 수 없는 것입니다. 이것은 지옥의 또 다른 특징입니다. 지옥이 무서운 것은 탈출구가 없기 때문입니다. 그곳에는 제2의 기회가 없습니다. 실은 제2의 기회가 없는 것이 아니라 회개를 절대 하지 않을 사람이 가는 곳이어서 기회가 없는 것입니다. 자유주의 신학자들 중에 지옥을 부인하거나 한시적 지옥을 주장하는 이들이 있지만, 그들의 주장은 말이 되지 않습니다. 만약 지옥에서 사람들이 세상에서 지은 죄에 대한 벌을 다 받고 회개를 하면 혹시 제2의 기회가 있을지 모르겠습니다. 그러나 그들은 지옥에서도 하나님의 심판을 부당한 것으로 생각합니다. 그러니 지옥에서 더 큰 벌을 받을 것이고, 더 큰 벌을 받아도 회개하지 않으니 영원히 벌을 받을 수 밖에 없습니다.

### 아브라함의 아들

천국은 어떤 곳입니까? 본문을 보면, 천국은 무엇보다 위로를 받는 곳입니다. 나사로는 이 세상에 있으면서 누구에게도 위로를 받지 못했습니다. 하지만 이제 그는 아브라함의 품속에서 하늘의 큰 위로를 받으며 살아갑니다. 그리스도인 중에는 천국을 그다지 기다리지 않는 사람들이 있습니다. 그만큼 이 세상의 삶이 절박하지 않다는 의미겠지요. 하지만 천국은 이 세상에서 위로받지 못하고 서러움을 당한 사람들에게 유일한 희망입니다.

우리는 천국을 예수님이 계신 곳이라고 생각합니다. 물론 천국은 예수님께서 다스리시는 곳입니다. 그런데 본문을 보니 나사로가 있는 곳에는 예수님이 아니라 아브라함이 있습니다. 이것은 무엇을 의미할까요? 나사로가 지금 아브라함의 품속에 있습니다. 많은 사람들이 나사로가 천국에 갔다는 생각을 많이 하지만, 본문에는 천국이라는 단어는 전혀 나오지 않습니다. 대신에 '품'이라는 말이 두 번이나 나옵니다. 이것은 나사로가 아브라함의 자손임을 보여 주는 아주 중요한 단어입니다. 여기서 '품'이라는 말은 요한복음 1장 18절에 나오는 '품'과 같은 말로서 아버지와 아들의 관계를 나타냅니다.

부자가 아브라함을 부를 때 아버지라고 부릅니다. 아브라함을 한 번도 본 적이 없는 부자가 그를 어떻게 알아보았는지는 잘 모르겠습니다. 적어도 그는 나사로와 함께 있는 자가 아브라함인 줄 알 정도로 생전에 아브라함에 대해 많이 들었던 것이 분명합니다. 따라서 본문에 나오는 부자는 하나님의 백성 중 한 명이었을 것입니다. 적어도 구약성경에 대해 잘 알고 있었을 테고요. 그는 자신이 아브라함의 후손임을 확신했고, 그러므로 당연히 천국에 갈 것이라고 생각했습니다. 그래서 아브라함을 아버지라고 불렀던 것입니다.

따라서 이 본문에서 중요한 질문은 이것입니다. '누가 아브라함의 참 자손인가?' 누가 아브라함의 자손입니까? 이 질문에 대한 유대인들의 답은 간단합니다. 아브라함의 피를 이어받은 사람들이지요. 그들은 아브라함의 후손으로서 하나님께 선택받은 자라는 것을 추호도 의심하지 않았습니다. 이런 문제 제기 자체가 유대주의의 본질을 공격하는 셈입니다.

부자는 나사로가 아브라함의 아들이라는 것을 도무지 인정할 수 없었습니다. 자기가 있어야 할 곳에 나사로가 있는 것을 보고 견딜 수가 없었습니다. 그래서 부자는 아브라함에게 나사로를 보내라고 요청합니다. 그는 고통을 호소하며 물 한 방울의 자비를 구하는 것 같지만, 실은 그런 호소를 통해 하나님의 의로우신 판단을 공격하고 있습니다. 물을 달라는 부탁은 아브라함에게 직접 할 수도 있는 일이었고, 그 편이 오히려 자연스럽습니다. 그러나 부자는 나사로에게 뭔가를 시키라고 아브라함을 독촉합니다. 부자가 보기에 나사로는 아브라함의 아들이 아니라 종일 뿐입니다. 부자에게 지옥의 고통보다 더 견디기 힘든 것은 나사로가 아브라함의 아들로 인정받고 있다는 사실이었습니다. 뜨거운 불로 인한 고통을 호소하는 척하면서 하나님의 의로우신 판단을 공격하는 것, 이것이 사탄의 본질입니다.

예수님께서 아브라함을 통해 가르치시는 바는 간단합니다. 아브라함의 자손이면 아브라함이 행하던 대로 살아야 한다는 것입니다. 말로만 아브라함의 후손입네 하지 말라는 것입니다. 나사로가 왜 부자의 집 앞에 갔을까요? 그 마을에 부잣집이 하나밖에 없지는 않았을 텐데 말입니다. 아마도 부자는 평소에 자신이 아브라함의 후손임을 대단히 자랑스럽게 생각하는 사람이었을 것입니다. 나사로는 그렇게 훌륭한 인물이면 적어도 남은 음식을 좀 주겠지 하는 생각으로 그곳에 갔을 것입니다. 아브라함이 어떤 사람입니까? 그는 하나님께 복을 받아 큰 부자가 된 사람입니다. 그는 자신이 나그네로 살았기 때문에 나그네를 부지런히 대접했습니다. 그 일을 얼마나 즐겼는지 알지 못하는 사이에 천사를 대접할 정도였습니다. 아브라함은 자기 집 앞에 나사로 같은 이가 누워 있었다면 절대 그냥 내버려두지 않았을 것입니다.

누가 진짜 아브라함의 자손입니까? 말로만 혈통을 자랑하면서 아브라함의 자손이라고 떠벌이는 사람이 아니라 자신의 가난함과 연약함을 인정하면서 하나님께 철저히 의지하는 자, 그 사람이 바로 아브라함의 참 자손입니다. 부자는 나사로가 아브라함의 자손이 될 수 있을 것이라고는 한 번도 생각해 보지 못했을 테지요. 부자가 아브라함에게 나사로를 보내라고 요구한 것은 나사로가 아브라함의 아들임을 완전히 부정하는 악한 의도에서 비롯되었습니다.

### 부자의 완고함

부자의 요구에 아브라함은 "기억하라"고 말합니다. "너는 살았을 때에 좋은 것을 받았고 나사로는 고난을 받았다." 부자는 분명히 이 사실을 기억하고 있었을 것입니다. 그러나 생전에 좋은 것을 받은 사람은 모두 사후에 나쁜 것을 받고, 생전에 나쁜 것을 받은 사람은 사후에 좋은 것을 받는다는 뜻은 아닙니다. 부자의 잘못은 그와 같은 불평등을 당연하게 생각한 데 있습니다. 반면에 나사로는 이렇게 생각했을 것입니다. '같은 하늘 아래 살면서도 세상은 왜 이렇게 불공평한가? 세상의 삶이 이렇게 불공평한데 오는 세상에서의 삶조차 불공평하다면 정의는 어디서 찾을 수 있는가?'

세상은 참 불공평합니다. 특히 자본주의 사회에서 빈부의 차이는 말할 수 없이 큽니다. 왜 똑같은 인간인데 누구는 부자로 살고 누구는 극빈자로 살아야 합니까? 그런 불공평 앞에서 우리는 어떻게 해야 할까요? 부자처럼 당연하게 여겨야 할까요? 부자는 생전의 처지가 사후에는 뒤바뀔 수 있다는 생각은 전혀 하지 못했습니다.

부자는 요구를 거절당하자 이번에는 이렇게 말합니다. 나사로를 자신의 다섯 형제들에게 보내어 그들은 이 고통스러운 곳에 오지 않게 경고해 달라고요. 우리말 성경에는 이 문장이 공손한 존대어로 쓰여 있기 때문에 부자가 형제들을 아주 사랑하나 보다 하는 착각을 하기가 쉽습니다. 하지만 헬라어에는 존대어가 거의 없습니다. 그는 세상에서 가졌던 사고방식을 여전히 가지고 있습니다. 그는 부자였기 때문에 생전에 많은 종을 거느렸을 것입니다. 그는 나사로를 종처럼 생각하고 있습니다. 나사로를 자기에게 보내라, 나사로를 세상에 다시 보내라 등 나사로에게 사과 한마디 없이 계속 자기에게 필요한 일들만 요구하고 있습니다.

더구나 부자의 요구 밑바닥에는 하나님에 대한 불신이 깔려 있습니다. 겉으로는 형제들을 위하는 것 같습니다. 자신은 어차피 글렀으니 형제들이라도 살리자는 생각을 한 걸까요? 부자가 그런 생각을 할 줄 알았더라면 애초에 지옥에 오지 않았을지도 모릅니다. 여기서 우리는 부자의 속마음을 읽어야 합니다. '아버지, 왜 그 말씀을 이제 하십니까? 내가 살아 있을 때 그런 말씀을 해주셨다면 지옥에 오지 않았을 게 아닙니까? 아무 말씀도 없다가 이렇게 일을 처리하시는 법이 어디 있습니까?' 부자는 형제들을 위하는 척하면서 실은 자신의 의로움을 드러내며 자신이 지옥에 온 것은 아브라함, 즉 하나님 탓이라고 주장하고 있습니다. 여전히 부자는 하나님의 의로우신 판단을 공격하고 있습니다.

부자의 말에 아브라함이 뭐라고 말합니까? "그들에게 모세와 선지자가 있으니 그들에게 들을지니라"(29절). 이 말씀은 무슨 뜻일까요? "내가 평소에 다 이야기했다. 내가 모세와 선지자를 통해 충분히 알아듣도록 이야기했으나 네가 순종하지 않았으니 이제 와서 불평할 근거가 없다." 여기서 말하는 모세와 선지자란 모세와 선지자가 쓴 성경을 말합니다. 사실 부자는 아브라함의 자손으로 자라면서 성경 말씀을 잘 배우고 익혔습니다. 그러니 한 번도 본 적 없는 아브라함을 단번에 알아보았겠지요. 그러나 그는 성경 말씀을 잘 알고 있으면서도 믿고 순종하지는 않았습니다.

아브라함의 대답에 부자는 계속해서 반론을 제기합니다. "그렇지 아니하니이다…만일 죽은 자에게서 그들에게 가는 자가 있으면 회개하리이다"(30절). 부자의 주장이 맞는 것 같기도 합니다. 나사로가 부활하여 부자의 형제에게 가서 지금 하늘에서 벌어지고 있는 일을 알리는 것보다 더 확실한 증거가 있을까요? 그러나 부자의 마지막 반론에서 우리는 그의 본심을 보게 됩니다. 그것이 바로 사탄의 본심입니다. 성경, 즉 하나님의 말씀을 공격하는 것이지요. 성경 말씀보다 어떤 특별한 기적이 더 설득력 있다고 주장하는 것입니다. 이를 통해 자신의 무죄를 항변하는 것입니다. 그런 기적을 보았다면 자신도 진작 회개했을 텐데 기회가 없었다는 것이지요. 부자는 지옥에 가서도 변명하기에 여념이 없습니다.

여러분도 그렇게 생각하십니까? 하나님을 모르는 사람들에게 죽은 자가 벌떡 일어나서 예수님을 증언하면, 사람들이 목사의 설교를 통해 복음을 들었을 때보다 예수님을 더 잘 믿을까요? 그렇지 않습니다. 죽은 자가 살아난다 해도 믿지 않는 자에게는 전혀 소용없다는 것을 우리는 또 다른 나사로의 예에서 알 수 있습니다. 예수님은 이 세상에 계실 때 죽은 사람을 살리신 일이 세 번 있었습니다. 한번은 회당장 야이로의 딸을 살리셨고, 다른 한번은 나인 성 과부의 아들을 살리셨으며, 마지막으로 사랑하는 나사로를 살리셨습니다. 특히 나사로는 죽은 지 나흘이나 되어 시신에서 냄새가 날 정도였습니다. 그의 장례식에는 많은 사람들, 특히 유대인들이 많이 왔습니다. 나사로가 살아난 것을 보고 많은 사람들이 예수님을 믿게 되었습니다. 이것만 보면 부자의 말이 맞는 것 같습니다. 하지만 예수님의 적대 세력은 나사로가 다시 살아난 것을 보고도 예수님을 믿지 않았습니다. 예수님이 그를 살리신 일은 믿었지만 정작 예수님은 믿지 않았습니다. 오히려 명백한 부활의 증거이자 증인인 나사로를 죽이려 했습니다.

불신앙의 사람들은 어떤 기적이 일어나도 믿음을 갖지 않습니다. 기적이 일어나면 기적 자체를 없애려 할 뿐입니다. 그들이 회개할 유일한 가능성은 하나님의 말씀을 신실하게 전하는 것뿐입니다. 물론 이 일은 쉽지 않고 때로는 낙심되기도 합니다. 그럴 경우에 우리는 말씀보다 다른 것에 의지하기가 쉽습니다. 하지만 잊지 마십시오. 주님의 말씀이 우리를 회개로 이끄는 유일한 길입니다.

♛

말씀을 통해 회개하지 않으면 다른 어떤 방법으로도 회개할 수 없다고 본문은 경고하고 있습니다. 따라서 교회가 할 일은 때를 얻든지 못 얻든지 주님의 말씀을 전하는 것뿐입니다. 오늘날 방언이나 치유, 예언, 신사도, 신천지 같은 온갖 것이 신자들을 유혹하고 있습니다. 그 유혹의 핵심이 무엇입니까? 말씀만 가지고는 불충분하다는 것입니다. 뭔가 특별한 은사나 기적이 있어야 한다는 것이지요. 그러나 본문의 말씀은 그것이 교회를 무너뜨리는 사탄의 생각이라는 사실을 가르쳐 줍니다. 오직 주님의 말씀을 통해 우리의 구원을 확신하며 이 세상에서 믿음의 자손으로 살아가는 복된 성도가 되시기를 바랍니다.

1. 현세에서 부자와 나사로의 삶은 완전히 달랐지만 그들에게 공통된 한 가지는 무엇이었습니까?
2. 부자가 지옥에 간 진짜 이유는 무엇입니까?
3. 죽은 자가 살아 돌아와 말해 줘도 믿음이나 회개를 일으키기에 충분하지 않다는 사실은 우리에게 어떤 경각심을 줍니까?

20

# 인자의 날
# "인자의 날에 그러하리라"

누가복음 17:22-37

사도신경을 암송할 때마다 우리는 '산 자와 죽은 자를 심판하러 오시는' 예수 그리스도를 믿는다고 고백합니다. 이 고백은 그리스도에 대한 마지막 신앙고백이기도 합니다. 사도신경이 가르쳐 주듯이 예수 그리스도를 심판의 주로 고백하는 것은 기독교 신앙의 본질입니다. 예수님을 믿는다고 하면서 그분의 심판을 믿지 않는다면 참된 신앙의 소유자라고 할 수 없습니다. 오늘날 예수님을 믿는다고 고백하는 많은 신자들이 뻔뻔하게 죄를 짓는 가장 중요한 이유 중 하나가 심판의 주님에 대한 확실한 고백이 없기 때문일 것입니다. 그들은 어떠한 심판도 없을 것처럼 살아가고 있습니다.

사실 심판에는 부정적인 의미만 있지 않습니다. 심판을 악인에 대한 처벌로만 생각하기 쉬운데 그렇지 않습니다. 여기서 심판은 재판을 의미합니다. 그 대상은 모든 인간, 즉 산 자와 죽은 자 모두를 포함합니다. 하나님은 의인들과 죄인들을 그분의 법에 따라 심판하실 것입니다. 그것은 가장 정의로운 심판이 될 것입니다.

오늘날 많은 사람들이 심판의 주님에 관심이 없다 보니 주님의 재림에 대해서도 거의 생각하지 않습니다. 주님이 다시 오시는 것은 심판을 하기 위해서인데 심판에 관심이 없으니 재림에 대해서도 관심이 없을 수밖에요. 이렇게 된 이유가 무엇일까요? 여러 이유가 있겠지만 무엇보다 정의에 관심이 없기 때문입니다. 주님이 세상에 오시는 목적은 최종적인 정의를 시행하기 위해서인데 정의 실현에 관심이 없다면 주님의 재림을 기다릴 필요도 없지요. 정의 실현에 관심이 많은 사람들도 마찬가지입니다. 그들은 스스로 정의를 실현하기를 원하기 때문에 주님이 성취하시는 정의에는 관심이 없습니다.

진정으로 주님의 재림을 기다리는 이들은 가난한 자들입니다. 이 세상 법의 도움을 받지 못하는 자들입니다. 억울한 일을 지속적으로 당해도 아무런 저항을 할 수 없는 그들은 주님이 오셔서 정의를 실현하실 날만 기다립니다. 성경은 이들이야말로 진정으로 참된 하나님의 백성이라고 가르칩니다. 본문은 그날이 어떻게 올 것인지에 대해 아주 중요한 가르침을 주고 있습니다.

### 인자의 날

본문에는 "인자의 날(들)"이라는 표현이 여러 군데 나옵니다. 22절에 나오고, 24절에는 "자기 날"이라고 되어 있으며, 26절에는 "인자의 때"라고 되어 있지만 역시 "인자의 날"이 원문에 맞습니다. 마지막으로 30절에도 "인자가 나타나는 날"이라는 표현이 나옵니다. 여기서 인자(人子)란 문자적으로 사람의 아들을 뜻합니다. 이 표현은 특히 예수님께서 자기 자신을 가리킬 때 사용하셨습니다. 예수님께서 인자를 누구라 하느냐고 물으셨을 때, 사도 베드로가 신자(神子), 즉 하나님의 아들이라고 답한 것은 아주 유명한 일화입니다.

많은 학자들이 '인자'의 의미를 연구했습니다. 관련 박사학위 논문만 해도 수십 편에 이를 것입니다. 그만큼 이 말이 논란이 되었다는 뜻이겠지요. 성경이 인자에 대해 구체적으로 설명하고 있지 않기 때문입니다. 예수님도 이 표현을 여러 번 자신을 지칭하면서 마치 당시 사람들이 그 의미를 다 알고 있는 것처럼 사용하셨습니다. 이 용어는 다니엘서나 에스겔서에서 다시 오실 메시아를 가리키는 독특한 호칭이었습니다. 여기에서 인자는 특별히 하나님의 나라를 상속받고 그 나라를 통치하는 자로 묘사됩니다.

30절이 보여 주듯이 인자의 날은 인자가 나타나는 날인데, 인자가 왕으로 오실 때 그의 나라가 회복될 것이라고 사람들은 생각했습니다. 특히 예수님 당시에 유대인들은 수백 년 동안 나라를 잃은 채 로마제국의 압제 아래서 고통을 당하고 있었습니다. 식민지 백성으로 살아가면서 그들은 메시아의 의로운 통치를 진심으로 갈망했을 것입니다. 그래서 바리새인들도 예수님께 하나님의 나라가 언제 임하느냐고 질문했던 것입니다. 예수님은 그들에게 "하나님의 나라는 볼 수 있게 임하는 것이 아니요…하나님의 나라는 너희 안에 있느니라"(20-21절)고 답하면서 하나님의 나라는 세속적이 아니라 영적인 통치임을 분명히 밝히셨습니다. 그러고 나서 제자들에게 인자의 날에 대해 자세히 말씀하셨습니다. 여기서 우리는 하나님의 나라가 임하는 것과 인자의 날이 같다는 사실을 알 수 있습니다. 예수님은 제자들에게도 동일한 말씀을 주셨습니다. "너희가 인자의 날 하루를 보고자 하되 보지 못하리라"(22절).

이 말씀은 인자의 날을 이해하는 데 대단히 중요합니다. 거짓 선지자들이 인자가 여기에 있다 혹은 저기에 있다고 하면서 유혹할 것이기 때문입니다. 예수님은 제자들에게 "가지도 말고 따르지도 말라"(23절)고 경고하십니다. 인자의 날은 번개가 번뜩이듯이 하늘 이편에서 저편으로 비치는 것과 같을 것이기 때문입니다. 인자의 심판은 번개와 같이 예고 없이 임할 것입니다.

### 노아의 날, 롯의 날과 같음

예수님은 인자의 날을 번개의 날에 비유한 다음, 이제 노아의 날과 롯의 날에 비유하고 있습니다. 두 날은 번개의 비유가 의미하는 바와 궁극적으로 다르지 않습니다. 그날을 예측할 수 없다는 점에서 본질적으로 같습니다. 그렇다면 노아의 날과 롯의 날에 구체적으로 어떤 일이 벌어졌을까요? 알다시피 그날에 하나님의 심판이 이루어졌습니다. 심판에 따라 어떤 사람은 멸망하고 어떤 사람은 구원을 받았습니다. 심판의 날은 멸망의 날이자 구원의 날입니다.

하나님은 물로 온 세상을 멸망시키고 노아와 그의 가족을 구원하셨습니다. 또한 소돔과 고모라를 불과 유황으로 멸망시키고 롯과 그의 가족을 구원하셨습니다. 여기까지는 대부분의 사람들이 알고 있는 내용입니다. 그런데 이날의 모습은 우리에게 무엇을 경고하고 있을까요? 심판의 날에 이르기까지 누구도 알지 못했다는 점이 가장 중요합니다. 노아가 방주에 들어가는 날까지 사람들이 먹고 마시고 장가들고 시집갔습니다. 마찬가지로 롯이 소돔에서 나가는 날까지 사람들이 먹고 마시고 사고팔고 집을 지었습니다.

여기서 예수님은 그들이 멸망한 이유를 설명하지 않으십니다. 먹고 마시고 장가들고 시집가는 것이 죄가 될 수 없습니다. 이런 일들은 멸망할 때 그들의 상태를 서술하고 있습니다. 그들은 임박한 멸망을 전혀 눈치채지 못했습니다. 그래서 하던 일을 그대로 했을 뿐입니다. 물론 노아나 롯이 하나님의 심판에 대해 이야기했지만 어느 누구도 회개하지 않았습니다. 롯의 사위도 장인의 말을 농담으로 여겼습니다. 심판의 날에 대한 징조가 있었다면 그들은 태도를 달리 했겠지만 임박한 심판을 알리는 어떤 조짐도 없었습니다.

### 롯의 처를 기억하라

인자의 날이 노아의 날이나 롯의 날과 같다면 신자들은 어떻게 해야 할까요? 이에 대해 주님은 중요한 가르침을 주십니다. 특별히 "롯의 처를 기억하라"(32절)고 주의를 주십니다. 심판의 날에 롯의 가족이 모두 구원을 받았지만 그의 아내만 구원을 받지 못했습니다. 이것은 인자의 날을 이해하는 데 매우 중요한 대목입니다. 롯의 아내가 구원을 받지 못한 이유는 창세기 19장 말씀에 잘 나와 있습니다. 천사들은 롯에게 도망할 때 절대로 뒤돌아보지 말라고 명령했습니다. 하지만 롯의 아내는 명을 어기고 뒤돌아보았기 때문에 소금기둥이 되고 말았습니다. 어찌 보면 하나님이 너무하셨다는 생각이 들기도 합니다. 뒤돌아보는 것이 그렇게 큰 죄가 될 수 있을까요?

뒤돌아보았다는 것은 무엇을 의미할까요? 창세기에는 이유가 나와 있지 않지만 예수님은 그 의미를 분명하게 설명해 주십니다. "그 날에 만일 사람이 지붕 위에 있고 그의 세간이 그 집 안에 있으면 그것을 가지러 내려가지 말 것이요 밭에 있는 자도 그와 같이 뒤로 돌이키지 말 것이니라"(31절). 세간이란 집에서 쓰는 물건을 가리키며 원래 헬라어로는 '그릇'을 뜻합니다. 어떤 구절에서는 이 단어가 귀중품이나 보물을 가리키는 데 쓰이기도 합니다.

남의 물건도 아니고 내 집에 있는 물건을 챙기는 것이 나쁜 일일까요? 그것도 소금기둥이 될 정도로요? 물론 그 일만 놓고 보았을 때는 나쁜 일이 아닙니다. 신자들은 자신의 물건을 잘 챙기고 집안일도 잘 보살펴야 합니다. 그러나 때와 장소가 중요합니다. 영화의 한 장면을 떠올려 봅시다. 어떤 집에 불이 나서 건물이 무너져 갑니다. 그런데 그 집 안에는 돈 가방이 하나 있습니다. 어떻게 해야 할까요? 악당들은 그 돈을 가져가기 위해 집 안을 뒤지고 다니지만, 주인공은 옆에 쓰러진 사람을 구하는 데 온 힘을 기울입니다. 결국 악당은 불길에 휩싸이고 주인공은 무사히 빠져나옵니다. 위급한 상황에서는 돈보다 생명이 먼저입니다.

주님은 롯의 아내가 저지른 잘못에 대해 이렇게 설명합니다. "무릇 자기 목숨을 보전하고자 하는 자는 잃을 것이요 잃는 자는 살리리라"(33절). 심판의 날에 롯의 아내는 소유물에 집착했습니다. 그것이 자신의 삶을 지켜 줄 것이라고 생각했습니다. 본문 말씀은 우리가 소유물에 아무런 관심을 갖지 말라는 의미가 전혀 아닙니다. 그것이 자신의 생명을 지켜 줄 것처럼 생각하며 의지하지 말라는 것입니다. 많은 사람들이 잘 먹고 잘사는 데 관심이 많습니다. 가진 것이 많을수록 잘 먹고 잘살 수 있다고 생각합니다. 평소에는 그럴 수 있습니다. 그러나 인자의 날, 즉 심판의 날에는 그런 것이 아무 소용없을 뿐 아니라 구원을 얻는 데 오히려 방해가 될 수 있습니다. 롯의 아내가 그 사실을 적나라하게 보여 줍니다. 그녀는 보다 잘살기를 원했지만 오히려 하나님의 심판을 받고 말았습니다.

### 인자의 날: 선택의 날

인자의 날은 또한 선택의 날입니다. 노아의 날에도 어떤 사람은 구원을 받았고 어떤 사람은 멸망했습니다. 롯의 날에도 그랬습니다. 하나님은 모든 사람을 멸하지 않고 택하신 백성을 구원하셨습니다. 그 날에 두 사람이 한 자리에 누웠으면 하나는 데려감을 얻고 하나는 버려둠을 당할 것이며, 두 여자가 함께 맷돌을 갈고 있으면 하나는 데려감을 얻고 하나는 버려둠을 당할 것입니다(33-34절). 개역한글 성경은 '두 사람'을 '두 남자'로 표기하여 마치 동성애를 암시하는 것처럼 보이지만 원문에는 남자라는 말이 명시적으로 나오지 않습니다. 둘이 남성형으로 되어 있어 두 남자로 볼 수도 있지만 부부로도 볼 수 있습니다. 아마도 뒤에 '두 여자'라는 표현이 나와 앞에는 '두 남자'로 번역한 것 같습니다.

이것이 의미하는 바는 분명합니다. 함께 있다고 함께 구원받지 않는다는 것입니다. 롯과 롯의 아내는 부부로 함께 살았고 동일하게 주님의 말씀을 받았습니다. 그러나 롯과 그의 딸들은 구원을 받은 반면에 롯의 아내는 멸망하고 말았습니다. 마찬가지로 우리가 동일한 교회에 소속되어 동일한 말씀을 듣는다고 동일한 구원이 보장되지 않습니다. 자신에게 의지하지 않고 온전히 하나님의 말씀에 순종하는 자만이 구원받게 될 것입니다.

그렇다면 인자의 날에 우리에게 필요한 것은 무엇일까요? 인자의 날은 심판의 날입니다. 주님은 그날에 산 자와 죽은 자를 심판(재판)하러 오십니다. 재판장 앞에서 가장 필요한 것은 무엇일까요? 재판장은 우리에게 의를 요구하실 것입니다. 그분의 심판은 가장 의로울 수밖에 없습니다. 의로우신 재판장 앞에서는 재산이고 뭐고 다 필요없습니다. 의가 없으면 멸망할 수밖에 없습니다. 유일하게 살 길은 다른 사람의 의를 덧입는 것입니다.

그런 점에서 인자의 날이 오기 전에 반드시 있어야 할 일들에 주목하시기 바랍니다. 그것은 인자가 많은 고난을 받고 사람들에게 저버림을 당하는 것입니다. 그래야 하나님의 의를 만족시킬 수 있기 때문입니다. 그래야 그 의가 필요한 사람들에게 전가되기 때문입니다. 이러한 의의 전가는 오직 믿음으로만 가능하기 때문에 인자의 날에는 신자들만 구원을 얻게 될 것입니다.

♛

인자의 날은 심판의 날입니다. 여러분은 그날을 기다리며 사모하십니까? 누가 두려운 그날을 진심으로 사모할 수 있을까요? 이 세상에서 힘없고 억울한 일을 당한 사람들만이 의의 심판을 기다릴 것입니다. 그러나 가난하고 힘없다는 이유만으로 인자의 날이 소망의 날이 되는 것은 아닙니다. 그들도 여전히 하나님의 심판 대상이기 때문입니다. 오직 예수 그리스도에 대한 믿음으로 그분의 의를 완전히 소유한 사람만이 그날을 담대하게 기다릴 수 있을 것입니다. 따라서 하나님 앞에서 필요한 것은 오직 그리스도의 의뿐입니다.

그날은 갑자기 임할 것이므로 우리는 항상 준비된 자로 살아가야 합니다. 목숨을 위해 무엇을 먹을까 무엇을 입을까 고민할 게 아니라 항상 주님의 나라와 의를 구하며 살아야 합니다. 이것이 신자와 불신자의 차이입니다. 주님이 경고하신 대로 롯의 아내를 기억합시다. 여러분 모두가 참된 믿음을 지키며 종말의 시대를 살아가시기를 소망합니다.

1. 예수님은 '하나님의 나라가 임하는 것'과 '인자의 날'을 같은 선상에서 말씀하십니다. 그날의 대표적인 특징은 무엇입니까?(눅 17:20-21)
2. 인자의 날이 임하는 목적은 무엇입니까?
3. 누가 인자의 날을 담대하게 기다릴 수 있습니까? 그날 하나님 앞에 서기 위해 필요한 것은 무엇입니까?

21

# 바리새인과 세리의 기도
# “이 사람이 의롭다 하심을 받고”

누가복음 18:9-15

본문은 정확히 우리에게 어떤 가르침을 주고 있을까요? 내용을 보면 바리새인의 기도와 세리의 기도가 극명하게 대비되며 기도에 대한 가르침을 주는 것 같지만 본문의 중심 주제는 기도가 아닙니다. 주님은 기도를 매개로 하여 하나님의 의에 대해 말씀하십니다. 본문 바로 앞에 나오는 ‘원통한 과부의 비유’에서도 주님은 의에 대해 말씀하십니다. 여기서 주제는 ‘포기하지 않고 끈질기게 기도하는 사람에게 주시는 하나님의 응답’이 아니라 ‘백성의 원한을 갚아 주시는 하나님의 의로우심’입니다. 본문에 나오는 비유 또한 ‘하나님께서 어떤 사람을 의롭다고 인정하시는가’를 중심 주제로 보아야 합니다. 기도할 때 우리가 무엇보다 알아야 할 것은 기도하는 방법이 아니라 기도를 받으시는 분의 성품입니다. 본문을 통해 하나님의 성품 중 하나인 의로우심에 대해 묵상해 보겠습니다.

### 이해하기 어려운 하나님의 판정

예수님의 가르침은 대부분 일반 대중이나 제자들을 향한 것이었습니다. 예를 들어 산상수훈은 제자들을 향한 것이었고, 천국 복음은 일반 대중을 향한 것이었습니다. 하지만 대상을 구체적으로 특정해서 말씀하신 경우는 거의 없습니다. 그런데 본문의 말씀은 특정한 사람들을 염두에 두고 있습니다. 즉 "자기를 의롭다고 믿고 다른 사람을 멸시하는 자들"(9절)입니다. 여러분은 어떻습니까? 혹시 여기에 속해 있지는 않습니까?

우선, 자기를 의롭다고 믿는 것이 왜 잘못된 일인지 짚고 가야겠습니다. 의롭다는 것은 옳다는 뜻입니다. 자신이 옳다고 믿는다면 자신과 같지 않은 것은 당연히 거짓이고 틀렸다고 생각할 테지요. 그래서 자신이 옳다고 확신하는 사람들은 일반적으로 자신과 같지 않은 사람을 "너는 틀렸어"라며 무시합니다. '다름'을 '틀림'과 동일시하는 것입니다.

문제는 무엇에 대하여 옳고 그른가입니다. 옳고 그름을 나누는 기준 또한 중요합니다. 수학 문제는 진리 자체가 답입니다. 쉽게 말해서 1 더하기 1은 2입니다. 누가 아무리 3이라고 우겨도 2가 답입니다. 그러나 사람 사이의 일은 다릅니다. 사람 사이에 다툼이 일어나 문제를 재판정에 가져가면 재판장이 최종 기준이 됩니다. 내가 아무리 옳다고 우겨도 소용없습니다. 판사가 유죄를 판정하면 나는 죄인이 됩니다.

그렇다면 판사는 어떻게 판정할까요? 아주 당연한 말이지만 판사는 자신이 판단하기에 옳은 사람을 옳다 하고 죄지은 사람을 죄인이라 판정합니다. 재판정에 선 사람이 아무리 자기가 옳다고 우겨도 실제로 죄를 지었다면 판사는 그를 죄인이라고 판단합니다. 피고가 죄를 자백하고 아무리 불쌍한 처지에 놓여도 판사는 그를 무죄로 선언하지 않습니다. 의인을 죄인이라 하고, 죄인을 의인이라 하여 판정을 굽게 하는 것은 하나님을 노엽게 하는 일입니다.

그런데 본문에서 하나님은 우리가 보기에 그와 같이 굽은 판정을 하시는 것처럼 보입니다. 적어도 하나님은 죄인이라고 자백한 사람을 의롭다고 선언하십니다. 그는 누가 봐도 죄인일 뿐 아니라 스스로 자백까지 했습니다. 이런 경우에 무죄를 판정하기는 불가능합니다. 그렇다면 이러한 하나님의 판정이 어떻게 정당화될 수 있을까요?

### 바리새인과 세리

예수님은 비유로 두 사람을 제시하십니다. 언뜻 보기에도 극단적으로 다른 두 사람입니다. 한 명은 바리새인이고 다른 한 명은 세리입니다. 예수님은 그들을 통해 사람의 판정과 하나님의 판정이 얼마나 다른지를 확실히 보여 주십니다. 본문은 세리에 대해서는 아주 간단히 소개합니다. 당시에 세리는 일반적으로 소개하고 말고 할 필요

없이 누가 봐도 명백한 죄인이었습니다. 적어도 하나님 나라의 백성들에게 매국노나 다름없었습니다. 동포의 피와 땀을 갈취하여 먹고사는 존재였습니다. 죄인과 세리는 동일한 사람으로 간주되었고 세리를 의인이라고 하는 것은 말도 안 되는 소리였습니다.

한편 바리새인에 대한 설명은 자세히 나옵니다. 바리새인은 어떤 사람들입니까? 역사적 자료가 많지 않아 구체적으로 어떤 사람들인지는 잘 알려지지 않았으나 성경을 통해 그들에 관한 기본 사항은 알 수 있습니다. 첫째, 그들은 하나님의 말씀을 잘 알고 있었습니다. 둘째, 그들은 율법을 잘 지키려고 애썼고 다른 이스라엘 사람들이 율법을 소홀히 한다고 비판했습니다. 셋째, 그들은 예수님을 가장 적대시했던 무리로서 실제로 예수님을 십자가에 못 박는 데 앞장섰습니다. 한마디로 그들은 "자기를 의롭다고 믿고 다른 사람을 멸시하는 자들"이었습니다.

우리가 아는 바리새인 중에 대표적인 인물이 바울입니다. 바울은 빌립보서 3장에서 "율법으로는 바리새인이요"(5절)라고 자신을 소개하고, 더 나아가 "율법의 의로는 흠이 없는 자"(6절)라는 말도 했습니다. 문맥으로 보았을 때 바리새인은 율법에 관한 한 정통한 사람인 것이 분명합니다. 적어도 율법의 의로는 흠잡기 힘들 정도로 의롭게 사는 자들이었습니다. 그런데 좀 이상하지 않습니까? 하나님의 말씀을 그토록 잘 알고 지키려고 노력했는데 왜 예수님을 가장 적대시했을까요? 율법을 잘 알고 지키는 사람이라면 예수님도 잘 섬겼을 것 같은데 말입니다. 그러나 바울이 회심하기 전에 교회와 예수님을 대적한 것은 율법을 잘 알았기 때문입니다. 이방인들처럼 율법을 몰랐다면 예수님을 미친 사람 취급했을지언정 죽이려 하지는 않았을 것입니다.

이런 일은 오늘날에도 실제로 벌어지고 있습니다. 현재도 이방 나라에 가장 호전적인 태도를 보이는 나라가 이스라엘입니다. 일방적인 군사력을 바탕으로 이방인들을 약속의 땅에서 몰아내려 합니다. 그들은 약속의 땅에 살고 있는 이방인들에 대한 하나님의 명백한 율법적 가르침에 주의를 기울이지 않습니다. 하나님께서 이방인들에게 얼마나 자비와 긍휼을 베푸셨는지에 무관심합니다. 가장 큰 이유는 하나님이 아니라 자신을 의의 기준으로 삼았기 때문입니다. 자신이 의의 기준이 되면 다른 사람들을 멸시하고, 심지어 하나님까지 대적하게 됩니다.

### 두 사람의 기도

바리새인과 세리, 두 사람이 기도한 곳은 성전의 한 공간이었습니다. 성전은 '기도하는 집'이라고 했습니다. 성전에서 같이 기도했다는 것은 두 사람이 모두 아브라함의 자손임을 의미합니다. 성전은 하나님의 임재를 가장 확실하게 보증하는 곳이므로 그들이 거기서 기도했다는 것은 하나님 앞에 자기 자신을 드러냈음을 의미합니다. 코람데오, 즉 '하나님 앞에서'를 가장 확실하게 경험하는 자리인 것입니다. 그런데 인간은 이렇게 기도하는 순간에도 자기 중심적인 태도를 버리지 못합니다.

바리새인이 기도하는 자세를 보십시오. 기도하는 자세를 보면 그 사람의 마음 상태를 알 수 있습니다. 그는 지금 서서 기도하고 있습니다. 그것은 그가 얼마나 하나님 앞에서 스스로를 당당하게 생각하는지를 보여 줍니다. 성전은 많은 사람들이 모인 공개적인 장소입니다. 서서 기도하는 모습은 사람들의 눈에 금세 띄었을 것이고, 사람들은 그 모습에 존경심을 보냈을 것입니다. 바리새인은 사람들의 반응을 보며 짐짓 흡족했을 테지요.

또한 바리새인은 '따로' 기도했습니다. '따로 기도했다'는 것은 애매한 표현으로서 그 뜻을 혼동하기가 쉽습니다. 마치 바리새인이 많은 사람들이 모인 곳에서도 눈에 잘 띄는 곳에 가서 따로 기도했다는 인상을 줍니다. 하지만 헬라어 원문에 따르면, '따로 기도했다'는 것은 '자신에게 기도했다' 또는 '자신에 대해 기도했다'는 의미입니다. 겉보기에는 하나님께 기도한 것처럼 보이지만 실제로는 자기 자신에게 기도했다는 뜻입니다. 우리도 하나님께 기도를 드린다면서 실제로는 자기에게 혹은 자기에 대해 기도하는 경우가 얼마나 많습니까? 하나님을 의식하지 않고 기계적으로 기도하는 경우는 또 얼마나 많습니까? 하나님의 뜻을 구하기보다 자기도 모르게 자신의 뜻을 구합니다.

"나는 다른 사람과 다릅니다. 강도가 아니고 불의하지도 않고 저 세리와도 다릅니다. 일주일에 두 번씩 금식하고 소득의 십일조를 바칩니다." 전부 자기에 관한 내용입니다. 하나님께 기도하는 게 아니라 마치 스스로를 세뇌시키고 있는 것 같습니다. 오늘날 "너는 잘 할 수 있어. 너는 훌륭해"라고 마인드 컨트롤하는 것처럼 말입니다. 바리새인의 기도는 크게 두 가지 내용으로 구분할 수 있습니다. 하나는 "나는 그들과 다르다"이고, 다른 하나는 "나는 이런 일을 하고 있다"입니다. 결론은 무엇일까요? 나는 이렇게 훌륭하고 의로운 사람이라는 것입니다. 더구나 "이 세리와도 같지 아니[하다]"라고 말함으로써 성전에서 기도하고 있는 세리를 하나님의 백성으로 인정하지도 않습니다.

사실 바리새인은 거짓말은 하고 있지 않습니다. 다른 경우에는 기도하면서 거짓말을 했는지 몰라도 적어도 여기서는 아닙니다. 그는 토색하는 사람도 아니고, 불의하는 자도 아니고, 간음하는 자도 아닙니다. 그뿐 아니라 일주일에 두 번은 금식하고 소득의 십일조를 드리니 대단히 모범적인 신자입니다.

그렇다면 바리새인의 기도에서 무엇이 잘못된 걸까요? 잘못된 것은 그가 행한 일들이 아니라 그런 일을 자기의 의로 삼은 것입니다. 그는 율법에 따라 세리처럼 살지 않고 금식과 십일조를 하기 때문에 자신이 하나님 앞에서 의롭다고 생각했습니다. 그리고 그렇게 살지 못하는 사람들을 죄인으로 여겼습니다. 하나님께서 그런 사람들을 불쌍히 여기고 죄를 용서해 주실 수 있다는 것을 몰랐습니다.

여기서 우리는 아주 중요한 사실을 봅니다. 아무리 훌륭한 경건 훈련도 잘못된 의도를 가지고 하면 우리의 영혼을 죽일 수 있다는 것입니다. 여기에서 언급된 금식과 십일조를 한번 봅시다. 금식과 십일조의 공통점이 무엇입니까? 금식은 먹는 것을 포기하는 것, 즉 자신의 생명을 포기하는 것이고, 십일조는 자신의 소유를 포기하는 것입니다. 왜 포기할까요? 포기한다는 것은 무가치하다는 의미를 내포하고 있습니다. 자신의 생명이 무가치하고, 자신의 소유가 무가치하다는 표시가 금식과 십일조입니다. 그렇게 자신을 부인함으로써 더욱 더 하나님께 의지하는 것이 금식과 십일조의 정신입니다.

그런데 바리새인은 그런 정신과는 정반대로 종교적 행위를 통해 자기의 의를 드러내려 했습니다. 오늘날 우리 가운데도 바리새인 같은 태도로 신앙생활을 하는 사람들을 찾아볼 수 있습니다. 금식을 자기 부인의 수단이 아니라 성취의 수단으로 생각하는 것입니다. 어떤 목사는 40일 금식 기도를 경력으로 생각합니다. 대부분이 금식 기도를 할 때, 하나님께 단식투쟁 하듯이 합니다. 십일조도 마찬가지입니다. 자기 소유의 부정을 통해 나눔의 공동체를 지향하는 것이 아니라 물질의 축복을 받으려고 합니다. 십일조를 마치 축복을 길어 올리는 마중물처럼 생각합니다. 자신이 십입조를 드리면 하나님은 반드시 물질의 축복을 주시는 분이 되어야 한다고 생각합니다. 이 얼마나 성경의 가르침에서 먼 모습입니까? 금식과 십일조는 아주 좋은 경건 훈련이지만 자칫 자랑이나 자기 의로 흐르지 않도록 조심해야 합니다.

세리의 기도는 바리새인의 기도와 완전한 대조를 이루고 있습니다. 바리새인과 달리 그는 멀리 떨어져서 기도를 드리고 있습니다. 기도의 대상이신 하나님께 가까이 갈 엄두가 나지 않기 때문입니다. 그는 기도의 대상이신 하나님을 쳐다볼 엄두를 내지 못하고 차마 고개도 들지 못합니다. 기도하는 내용도 간단합니다. "하나님이여, 불쌍히 여기소서. 나는 죄인이로소이다." 우리말로는 두 문장이지만, 헬라어 원어로는 사실 "죄인인 나를 불쌍히 여기옵소서"라는 한 문장으로 된 기도입니다.

세리는 엄위한 재판장이신 하나님 앞에서 불쌍히 여겨 달라는 간구 말고는 할 말이 없었습니다. 세리는 자기 자신 속에서 어떠한 의도 찾을 수 없었습니다. 세리가 구한 것은 오직 자비였습니다. 그런데 하나님은 그에게 무엇을 선사하셨습니까? 하나님은 그에게 의를 선물로 주셨습니다. 그가 더 이상 죄인이 아니라는 것입니다. 하나님은 세리가 구한 것보다 훨씬 더 큰 선물로 그에게 응답하셨습니다.

하나님께서 세리에게 응답하신 것은 그가 하나님의 뜻에 맞는 것을 구했기 때문입니다. 그는 하나님께 '자비'를 구했고, 하나님은 '의'로 응답하셨습니다. 여기서 우리는 하나님께서 자비를 구하는 자의 기도를 거절하지 않으심을 볼 수 있습니다. 기도하는 자가 어떤 사람인가는 중요하지 않습니다. 세리처럼 사회적으로 지탄받는 사람일지라도 말입니다.

두 사람의 기도를 듣고 나서 하나님께서 판정하십니다. 바리새인이 아니라 세리를 의로운 자라고 선언하셨습니다. 여기서 이 사람이 저보다 의롭다 하심을 받았다는 말은 바리새인과 세리가 모두 의로운 가운데 세리가 더 의롭다는 뜻이 아닙니다. “이것보다 저것을 주세요”라고 말한다는 것은 “이것이 아니라 저것을 달라”는 의미입니다. 마찬가지로 바리새인이 아니라 세리가 의롭다 하심을 받고 집에 돌아갔습니다.

하나님의 판정을 어떻게 보아야 할까요? 어떻게 보면 아주 불공평한 판정 같습니다. 그것은 우리가 가지고 있는 의에 대한 개념 때문입니다. 하나님은 누구를 의롭다고 하십니까? 하나님은 의로운 자를 의롭다고 하시는 것이 아니라 하나님께 자비를 호소하는 자를 의롭다고 하십니다. 이것이 하나님께서 의를 판단하시는 기준입니다. 사실 바리새인도 의로운 자라고 할 수 없습니다. 예수님께서 이렇게 말씀하셨습니다. “내가 너희에게 이르노니 너희 의가 서기관과 바리새인보다 더 낫지 못하면 결코 천국에 들어가지 못하리라”(마 5:20).

여러분은 자신의 의가 바리새인보다 낫다고 생각하십니까, 아니면 못하다고 생각하십니까? 행위로 보면 아마 못하다고 생각될 것입니다. 아마도 여러분은 한 달에 한두 번씩 금식하지 않고, 십일조도 바리새인만큼 엄격하게 바치지 않을 테니 말입니다. 그러나 의에 대한 기준이 바뀌어야 합니다.

♛

본문을 통해 우리는 하나님께서 자비를 구하는 자를 의롭다고 하신다는 사실을 배웠습니다. 이 사실 앞에서 우리 모두는 겸손하지 않을 수 없습니다. 어느 누구도 하나님 앞에서 자신의 의를 자랑할 수 없습니다. 예수님은 이 비유의 결론을 다음과 같이 내리십니다. "누구든지 자기를 높이는 자는 낮아지고 누구든지 자기를 낮추는 자는 높아지리라"(마 23:12). 사람들은 다들 높아지기를 원합니다. 그러나 그 일은 역설적이게도 낮아짐을 통해 이루어집니다. 하나님께서 우리 교회를 부르신 목적은 우리 교회를 영화롭게 하기 위해서입니다. 주님이 우리를 높이실 텐데 그 방법은 우리의 겸손함을 통해서입니다. 주님 앞에서 우리를 낮추고 자비를 호소할 때, 하나님께서 우리를 의롭다 하시고 지극히 높여 하나님의 자녀로 살게 하실 것입니다. 그럴 때 하나님의 의로우심이 온 천하에 알려질 것입니다. 이것이 바로 하나님의 의입니다.

1. 성전에서 선 채로 기도하는 바리새인의 모습에서 그의 어떤 자세를 볼 수 있습니까?
2. 자비를 구하는 죄인 세리의 기도에 하나님께서 응답하신 이유는 무엇입니까?
3. 하나님은 누구를 의롭다고 하십니까? 신앙적인 열심이 오히려 독이 되지 않기 위해 우리가 기억해야 할 것은 무엇입니까?(마 23:12 참조)

22

# 삭개오를 찾아오심 “잃어버린 자를 찾아 구원하려 함이니라”

누가복음 19:1-10

본문은 왜 예수님이 이 땅에 오셨는지를 가장 분명하게 설명하고 있습니다. 그런 점에서 성탄절 설교 본문으로 삼아도 될 정도입니다. 그리스도의 오심은 성탄의 본질 그 자체라고 할 수 있으니까요. 주님이 이 세상에 오신 이유를 통해 복음을 분명히 이해하고 하나님을 영화롭게 하는 삶을 살기를 기대합니다.

본문에 따르면 예수님은 삭개오를 찾아오셨습니다. 삭개오라는 이름에는 ‘흠이 없다’는 뜻이 있습니다. 그는 여리고 성에 살았습니다. 지금 예수님은 갈릴리에서 출발하여 예루살렘을 향해 가고 계십니다. 18장 31-33절에서 예수님은 분명한 목적을 가지고 예루살렘으로 가기로 결단하셨습니다. “예수께서 열두 제자를 데리시고 이르시되 ‘보라, 우리가 예루살렘으로 올라가노니 선지자들을 통하여 기록된 모든 것이 인자에게 응하리라. 인자가 이방인들에게 넘겨져 희롱을 당하고 능욕을 당하고 침 뱉음을 당하겠으며 그들은 채찍질하고 그를 죽일 것이나 그는 삼 일 만에 살아나리라' 하시되"(31-33절). 물론 예수님께서 이 말씀을 하셨을 때 제자들은 무슨 뜻인지 전혀 알지 못했습니다.

여리고는 예루살렘으로 가는 중간에 예수님께서 들르신 곳입니다. 지리적으로 여리고 성은 예루살렘 동쪽에 위치해 있고 갈릴리는 북쪽에 있기 때문에 여리고를 들러서 가실 필요는 없었습니다. 그러나 그 당시 중간 지역에 살던 사마리아인과 유대인의 사이가 적대적인 경우가 많았기 때문에 사람들이 갈릴리와 예루살렘을 오갈 때 돌아서 가는 경우가 많았습니다. 아무튼 여리고가 예수님의 최종 목적지가 아니었다는 점은 확실합니다.

여리고 성에서 중요한 두 가지 사건이 발생했습니다. 하나는 예수님의 일행이 여리고 성에 가까이 이르렀을 때 일어났고, 다른 하나는 여리고 성 안에 들어갔을 때 일어났습니다. 예수님이 여리고 성 가까이에 오셨을 때 구걸하던 한 눈먼 자가 그 소식을 듣고 "다윗의 자손 예수여, 나를 불쌍히 여기소서"(8:38)라고 외쳤습니다. 예수님은 앞 못 보던 그를 볼 수 있게 해주셨습니다. 눈을 뜨게 된 그는 하나님께 영광을 돌리며 예수님을 따랐고, 많은 사람들이 그 모습을 보고 하나님을 찬양했습니다. 아마도 그는 가장 가까이에서 예수님을 여리고 성으로 안내했을 것이고, 여리고 성 사람들은 그를 보고 깜짝 놀랐을 것입니다.

한편 삭개오는 어떤 사람입니까? 세리장이면서 부자라고 성경은 소개합니다. 오늘날로 치면 대도시의 세무서장쯤 된다고 할 수 있습니다. 오늘날에도 세무서장은 상당한 지위에 있는 사람인데 그 당시에는 훨씬 더 큰 권력을 가졌을 것입니다. 지배자인 로마제국의 신임을 받고 있으니 갑 중의 갑으로 군림하며 여러 방법으로 부를 축적했을 것입니다.

부자 삭개오는 예수님이 어떤 사람인지 정말로 보고 싶었던 것 같습니다. 뽕나무로 널리 알려진 돌무화과나무 위에 올라갔다는 사실은 그가 얼마나 예수님을 보고 싶어 했는지를 단적으로 증명합니다. 삭개오는 키가 아주 작았는데 난쟁이가 아니었나 싶습니다. 여리고 성 밖에 있던 눈먼 자가 예수님의 소식을 듣고도 그분을 볼 수 없기에 큰 소리로 예수님을 불렀듯이, 키 작은 삭개오도 예수님을 보기 위해 나무 위로 올라가지 않을 수 없었습니다.

여기서 우리는 예수님이 누구에게 오셨는지에 주목해야 합니다. 수많은 사람이 예수님 주변에 몰려들었지만 예수님은 그들 중에서 눈먼 자에게, 그리고 삭개오에게 다가가셨습니다. 눈먼 자가 소리칠 때 사람들은 시끄럽다고 그를 꾸짖었습니다. 예수님께서 삭개오에게 나무에서 내려오라고 명하실 때에도 사람들은 그를 비방했습니다. 이런 일은 무엇을 뜻할까요? 예수님은 초대받지 못할 것이라고 간주되는 이들에게 다가가신 것입니다. 눈먼 자는 병자였고, 세리장은 죄인이었습니다.

예수님은 나무 위에 올라간 삭개오를 쉽게 발견하고는 "삭개오야, 속히 내려오라. 내가 오늘 네 집에 유하여야 하겠다"라고 말씀하셨습니다. 이 말씀을 통해 우리는 몇 가지 사실을 알 수 있습니다. 예수님은 삭개오가 누구인지 잘 알고 계셨습니다. 예수님은 그날 여리고에서 숙박하실 계획이었습니다. 예수님의 말씀에는 권세가 있었습니다. 예수님은 왕처럼 말씀하셨고 삭개오는 신하처럼 반응했습니다. 예수님은 속히 내려오라고 말씀하셨고 삭개오는 급히 내려왔습니다. 더 나아가 삭개오는 즐거운 마음으로 예수님을 영접했습니다.

이를 본 사람들이 어떻게 반응합니까? 모두가 수군거리며 예수님더러 "저가 죄인의 집에 유하러 들어갔도다"라고 비난했습니다. 이 말은 무슨 의미일까요? 적어도 모든 사람이 삭개오를 죄인으로 생각한 것은 확실합니다. 그들은 예수님을 선지자라 생각했고, 따라서 선지자는 죄인의 집에 들어가 유숙해서는 안 된다고 여겼습니다. 그들은 선지자라는 자가 어떻게 삭개오가 죄인인지도 알지 못하나 빈정거렸을 수 있습니다.

이런 비난에 예수님은 아무 답도 하지 않으십니다. 예수님의 신실하심이 치명적인 손상을 입을 수밖에 없는 상황입니다. 예를 들어, 어떤 검사가 조폭 두목과 함께 식사를 했다고 가정해 봅시다. 과연 그 검사가 일을 바르게 한다고 믿을 수 있을까요? 이때 삭개오가 일어서서 말합니다. '일어서서 말한다'는 것은 공적으로 혹은 법적으로 말했음을 의미합니다. "내 소유의 절반을 가난한 자들에게 주겠사오며 만일 누구의 것을 속여 빼앗은 일이 있으면 네 갑절이나 갚겠나이다"(8절).

삭개오의 말은 본문 바로 앞에 나온 부자 관리의 모습과 극명한 대조를 이룹니다(눅 18:18-27 참조). 부자 관리는 예수님께 어떻게 하면 영생을 얻을 수 있느냐고 물었습니다. 예수님이 그에게 율법을 다 지키라고 말씀하시자 자기는 어렸을 때부터 율법을 다 지켰다고 관리가 대답했습니다. 그 말을 듣고 예수님은 "네 재산을 다 팔아 가난한 자들에게 주고 나를 따르라"고 말씀하셨습니다. 부자 관리는 이 말씀을 듣고 큰 근심에 빠졌습니다. 이에 예수님은 "낙타가 바늘귀로 들어가는 것이 부자가 하나님의 나라에 들어가는 것보다 쉬우니라"고 말씀하셨습니다. 그 말씀을 듣고 사람들이 "그런즉 누가 구원을 얻을 수 있나이까"라고 물었습니다. 예수님은 "무릇 사람이 할 수 없는 것을 하나님은 하실 수 있느니라"고 대답하셨습니다.

본문은 바로 '누가 구원을 얻을 수 있는가'에 대한 답이라고 할 수 있습니다. 삭개오는 예수님에 대한 비난이 더 이상 근거 없게 되었음을 공적으로 밝혔습니다. 그것은 쉬운 일이 아니었습니다. 자신의 막대한 재물을 포기하는 것을 의미하기 때문입니다. 삭개오의 말을 듣고 예수님께서 이렇게 선포하십니다. "오늘 구원이 이 집에 이르렀도다"(9절). 예수님은 오늘 삭개오의 집에 머물겠다고 말씀하셨는데 이제 그 이유가 밝혀집니다. 오늘이 바로 삭개오와 그의 집이 구원받은 날이기 때문입니다.

여기서 우리는 예수님께서 삭개오에게 오신 궁극적인 이유를 보게 됩니다. 그것은 바로 삭개오를 구원하기 위해서였습니다. 여리고 성에는 수많은 사람들이 있었는데 왜 삭개오만 구원을 받았을까요? 주님은 이에 답하십니다. 삭개오도 아브라함의 아들이기 때문입니다. 물론 삭개오는 혈통적으로 아브라함의 아들이 맞습니다. 그러나 사람들은 그를 죄인으로 간주했고 아브라함의 아들로 여기지 않았습니다. 그렇다면 예수님의 최종 판단은 어떻게 정당화될 수 있을까요?

삭개오가 예수님께 인정받게 된 두 가지 이유를 우리는 본문에서 찾아볼 수 있습니다. 첫째, 삭개오는 예수님을 자기 집으로 영접했습니다. 이 영접은 예수님께서 명하신 것이지만 삭개오는 그 명령에 기쁜 마음으로 즉시 순종했습니다. 이런 모습은 부자 관리의 태도와 대비됩니다. 부자 관리는 재산을 포기하고 자기를 따르라는 주님의 명령에 순종할 수 없었습니다.

둘째, 삭개오는 자신의 재산을 포기하고 가난한 자들에게 나눠주겠다고 약속했습니다. 부자 관리의 경우와 달리 예수님은 삭개오에게 재산에 대해 아무 말씀도 하지 않으셨지만, 삭개오가 자원해서 자신의 재산을 포기하겠다고 선언한 것입니다. 여기서 우리는 예수님을 영접한다는 것이 구체적으로 무엇을 의미하는지 볼 수 있습니다. 오늘날 소위 '영접 기도'로 인해 예수님을 믿기가 그야말로 쉬워졌습니다. "예수님은 나의 구주십니다"라고 말로 고백만 하면 예수님을 믿는 것으로 간주하지만, 본문은 그것이 얼마나 경박한 인식인지를 잘 보여 줍니다.

하나님께서 아브라함을 처음 부르실 때 본토 친척 아비 집을 떠나라고 말씀하셨습니다. 이것은 자신의 힘이나 소유를 의지하지 말고 전적으로 하나님만을 의지하라는 뜻입니다. 이 명령에 아브라함은 갈 바를 알지 못한 채 고향을 떠났습니다. 이것이 바로 아브라함이 가졌던 믿음입니다. 예수님께서 부자 관리에게 재산을 팔고 자신을 따르라고 했던 것도 이와 같은 맥락에서 이해해야 합니다. 마찬가지로 삭개오가 자기 재산의 절반을 가난한 사람들에게 주겠다고 말한 것도 이제는 예수님을 온전히 주인으로 섬기겠다는 공적인 고백입니다.

이 모든 일을 요한복음 1장 11-13절은 다음과 같이 정리합니다. "자기 땅에 오매 자기 백성이 영접하지 아니하였으나 영접하는 자 곧 그 이름을 믿는 자들에게는 하나님의 자녀가 되는 권세를 주셨으니 이는 혈통으로나 육정으로나 사람의 뜻으로 나지 아니하고 오직 하나님께로부터 난 자들이니라." 여리고 성에 수많은 사람들이 살고 있었지만 예수님을 집으로 영접한 사람은 단 한 명입니다. 여기서 영접한다는 것은 단지 숙박과 식사를 제공한다는 의미가 아닙니다. 예수님은 진정으로 자신의 이름, 즉 구원자라는 것을 믿는 자의 집에 머물기를 원하셨습니다. 오직 삭개오만이 그와 같은 믿음을 가졌습니다.

말씀드렸다시피 누가복음에는 유독 '찾는' 이야기가 많이 나옵니다. 대표적으로 누가복음 15장에서 목자는 잃어버린 양을 찾습니다. 여자는 잃어버린 드라크마를 찾습니다. 아버지는 잃어버린 아들을 찾습니다. 이것이 바로 예수님께서 이 세상에 오신 목적입니다. 잃어버린 자를 찾아 구원하시는 것 말입니다. 예수님은 예루살렘으로 가는 여정에서도 이 사명을 발휘하여 자신을 다윗의 아들이라고 고백하는 눈먼 자를 보게 하셨고, 자신을 구주로 영접한 삭개오에게 구원을 베풀어 주셨습니다.

오늘날 잃어버린 자가 누구일까요? 첫째, 자신이 죄인이라는 것을 인정하는 사람입니다. 예수님은 의인이 아니라 죄인을 부르러 오신 분입니다. 건강한 사람에게는 의사가 필요 없듯이 스스로를 의인이라고 생각하는 자에게는 예수님이 필요 없습니다. 둘째, 잃어버린 자는 자신의 죄를 인정하는 동시에 예수님을 믿음으로 영접하는 사람입니다. 그리고 그 예수님이 주인 되심을 고백하고 순종하며 사는 사람입니다.

죄인이 주님을 영접한다는 것은 불가능한 일입니다. 그런데 그런 일이 일어났습니다. 주의 성령이 역사하셨기 때문입니다. 주님은 잃어버린 자를 찾아서 교회로 모으실 것입니다. 주님은 바로 그 일을 하기 위해 이 세상에 오셨습니다. 그리고 잃어버린 자에게 이렇게 말씀하십니다. "내가 오늘 네 집에 유하여야 하겠다." 여러분은 이 말씀에 삭개오처럼 반응할 준비가 되어 있습니까? 속히 즐겁게 주님을 구주로 영접하기를 원하십니까? 그 일이 정말로 우리 교회 안에서 일어나기를 원하십니까? 정말로 주님의 일에 동참하기를 원하십니까? 주님의 오심과 그 목적을 생각하면서 주님의 마음을 풍성하게 소유하는 축복을 누리시기 바랍니다.

1. 예수님께서 이 세상에 오신 목적은 무엇입니까? 예수님께서 예루살렘을 향해 가실 때 수많은 사람들 중에 특별히 눈먼 자와 삭개오를 찾아가신 일을 보며 생각해 봅시다.
2. 예수님을 만나 영접한 삭개오는 공개적으로 어떤 선언을 합니까? 삭개오의 모습을 보면서 예수님을 영접한다는 것의 의미를 생각해 봅시다.
3. 예수님께서 오늘날 우리 가운데서 찾으시는 '잃어버린 자'란 어떤 사람을 말합니까?

# 예루살렘에서 - 수난과 부활

누가복음 19:28-24:53

23

# 아브라함과 이삭과 야곱의 하나님 "살아 있는 자의 하나님이시라"

누가복음 20:27-40 (마 22:23-33, 막 12:18-27)

하나님의 말씀을 우습게 여기는 사람들이 있습니다. 말씀을 웃음거리로 만들고 조롱하는 이들입니다. 그들이 하나님을 아예 믿지 않는 것은 아닙니다. 다만 하나님의 말씀 중 일부분만 믿는다는 것이 문제입니다. 왜 그들은 하나님의 말씀 중 일부분만 믿고 나머지는 받아들이지 않을까요? 가장 중요한 이유는 하나님의 말씀보다 자신의 이성이나 자신이 속한 집단의 유익을 절대 기준으로 삼기 때문입니다. 자기 생각이 맞다는 것을 성경으로 증명하려고 하기 때문입니다. 그 결과 성경은 하나님의 말씀이 아니라 그들의 유익을 추구하는 수단이 되고 맙니다.

이런 종류의 사람들이 본문에 나옵니다. 마태복음 22장은 예수님께서 사두개인과 바리새인에게 어떻게 시험을 받으셨고, 또 어떻게 그 시험을 물리치셨는지 보여 줍니다. 주님은 공생애를 시작하실 때 광야에서 세 번 사탄의 시험을 받으시더니 이제 공생애를 마칠 즈음에는 사두개인과 바리새인에게 세 번 시험을 받으십니다. 그러고 보면 주님의 삶 전체가 시험의 연속입니다. 이전에는 사탄이 시험했는데, 지금은 자칭 하나님의 참 백성이라고 하는 자들이 시험합니다. 사탄은 예수님의 아들 됨을 시험했고, 바리새인과 서기관은 예수님의 선지자 됨을 시험합니다. 둘 다 성경으로 예수님을 시험했다는 점에서는 동일합니다.

주님이 시험을 받으셨듯이 우리도 세상을 마칠 때까지 시험을 받으며 살아가게 될 것입니다. 본문을 통해 우리를 시험하는 세력이 어떤 자들인지, 그들이 무엇으로 우리를 시험하는지, 그런 시험을 어떻게 이길 수 있는지 상고해 봅시다.

### 말씀을 조롱하는 사두개인들

예수님을 시험한 무리는 사두개인이라고 불리는 자들이었습니다. 바리새인들이 주로 일반인 중에서 지도급 인사들로 구성되었다면, 사두개인들은 제사장이나 관리로 구성되었습니다. 사두개라는 이름은 사독이라는 사람에게서 유래했는데, 사독은 다윗 시대에 신실한 제사장이었습니다. 사두개인이라는 이름 자체가 그들의 출신을 나타내고 있습니다. 실제로 사도행전 5장 17절을 보면 사두개인들이 주로 제사장과 연결되어 있음을 알 수 있습니다.

사두개인들은 몇 가지 특징이 있습니다. 무엇보다 그들은 (구약) 성경 중에서 모세오경만 믿었습니다. 반대로 바리새인들은 기록된 성경뿐 아니라 구전으로 전해 내려오는 이야기도 다 하나님의 말씀으로 받아들였습니다. 당시에는 정경이 공식적으로 정해진 바가 없었기 때문에 생긴 차이입니다. 전해 내려오는 책 중에서 어느 것이 하나님의 영감을 받아 기록된 성경인지 결정되지 않은 상태에서 사두개인들은 자신들의 입맛에 맞게 하나님의 말씀 중 일부분을 빼버렸고, 바리새인들은 하나님의 말씀에 인간의 전통을 덧붙였습니다. 이것이 예수님 당시의 영적 상황입니다. 교회의 타락은 하나님의 말씀을 온전히 받아들이지 않고 일부분만 받아들이거나, 그와 반대로 말씀에 인간의 전통을 덧붙이는 데서 시작됩니다.

사두개인들의 두 번째 특징은 부활의 교리를 부정한 것입니다. 그들은 죽을 때 모든 것이 끝난다고 보았고 이것이 성경적이라고 생각했습니다. 성경을 보면 하나님께서 그분의 말씀을 듣지 않는 이들을 멸절시킨다는 표현이 얼마나 자주 등장합니까? 더구나 그들은 모세오경이 부활에 대해 명시적으로 말하고 있지 않다고 생각했습니다. 실제로 신약성경은 부활을 많이 강조하는 반면에 구약성경은 그렇지 않은 것처럼 보입니다. 이런 교리적 이유 때문에 사두개인들은 예수님의 부활을 증언한 사도들을 핍박했습니다.

사두개인과 바리새인은 교회 지도자로서 성경 말씀을 올바르게 해석할 의무가 있는 사람들입니다. 그러나 불행히도 그들은 눈뜬 장님이었습니다. 예수님의 표현을 빌리면 성경도, 하나님의 능력도 알지 못하는 자들이었습니다. 오늘날도 마찬가지입니다. 교회 안에 성경 말씀과 하나님의 능력을 알지 못하는 사람들이 지도자로 있을 때, 교회는 영적으로 암흑 시대를 겪게 됩니다.

영적 암흑 시대에는 하나님의 말씀이 억눌림과 조롱을 당합니다. 본문 앞에서 바리새인들이 예수님께 이렇게 묻습니다. "가이사에게 세를 바치는 것이 옳으니이까 옳지 않으니이까?"(22절) 그들이 이렇게 예수님께 질문한 의도가 무엇입니까? 그들이 몰라서 물었을까요? 그렇지 않습니다. 그들은 어떻게 해서든 예수님을 곤경에 빠뜨리려고 그런 질문을 했습니다. 세금을 납부해야 한다고 대답하면 민중의 지탄을 받을 것이고, 세금을 납부하지 말아야 한다고 대답하면 반란죄가 성립될 것이기 때문입니다.

사두개인들은 성경 말씀을 들어 부활의 진리를 부정하고 조롱했습니다. 하지만 그들이 존중해 마지 않는 성경, 즉 모세오경은 결코 부활을 부정하지 않습니다. 따라서 그들의 작업은 성경에 나오는 가르침 한 가지를 추론하여 부활이 있다면 벌어질 불합리성을 드러내는 것이었습니다. "만약 부활이 있다면 이러이러한 결과가 벌어질 텐데 말이 되느냐?"는 식의 논증 말입니다.

그들이 찾아낸 성경 구절은 형사취수 제도에 대한 말씀이 기록된 신명기 25장 5-6절입니다. 이 제도는 형이 자식 없이 죽으면 동생이 그 아내를 취하여 대를 잇게 하는 제도입니다. 그 당시 남편이 없다는 것, 그리고 대를 이를 자식이 없다는 것은 비참함 그 자체였습니다. 무엇보다 그런 처지에 있는 여자는 억울한 일을 당해도 사회적으로 보호받을 길이 거의 없었습니다. 그렇기 때문에 하나님은 형사취수 제도를 통해 보호장치를 마련해 주셨습니다.

신명기 25장 6절은 이 제도가 존재했던 궁극의 이유를 설명합니다. 그 여자가 비록 남편의 동생 혹은 형과 혼인을 하더라도 맏아들이 죽은 아버지의 이름을 따름으로써 그 이름이 이스라엘에서 지워지지 않게 한 것입니다. 이 제도가 있기에 이스라엘에서는 어느 강한 자가 약한 자의 가문을 자기 것으로 만들 수 없었습니다. 하나님은 이스라엘 한 사람 한 사람을 소중히 여기셨고, 그들이 계속 이스라엘 가운데서 이어지기를 원하셨습니다. 즉 형사취수 제도는 이스라엘 한 사람 한 사람에 대한 하나님의 신실함이 드러난 법이라고 할 수 있습니다.

그런데 사두개인들은 이 자비의 법을 전혀 엉뚱하게 아무 상관도 없는 부활에 연결시킵니다. 이 제도를 하나님의 관점이 아니라 자신들의 입장에서만 바라봅니다. 사두개인들이 묻습니다. "형제 일곱이 있었는데, 장남이 죽자 하나님이 시키는 대로 차남이 형수를 아내로 맞이했습니다. 그런데 차남도 죽자 삼남이 형수를 아내로 맞이했습니다. 그러나 삼남도 죽고 사남, 오남, 육남, 결국은 막내가 형수를 취했고 그마저 죽었습니다. 만약 부활이 있다면 이 여자는 누구의 아내가 되겠습니까?"

사두개인들이 든 예가 극단적이기는 하지만 전혀 현실성 없는 가정은 아닙니다. 자녀를 적게 낳는 오늘날과는 달리 일곱 형제는 그 당시에 그렇게 특별한 경우가 아닙니다. 의료시설이 발달하지 않았고 전쟁이 잦던 시절에 일곱 형제가 한 명씩 차례로 죽지 말란 법도 없습니다. 따라서 사두개인들의 잘못은 극단적인 상황을 가정한 데 있지 않습니다. 사두개인들이 이 문제와 함께 내세운 논증은 부활의 교리를 무너뜨리기 위해 그들이 이미 고안해 놓은 가장 강력한 무기였습니다. 부활을 믿던 바리새인들도 이런 논쟁에서 제대로 답하지 못했을 것이다. 그들 역시 성경 말씀도, 하나님의 능력도 몰랐기 때문입니다. 이렇게 자신들의 이성적 추론으로 하나님의 진리를 멸시하던 자들이 바로 사두개인들이고, 그 당시 교회 지도자들이었습니다.

**주님의 대답**

사두개인들의 이 질문에 어떻게 대답해야 할까요? 예수님이 부활을 입증하실 수 있는 방법은 어찌 보면 아주 간단합니다. 그냥 그들을 묘지로 데려가 죽은 자를 한두 명 정도 부활시키는 모습을 보여 주면 됩니다. 예수님은 실제로 나사로를 살리기도 하셨으니까요. 또한 "아브라함의 하나님, 이삭의 하나님, 야곱의 하나님"을 운운하는 이들 앞에 아브라함과 이삭과 야곱을 불러 오게 하면 됩니다. 실제로 변화산에서 모세와 엘리야가 나타나지 않았습니까?

그러나 나사로의 부활을 본 많은 사람들이 예수님을 믿었지만, 그중에는 오히려 예수님을 죽이려 한 자도 있었다는 사실을 잊어서는 안 됩니다. 부자와 거지 나사로의 예에서도 보듯이 부자는 지옥에 있으면서 아브라함을 보고도 회개하지 않았습니다. 따라서 예수님은 단순히 죽은 자의 부활을 재현하여 증명할 게 아니라 성경이 부활에 대해 분명히 말하고 있음을 보여 주셔야 했습니다.

그럼 점에서 엘리야가 사렙다 과부의 아들을 다시 살린 일이나 에스겔 골짜기에서 마른 뼈가 살아나 큰 군대가 된 일을 언급할 수도 있었을 것입니다. 하지만 그런 예로는 사두개인들을 설득할 수 없습니다. 그 이야기들은 모세오경이 아닌 구약의 다른 책에 기록되어 있기 때문입니다. 더욱이 예수님께서 다시 살아나게 하신 사람들도 이 땅에서의 삶을 다하고 결국은 죽었습니다.

사두개인들은 죽은 사람이 계속 살아 있을 수 있느냐 하는 문제, 즉 영생을 문제 삼았으므로 내세가 있음을 증명할 필요가 있었습니다. 그런데 그것을 과연 구약성경, 그것도 모세오경으로 증명할 수 있을까요? 설령 내세를 인정한다 하더라도 그들이 제기한 문제를 어떻게 해결할 수 있을까요?

예수님은 모세오경 중에서 누구나 알고 있는 구절을 들어 그들의 주장을 반박하십니다. "죽은 자가 살아난다는 것은 모세도 가시나무 떨기에 관한 글에서 주를 아브라함의 하나님이요 이삭의 하나님이요 야곱의 하나님이시라 칭하였나니 하나님은 죽은 자의 하나님이 아니요 살아 있는 자의 하나님이시라. 하나님에게는 모든 사람이 살았느니라"(37-38절). 여기에서 인용된 구약의 말씀은 출애굽기 3장 6절입니다. 유대인이라면 모르는 사람이 없는 말씀일 것입니다. 사두개인들이 존경해 마지 않는 모세가 처음으로 하나님을 만나는 장면에서 나온 말씀입니다.

모세는 애굽의 왕을 피하여 40년 동안 미디안 광야에서 살았습니다. 어느 날 그는 가시떨기 나무에 불이 붙은 것을 보았습니다. 그런데 이상하게도 나무는 타지 않았습니다. 모세가 그 광경을 자세히 보려고 다가갔을 때, 하나님께서 그에게 나타나셨습니다.

하나님: 모세야, 모세야!

모세: 내가 여기 있나이다.

하나님: 이리로 가까이 오지 말라. 네가 선 곳은 거룩한 땅이니 네 발에서 신을 벗으라. 나는 네 조상의 하나님이니 아브라함의 하나님, 이삭의 하나님, 야곱의 하나님이니라.

이것이 전부입니다. 여기서 부활의 교리를 찾을 수 있을까요? 아마 쉽지 않을 것입니다.

하나님은 이때 처음으로 모세에게 나타나 자신이 어떤 분인지를 분명히 나타내셨습니다. 그분은 일반적인 의미에서 막연한 신이 아니라 역사 가운데서 실제로 그들의 족장들과 교제하셨던 유일한 하나님이십니다. 이후로 바리새인이나 사두개인은 물론이고, 이스라엘 사람이면 누구든지 하나님을 부를 때 "아브라함의 하나님, 이삭의 하나님, 야곱의 하나님"이라고 불렀습니다.

그런데 예수님은 어떻게 이 구절로 부활을 증명하셨을까요? 반대로 사두개인은 이 구절을 너무나 잘 알고 있으면서도 그들의 신앙에서 고백되고 있는 부활의 교리는 왜 전혀 알지 못했을까요? 그들은 부활의 교리를 부정하기 위해서는 그토록 머리를 굴리며 논증했지만, 누구나 알고 있는 이 말씀에는 아예 무지했습니다. 오늘날에도 자신이 관심 있는 구절에 대해서는 아주 세세하게(지나칠 정도로) 알면서도, 기본적인 성경 구절과 신앙 고백에 대해서는 잘 모르는 사람이 있습니다.

단순히 생각하면, 아브라함과 이삭과 야곱이 부활 신앙을 가졌으므로 그들의 하나님은 곧 부활의 하나님이라고 말할 수 있을 것입니다. 하지만 세 족장이 과연 부활 신앙을 가졌는지 우리로서는 알 길이 없습니다. 적어도 구약성경은 이 점을 명시하지 않습니다. 그런데 예수님의 논증을 듣고 사람들이 다 놀랐습니다.

예수님의 논증은 이렇습니다. "하나님은 산 자의 하나님인가, 죽은 자의 하나님인가?" 이에 모두가 산 자의 하나님이라고 대답할 것입니다. 그런데 "아브라함, 이삭, 야곱은 죽은 자입니까, 아니면 산 자입니까?" 이에는 모두가 죽은 자라고 대답할 것입니다. 실제로 그들은 예수님께서 세상에 오시기 약 2천 년 전에 살던 옛날 사람들이니까요. 그런데 아브라함과 이삭, 야곱을 죽은 자로만 생각하면, 그들이 '아브라함의 하나님'을 부를 때, 하나님은 산 자의 하나님이 아니라 죽은 자의 하나님이 되고 맙니다. 그러니 아브라함을 죽은 자로만 이해한다면, 결코 하나님을 아브라함의 하나님으로 부를 수 없습니다.

사두개인들도 하나님을 아브라함의 하나님이라고 불렀습니다. 하지만 하나님에 대한 이해가 전혀 달랐습니다. 그들은 산 자의 하나님을 믿고, 아브라함의 하나님도 믿으면서 부활 신앙을 거부했습니다. 예수님이 보시기에 이것은 불가능합니다. 아브라함의 부활을 믿지 않으면 하나님을 '아브라함의 하나님'이라고 부를 수 없기 때문입니다. 예수님은 그들에게 아브라함의 하나님이라는 표현을 거부하든지, 아니면 부활을 신앙을 가지든지 둘 중 하나를 선택하라고 결단을 요구하십니다.

예수님의 이 말씀을 듣고 모든 사람이 놀랐습니다. 정말이지 우리 주님의 성경 해석이 탁월하지 않습니까? 여기서 놀랐다는 말은 '얻어맞았다'는 뜻에서 왔습니다. 우리말에도 '한방 먹었다'는 표현이 있습니다. 그들은 주님의 말씀에 할 말을 잃었습니다. 예수님의 논증은 아주 분명했습니다. 그들은 예수님께서 언급하신 말씀에 아주 익숙했지만 그 뜻을 너무나 모르고 살아왔습니다.

하지만 그들은 예수님의 말씀에 놀라기만 할 뿐 더 이상 논쟁하지 않았습니다. 누가 봐도 예수님의 말이 맞습니다. 그럼에도 그들은 자기 생각을 굽히지 않았습니다. 자신의 모순을 인정하기가 수치스러웠을 테지요. 그동안 자기를 따르던 백성들이 어떻게 생각할까요? 이제 그들에게 남은 일은 예수님을 없애 버리는 것밖에 없습니다. 실제로 그들은 그렇게 했습니다. 하지만 예수님의 사도들이 부활을 증언하고 다녔습니다. 그러자 그들은 제자들까지 잡아 가두려 했습니다. 오늘날에도 진리를 외치기란 쉬운 일이 아닙니다. 진리의 대적자들은 끊임없이 진리를 조롱할 뿐 아니라 그것이 통하지 않을 경우에 그렇게 말하는 사람을 사회적으로 매장하기 때문입니다.

♛

본문에서 예수님은 사두개인들의 신앙이 얼마나 피상적이고 불합리하며 위선적인지 고발합니다. 한편 그분의 책망은 우리에게는 권면이 됩니다. 우리는 성경을 알아야 하고 하나님의 능력도 알아야 합니다. 성경을 아는 것과 하나님의 능력을 아는 것이 분리되어서는 안 됩니다.

오늘날 그리스도인 중에 예수님의 부활을 믿지 않는 사람이 얼마나 될까요? 물론 자유주의 신앙을 가진 사람들은 부활의 사실조차 부정합니다. 예수님께서 실제로 부활하신 것이 아니라 당시 신자들이 부활 신앙을 가진 것이라고 말합니다. 사실 2천 년 전에 예수님이 실제로 부활하셨다는 역사적 사실을 믿는 것으로는 충분하지 않습니다. 예수님의 부활을 믿는다는 것은 그분이 여전히 부활하신 상태로 하나님 보좌 우편에 앉아서 교회를 다스리고, 우리의 각 심령을 말씀과 성령으로 다스리고 계심을 믿는 것입니다.

의의 왕이신 예수님께서 백성들에게 성경도 알고 하나님의 능력도 알아야 한다고 명하십니다. 하나님께 드리는 우리의 고백이 실제 삶과 일치해야 합니다. 하나님에 대한 아무리 사소하고 기본적인 고백일지라도 그것이 우리의 사고와 삶을 지배해야 합니다. 이런 일이 어떻게 가능할까요? 예수님처럼 하면 됩니다. 예수님은 성경을 마음대로 해석하지 않고 기본에 충실하셨습니다. 성경을 있는 그대로 해석하고 성경에 의존하셨습니다. 이것을 우리는 '계시 의존적 사색'이라고 부릅니다. 성경에 나타난 하나님의 계시에 의지하고 그것을 깊이 묵상할 때, 우리는 주의 말씀을 올바로 이해하고 우리 삶의 지침으로 삼게 될 것입니다. 그것이 하나님의 능력이고 우리의 힘입니다. 성경을 보면서 우리의 부활을 확신하고, 하나님의 능력을 알아 이 세상에서 부활의 삶을 살아가는 성도가 되시기를 바랍니다.

1. 내세를 믿지 않는 사두개인들이 부활과 관련해 황당한 예를 들며 예수님의 답변을 요구한 목적이 무엇입니까?
2. 사두개인들의 의도적인 질문에 예수님은 내세와 이생의 삶이 완전히 다름을 지적하시고, 그들이 존중하는 성경 말씀으로 그들의 피상적이고 위선적인 신앙을 고발하십니다. 어떤 말씀입니까?
3. 말씀에 근거한 부활 신앙은 오늘을 살아가는 우리의 삶에 어떤 영향을 미칩니까?

24

# 예루살렘 멸망을 예언하심 "인내로 너희의 영혼을 얻으리라"

누가복음 21:5-19

예루살렘은 누가복음에서 매우 중요한 위치를 차지하고 있습니다. 예루살렘은 예수님께서 가셔야 할 최종 목적지였습니다. 예수님은 그곳에서 자신이 죽어야 하다는 사실을 알고 계셨습니다. 헤롯 대왕이 자신을 죽이려 한다는 소식을 들었을 때, 예수님은 "선지자가 예루살렘 밖에서는 죽는 법이 없느니라"(눅 13:33)고 담대하게 대답하셨습니다. 예수님은 자신이 마지막 선지자로 왔다는 것을 인식하고 있었고, 그렇기 때문에 예루살렘에서 죽으리라는 것도 아셨습니다. 그럼에도 불구하고 예루살렘으로 가는 것을 마다하지 않으셨습니다. 예수님은 어쩔 수 없이 체포되어 죽으신 것이 아니라 우리를 살리기 위해 스스로 목숨을 내어 주신 것입니다(요 10:18).

예수님은 예루살렘이 멸망하리라는 것도 아셨습니다. 누가복음에서 예수님은 예루살렘의 멸망에 대해 세 번이나 언급하십니다. 그 중에서 이 본문의 길이가 가장 깁니다. 알다시피 예루살렘은 이스라엘의 수도입니다. 예루살렘을 다른 도시와 비교할 수 없는 이유는 성전이 그곳에 있기 때문이지요. 이 도시가 멸망한다는 것은 성전도 같이 무너진다는 것을 의미합니다. 하나님의 집이 무너질 수 있을까요? 무너진다면 그 이유는 무엇일까요? 우리는 그 이유를 예수님의 깊은 탄식 속에서 알 수 있습니다. "예루살렘아, 예루살렘아, 선지자들을 죽이고 네게 파송된 자들을 돌로 치는 자여, 암탉이 제 새끼를 날개 아래에 모음같이 내가 너희의 자녀를 모으려 한 일이 몇 번이냐. 그러나 너희가 원하지 아니하였도다. 보라, 너희 집이 황폐하여 버린 바 되리라"(눅 13:34-35).

하나님은 예루살렘을 지극히 사랑하셨습니다. 그래서 그들이 회개하도록 수많은 선지자들을 보내셨습니다. 하지만 예루살렘은 그들을 돌로 쳐서 죽였습니다. 하나님께서 마지막으로 아들 예수 그리스도를 보냈지만 결국 예루살렘은 그 아들마저 십자가에 못 박아 죽이고 말았습니다. 그들은 회개의 복음을 끝까지 거부했고, 그 때문에 멸망할 수밖에 없었습니다. 본문을 통해 예루살렘의 멸망과 관련해 예수님께서 주시는 가르침이 무엇이며, 이것이 오늘날 어떻게 우리를 영적으로 일깨우는지 살펴보겠습니다.

## 화려했던 성전

예루살렘에 들어간 예수님은 성전으로 가셨습니다. 성전은 겉으로는 화려했지만 실제로는 회칠한 무덤과 같았습니다. 성전은 "만민이 기도하는 집"(사 56:7)이어야 했지만 이스라엘의 지도자들이 "강도의 소굴"로 만들었습니다(눅 19:46). 예수님은 이사야서의 말씀을 선포하며 더럽혀진 성전을 회복시키셨습니다. 예수님은 성전에서 장사하던 사람들을 다 쫓아내셨습니다. 예수님의 말씀 사역으로 성전에 있던 교권자들은 하루아침에 대목 장사를 망치고 말았습니다. 예수님은 성전을 깨끗이 정리한 후에도 '날마다' 그곳에서 가르치셨습니다. 더 이상 장사를 할 수 없게 된 "대제사장들과 서기관들과 백성의 지도자들"이 예수님을 죽이려고 공모했습니다. 그러면서 성전은 다시 한번 전쟁터가 되었습니다.

예수님은 열두 살 때 이미 예루살렘 성전에서 율법 선생들과 더불어 묻고 답하신 적이 있었습니다. 이 일은 앞으로 예수님의 삶이 어떠할지를 미리 보여 주었습니다. 예수님의 삶은 처음부터 끝까지 거짓 선지자들과 투쟁하는 과정이었습니다. 20장을 보면 대제사장과 서기관과 사두개인들이 차례로 예수님을 찾아와 고소할 구실을 찾았습니다. 하지만 예수님은 그것들을 다 물리치셨습니다. 예수님은 돈 바꾸는 사람들만 쫓아내신 게 아니라 거짓된 말씀을 가르치는 자들을 굴복시킴으로써(20:40) 성전을 정결하게 하셨습니다.

성전에서 행하신 예수님의 두 가지 활동은 성전이 어떤 곳이어야 하는지 잘 가르쳐 줍니다. 성전은 만민이 하나님께 기도하는 곳이요 하나님의 말씀이 순수하게 선포되는 곳이어야 했습니다. 하지만 잘 관리해야 할 지도자들이 오히려 성전을 강도의 소굴로 만들었습니다. 성전은 거짓 교훈으로 그리스도의 말씀을 공격하는 사탄의 소굴이 되었습니다. 그들은 "과부의 가산을 삼키며"(20:47) 외식하느라 길게 기도했습니다. 반면에 믿음의 과부는 성전에 있는 연보궤에 자신의 '생활비 전부를' 넣었습니다(21:4). 이것이 당시 더럽혀진 성전의 민낯입니다.

과부가 생활비 전부를 연보궤에 넣을 정도로 이스라엘 백성들은 성전을 소중히 여겼습니다. 과부는 생활비 전부를 바쳐서라도 성전을 사랑한 반면에 서기관들은 성전을 이용해 사익을 챙겼습니다. 성전이 존재하는 한 대제사장과 서기관은 자자손손 대대로 편하게 먹고살 수 있었습니다. 그 당시의 성전을 보통 헤롯성전이라고 합니다. 헤롯 대왕이 유대인들의 환심을 사기 위해 스룹바벨이 500여 년 전에 재건한 이 성전을 46년에 걸쳐 정말 화려하고 아름답게 리모델링 했습니다.

오늘날 유럽을 방문하면 곳곳에 세워진 아름다운 성당을 많이 볼 수 있습니다. 웅장하고 아름다운 성당들을 보면 감탄이 절로 나옵니다. "정말 대단하다. 어쩜 저렇게 아름다울 수 있지? 어떻게 세웠을까?" 저도 유럽을 여행하면서 우리 교회도 저런 성당 같은 예배당이 있으면 좋겠다는 희망을 막연히 가져 보기도 했습니다. 하지만 아무리 교회 건물이 멋있어도 그곳에서 예배드리는 사람이 노인 몇 명뿐이라면 그게 다 무슨 소용이 있을까요?

예루살렘 성전도 겉보기에는 대단했습니다. 건물 자체도 아름다웠을 뿐 아니라 절기마다 수많은 사람들이 성전을 가득 채웠습니다. 예수님이 성전에 도착하셨을 때에도 사람들이 곳곳에서 몰려드는 유월절 기간이었습니다. 예루살렘 성전은 이스라엘 민족의 정체성을 가장 잘 보여 주는 상징이었습니다. 성전에 대한 자부심은 실로 대단했습니다. 하지만 그들이 모르는 것이 하나 있었습니다. 그것은 그 성전이 얼마 지나지 않아 무너질 것이라는 사실이었습니다.

## 임박한 멸망

어떤 사람들이 성전을 가리키며 "아름다운 돌과 헌물로 꾸민 것"에 대해 이야기하자 예수님은 찬물을 끼얹는 말씀을 하십니다. "너희 보는 이것들이 날이 이르면 돌 하나도 돌 위에 남지 않고 다 무너뜨려지리라"(6절). 사람들은 아름다운 성전을 보며 환호했지만, 예수님은 임박한 예루살렘의 종말을 미리 보며 탄식하셨습니다. 예수님은 최종 목적지인 예루살렘 가까이에 왔을 때, 그 성을 보고 우시며 성을 향해 이렇게 말씀하셨습니다. "날이 이를지라. 네 원수들이 토둔을 쌓고 너를 둘러 사면으로 가두고 또 너와 및 그 가운데 있는 네 자식들을 땅에 메어치며 돌 하나도 돌 위에 남기지 아니하리니 이는 네가 보살핌 받는 날을 알지 못함을 인함이니라"(19:41-44).

이스라엘 백성은 예루살렘이 멸망할 날을 알지 못했습니다. 하나님께서 그날을 감추셨기 때문입니다. 예수님이 승천하시고 40년 후(주후 70년), 예루살렘 성은 디도 장군이 이끄는 로마군에 의해 철저히 파괴되었습니다. 예수님은 그날을 미리 알고 우셨는데, 그분의 눈물에서 예루살렘에 대한 지극한 사랑을 느낄 수 있습니다. 비록 선지자를 죽이고 하나님의 말씀을 거부하며 회개하지 않는 자들이었지만 그들은 어쨌거나 하나님의 백성들이었기 때문입니다.

예수님께서 예루살렘의 멸망을 선포하자 사람들은 놀라면서 두 가지 질문을 했습니다. 하나는 '언제 이런 일이 일어날 것인가', 다른 하나는 '그 일이 일어날 때 어떤 징조가 있을 것인가'입니다. 이에 예수님은 대답하십니다. 첫째, 메시아라고 자칭하는 여러 거짓 선지자들이 일어나 때가 가까웠다, 둘째, 난리와 반역의 소문이 들려올 텐데 그래도 끝은 아직 멀었다고 말씀하셨습니다. 이런 상황에서는 신자들이 어떻게 행동할 것인지가 중요합니다. 예수님은 그들에게 미혹을 받지 말고, 거짓 선지자들을 따르지 말며, 두려워하지 말라고 경고하셨습니다. 예루살렘이 멸망하기 전에 나라들 사이에 여러 전쟁이 있을 것이고, 지진과 기근, 전염병 같은 대규모의 재난이 있을 것이며, 참된 신자들이 박해받을 것이라는 예언도 하셨습니다. 부모와 형제, 친척, 친구조차 그들을 공회에 넘길 것이고, 그중 몇 명은 죽음을 당하게 될 것이라는 말씀도 하셨습니다. 따라서 참된 신자들은 그와 같은 일을 당하면서 앞으로 예루살렘의 멸망이 얼마 남지 않았음을 미리 알 수 있었을 것입니다. 예수님은 "이 일이 도리어 너희에게 증거가 되리라"(13절)고 말씀하셨습니다.

예루살렘의 멸망이 임박했음을 말씀하시며 예수님은 제자들에게 위로의 약속도 함께 주셨습니다. 예루살렘의 멸망과 그 징조에 대해 들은 제자들은 어떤 마음이 들었을까요? 무엇보다 두려웠을 것입니다. 예루살렘 멸망과 아무런 상관이 없는 우리도 이런 이야기를 들으면 왠지 두려움을 느끼게 됩니다. 하지만 예수님께서 이와 같은 이야기를 들려 주신 것은 두려움을 주기 위해서가 아닙니다. 9절에서 예수님은 "두려워하지 말라"고 말씀하십니다.

예수님께서 이와 같은 예언을 하신 것은 신자들이 그때를 준비하도록 하기 위함입니다. 예루살렘이 멸망하기 전에 대대적인 박해가 있을 텐데 신자들이 박해를 받는 것은 예수 그리스도에 대한 신앙고백 때문입니다. 그들은 특별히 재판을 통해 벌을 받게 될 것입니다. 재판을 받을 때 승소하려면 변호를 잘 준비해야 하지만 예수님은 그럴 필요가 없다고 제자들에게 위안을 주십니다. "내가 너희의 모든 대적이 능히 대항하거나 변박할 수 없는 구변과 지혜를 너희에게 주리라"(15절).

제자들은 장차 세상의 임금 앞에서 그리스도에 대해 증언해야 할 것입니다. 그러자면 지혜가 필요합니다. 이 지혜는 인간에게서 나오는 것이 아니라 그리스도가 주시는 것입니다. 주님의 제자들은 이와 같은 약속을 믿었기 때문에 재판정에서도 담대하게 답변할 수 있었습니다. 다가오는 박해 앞에서 제자들에게 필요한 것은 주님의 약속에 대한 믿음과 재판장 앞에서 담대히 증언할 수 있는 용기였습니다. 누가복음의 제2부라고 할 수 있는 사도행전의 대부분은 재판정에서 제자들이 그리스도를 담대하게 증언하는 내용이 차지하고 있습니다. 이렇게 증언하기 위해 제자들은 오순절날에 위로부터 내려오는 능력을 받았습니다.

본문은 그리스도의 두 가지 위로로 마치고 있습니다. 첫 번째 위로는 "너희 머리털 하나도 상하지 아니하리라"(18절)이고, 두 번째 위로는 "너희의 인내로 너희 영혼을 얻으리라"(19절)입니다. 물론 이 약속은 탈모로 고민하는 분들을 위로하는 말은 아닙니다. 우리는 다니엘과 세 친구들이 뜨거운 풀무 불에서 머리털 하나 상하지 않고 구원받은 일을 잘 알고 있습니다. 머리털 하나도 상하지 않게 하시겠다는 약속은 불시험 같은 큰 위험 속에서도 하나님께서 우리와 함께하시겠다는 의미입니다.

이 약속을 정말로 믿는 제자들은 어떻게 세상을 살아가야 할까요? 어차피 구원이 보장되었으니 아무렇게나 살아갈까요? 그렇지 않습니다. 오히려 그 반대입니다. 반드시 보호해주신다는 하나님의 약속이 있기에 우리는 인내할 수 있습니다. 그래서 예수님은 "너희의 인내로 너희 영혼을 얻으리라"고 말씀하신 것입니다. 여기서 우리는 성도의 견인 교리가 지닌 핵심을 발견합니다. 성도의 견인이란 성도가 무슨 짓을 해도 구원을 보장받는다는 말이 아니라, 진정으로 거듭난 성도가 성령의 내주하심으로 어떤 어려움에 처해도 구원을 받는다는 교리입니다.

예루살렘을 어떻게 볼 것인가는 그 당시 예루살렘에 살던 그리스도인 유대인과 정통 유대인을 나누는 기준이었습니다. 예수님의 말씀을 믿은 그리스도인 유대인들은 예루살렘이 멸망할 것이라고 확신했고, 다른 유대인들은 그런 일은 결코 일어나지 않을 것이라고 생각했습니다. 그렇기 때문에 로마 군대가 예루살렘을 포위했을 때 소위 열심당원들과 그들과 함께한 사람들은 끝까지 로마에 저항하다가 다 죽고 말았습니다. 유대인의 역사를 기록한 요세푸스의 말에 따르면 거의 110만 명의 유대인들이 학살되었다고 하니 예루살렘의 멸망이 얼마나 끔찍했는지 짐작해 볼 수 있습니다.

예루살렘 멸망에 대한 예수님의 교훈은 그 직전에 살았던 많은 그리스도인들에게 직접적으로 큰 도움이 되었을 것입니다. 21절에서 예수님은 예루살렘이 군대들에게 에워싸이는 것을 보거든 산으로 도망가라고 구체적으로 명령하셨습니다. 실제로 이 명령을 기억한 많은 그리스도인들이 주후 70년에 로마 군대가 예루살렘을 포위할 때 펠라라는 곳으로 피신하여 생명을 보존할 수 있었습니다.

예루살렘의 멸망은 21세기를 사는 우리에게는 어떤 교훈을 줄까요? 무엇보다 성전이 건물로서는 더 이상 존재하지 않는다는 것을 기억해야 합니다. 성전이 없어졌기 때문에 성전과 관련된 모든 것이 폐지되었습니다. 제사를 드릴 수 없게 되었고, 따라서 제사장들도 필요 없어졌으며, 구약의 수많은 절기들도 무의미해졌습니다. 이와 같이 성전이 멸망했음에도 불구하고 오늘날 많은 사람들이 성전이라는 이름으로 크고 화려한 교회당을 세워 왔습니다. 예루살렘 성전의 멸망에서 아무런 교훈을 얻지 못한 것입니다. 이제 교회는 보이는 건물이 아니라 선포되는 복음을 통해 세워져야 합니다.

하나님께서 예루살렘을 아끼지 않으셨다는 것은 신약의 성도들에게 엄중한 경고의 메시지가 아닐 수 없습니다. 그런 점에서 신약의 성도인 우리는 자만해서는 안 됩니다. 우리가 새 예루살렘이 되었다지만 하나님의 말씀에 순종하지 않는다면 우리 역시 그분의 심판을 면할 수 없습니다. 그럼에도 불구하고 새 예루살렘인 교회는 결코 멸망하지 않을 것입니다. 하나님께서 세상 끝날까지 보호하시기 때문입니다. 이와 같은 약속이 있기에 우리는 세상에서 인내할 수 있습니다.

그 당시 제자들이 예루살렘의 멸망에서 구원받는 것과, 마지막 때를 살아가는 신자들이 이 세상에서 구원받는 방식은 동일합니다. 거짓 선지자들의 가르침에 미혹되거나 그들을 따라가서는 안 됩니다. 주님의 이름으로 박해를 받을 때 당당히 그리스도를 증언하고, 끝까지 참고 인내함으로써 우리는 구원을 얻을 것입니다. '인내'라는 단어는 누가복음에 두 번 등장하는데 이곳과 누가복음 8장 15절에서 한번 더 볼 수 있습니다. "좋은 땅에 있다는 것은 착하고 좋은 마음으로 말씀을 듣고 지키어 인내로 결실하는 자"를 두고 하는 말입니다. 이제 주님의 말씀을 들었으니 잘 지키고 인내하여 구원의 기쁨을 확실히 누리는 복된 성도가 되시기를 바랍니다.

1. 아름다운 예루살렘 성전을 보고 감탄하는 사람들에게 예수님은 뭐라고 예언하십니까?
2. 예언을 듣고 두려워하는 제자들에게 예수님은 어떤 말씀으로 위로를 주십니까?
3. 예루살렘 멸망과 관련해 예수님은 어떤 가르침을 주십니까? 이것이 오늘날 우리에게 주는 영적 의미는 무엇입니까?

25

# 하나님 나라의 질서
# "나는 너희 가운데 섬기는 자로 있노라"

누가복음 22:24-30

제자들은 서로 '누가 크냐'라는 논쟁을 또 벌이기 시작했습니다. 이와 동일한 논쟁을 누가복음 9장에서도 찾아볼 수 있습니다. 그때 예수님은 자신이 장차 사람들의 손에 넘겨질 것이라는 사실을 귀담아들으라고 말씀하셨지만(9:44) 제자들은 말귀를 못 알아듣고 '누가 크냐'는 논쟁에 여념이 없었습니다. 예수님은 그들의 마음을 간파하고는 질문에 대한 답을 주십니다. "너희 모든 사람 중에 가장 작은 그가 큰 자니라"(9:48). 이렇게 분명한 답변을 들어도 제자들은 이를 제대로 이해하지 못했습니다.

제자들의 모습에서도 보듯이 사람들은 비교하기를 참 좋아합니다. 비교 자체가 나쁜 건 아니지만 그릇된 기준으로 비교함으로써 자신의 우월감을 확인하려는 것이 문제입니다.

'누가 크냐'는 교회 역사에서도 아주 중요한 문제였습니다. 이른바 교황권의 문제로 교회가 분열되기까지 했습니다. 1054년에 동방교회와 서방교회가 나누어진 데는 성령의 기원 문제와 더불어 이것이 중요한 이유가 되었습니다. 서방교회인 로마가톨릭교회는 로마의 주교는 베드로의 후예이므로 다른 모든 주교들보다 크다고 주장하며 이를 거부한 동방교회를 출교시켰습니다. 개혁교회는 주교나 감독이 다른 목사들보다 더 크다는 주장에 반대하면서 말씀의 종은 어디에 있든지 동등하다는 것을 신앙고백으로 확정했습니다.

본문에서 주님은 '누가 크냐'라는 제자들의 질문에 9장에서 말씀하신 것보다 더 구체적으로 답하십니다. 이 대답에서 우리는 하나님 나라의 새로운 질서를 볼 수 있습니다.

### 배경: 고별 만찬

먼저 제자들 사이에 논쟁이 일어난 배경을 살펴봅시다. 이 사건은 예수님께서 잡히시기 전날 밤에 고별 만찬에서 일어났습니다. 사복음서에 기록된 내용을 모두 종합하면 고별 만찬에서 다음과 같은 일련의 일들이 있었습니다. 먼저 예수님께서 제자들의 발을 씻기셨습니다. 서로 섬기며 살아야 하는 본을 몸소 보여 주신 것입니다. 또한 예수님은 제자 중 한 명이 자신을 배신할 것이라고 공개적으로 말씀하셨습니다. 그런 다음 떡과 잔을 나누면서 성찬을 친히 제정하셨고, 성찬을 통해 제자들과 영원한 언약을 맺으셨습니다. 이 예식을 통해 예수님은 자신이 어떤 존재인지를 확실히 보여 주셨습니다. 하나님의 아들로 오신 분이 제자들을 위해 몸이 찢기고 피를 흘리실 것입니다.

제자들 간에 '누가 크냐'는 논쟁은 이와 같은 일이 다 있고 나서 일어났습니다. 주님의 모습과 제자들의 모습이 얼마나 대조를 이루고 있습니까? 예수님은 그들의 발을 씻겨 주시고, 친히 그들을 먹이고 마시게 하셨습니다. 이제 몇 시간 후면 유다에게 배신당해 체포되실 것입니다. 그런 와중에도 제자들은 전혀 딴 생각을 하고 있습니다. 그들은 주님의 섬김을 보고도 아무런 깨달음을 얻지 못했습니다.

어떻게 이런 일이 가능할까요? 오늘날 수많은 교회가 내부의 갈등으로 고통을 겪고 있습니다. 장로교회의 경우 당회 안에서 목사와 장로의 갈등이 위험 수위를 넘기도 합니다. 모든 갈등의 뿌리에는 '누가 크냐'는 문제가 자리 잡고 있습니다. 우리는 교회에 와서 예배를 드리고 설교를 듣고 기도하면서 주님의 뜻을 따르기로 결심하지만, 정작 교회 문제들을 결정하는 일에서는 주도권을 쥐려고 합니다. 이런 사람이 한두 명만 있어도 교회의 갈등은 근본적으로 해결되지 않습니다.

안타깝게도 교회 안의 이러한 갈등을 보며 회의를 느낀 청년들이 교회를 떠나고 있습니다. 이 문제를 해결하지 못한다면 교회의 앞날은 결코 밝다고 할 수 없습니다. '누가 크냐'는 문제로 발생하는 갈등은 해결하기가 쉽지 않습니다. 단순히 "겸손한 마음으로 서로 사랑합시다"라고 외치는 식으로는 문제를 해결할 수 없습니다. 상투적인 미사여구로 끝나기가 쉽습니다. 보다 근본적인 성경적 원칙이 필요합니다.

### "너희는 그렇지 않을지니": 교회의 질서 vs. 세상의 질서

고별 만찬에서 제자들 사이에 논쟁이 일어난 것은 저마다의 기준이 달랐기 때문입니다. 누가 예수님께 가장 먼저 부르심을 받았는가, 누가 가장 나이가 많은가, 누가 가장 능력을 많이 행했는가, 누가 예수님께 사명을 가장 많이 받았는가 등 무엇을 기준으로 삼느냐에 따라 '누가 크냐'에 대한 답은 달라질 것입니다.

예수님이 개입하지 않으셨다면 그날의 만찬은 엉망이 되고 말았을 것입니다. 예수님께서 이 문제를 어떻게 해결하셨는지 살펴봅시다. 먼저 예수님이 어느 한 명을 지목하여 "그 사람이 다른 사람보다 크다"고 말씀하지 않으셨다는 사실에 주목합시다. 이것은 교회에서 '누가 크냐'의 문제를 해결하는 중요한 열쇠입니다. 사실 '누가 크냐'는 질문 자체가 잘못되었습니다. 교회 안에서 정확한 질문은 "어떤 일을 하는 사람이 크냐"가 되어야 합니다. 예수님은 바로 이 점을 정확히 지적하십니다.

교회 안에서는 지위가 아니라 직무가 더 중요합니다. 이런 개념이 직분을 이해하는 데 대단히 중요합니다. 지위는 갖고 있지만 직무가 없다면 그 지위는 아무런 가치가 없습니다. 목사나 장로, 권사와 같은 지위 자체가 중요하지 않습니다. 그리스도의 교회는 지위가 아니라 그런 지위에 있는 사람들의 봉사로 세워지기 때문입니다. 지위를 갖고 있으나 지위에 맞는 일을 하지 않거나 지위와 상관없는 일을 한다면 교회는 서서히 무너져 갈 것입니다.

'누가 크냐'의 문제를 교회 안에서 해결할 때, 세상 나라와 하나님 나라의 질서가 전혀 다르다는 점을 기억하시기 바랍니다. 예수님은 "너희는 그렇지 않을지니"(26절)라고 분명하게 선언하십니다. 이 말씀을 교회는 명심해야 합니다. 오늘날 교회가 세상을 너무 닮아 가고 있습니다. 교회와 세상이 구분되지 않을 정도입니다. 신자들이 오히려 세상의 방식을 더 따릅니다. 예수님을 믿어도 가치관과 삶의 모습이 전혀 달라지지 않습니다. 교회 직분을 이해하는 데에도 세상의 가치관을 그대로 적용합니다.

세상에서는 어떤 사람이 큰 사람입니까? 예수님은 "이방인의 임금들은 그들을 주관하며 그 집권자들은 은인이라 칭함을 받으나"(25절)라고 지적합니다. 세상에서는 다스리는 자, 지위가 높은 자가 큰 자입니다. 그렇다면 교회 안에서는 어떤 일을 하는 사람이 큰 자입니까? 예수님은 다음과 같이 답변하십니다. "너희 중에 큰 자는 젊은 자와 같고 다스리는 자는 섬기는 자와 같을지니라"(26절). 교회 안에서는 섬기는 일을 하는 사람이 큰 자입니다. 이것이 교회의 질서와 세상의 질서가 근본적으로 다른 점입니다. 세상에서 지위는 다른 사람을 다스리기 위해 주어지지만, 교회에서 지위는 다른 사람을 섬기기 위해 주어집니다. 그래서 교회 안의 모든 직분자를 봉사자, 즉 섬기는 자라고 부르는 것입니다.

### 식탁 봉사: 섬김의 원형

교회에서 큰 자는 구체적으로 어떻게 다른 성도들을 섬겨야 할까요? 이 질문에 예수님은 최고의 모범을 보여 주셨습니다. 여기서 우리는 '누가 크냐'는 논쟁이 고별 만찬에서 일어났다는 사실을 다시 한번 기억해야 합니다. 식탁 봉사야말로 가장 기본적인 섬김(그리스어로 '디아코니아')입니다. 옛날에는 종들이 식탁 옆에 서서 식사하는 주인을 섬겼습니다. 세상에서는 식탁에서 섬기는 일을 하찮게 여기는지 몰라도 하나님 나라에서는 식탁 봉사야말로 가장 큰 자가 해야 할 일입니다.

예수님은 이 세상에 있을 때 식탁 봉사를 종종 하셨습니다. 가장 대표적인 사건이 오병이어의 기적입니다. 예수님은 5천 명이나 되는 무리를 친히 먹이셨습니다. 예수님은 부활하신 후에도 밤새도록 물고기를 잡았던 제자 일곱 명을 위해 식사를 준비하셨고 그들을 불러서 먹이셨습니다. 고별 만찬은 식탁 봉사의 절정이라고 할 수 있습니다. 고별 만찬에서 예수님은 친히 제자들의 발을 씻기심으로 제자들이 식사할 수 있도록 준비하셨습니다. 이 자리에서 예수님은 친히 떡을 떼고 잔에 포도주를 부어 제자들에게 나눠 주셨습니다.

식탁 봉사의 본질을 예수님은 이렇게 말씀하십니다. "앉아서 먹는 자가 크냐 섬기는 자가 크냐. 앉아서 먹는 자가 아니냐. 그러나 나는 섬기는 자로 너희 중에 있노라"(27절). 여기서 우리는 식탁 봉사가 단순히 섬김의 모범을 넘어 하나님 나라의 질서를 보여 준다는 점을 알 수 있습니다. 그러므로 오늘날 우리의 성찬식에서도 하나님 나라의 질서가 분명히 드러나야 합니다. 이 문제와 관련해 17세기 영국 교회에서 '성찬식에서 떡을 어떤 자세로 받아야 하는가?'라는 문제로 격렬한 논쟁이 벌어졌습니다. 떡이 예수님의 진정한 살이라면 경외심을 가지고 무릎을 꿇고 받아야 한다고 국교회주의자들은 주장했습니다. 하지만 더 중요한 것은 성찬식에서 섬기는 자가 더 큰 자라는 하나님 나라의 질서가 드러나는 것입니다. 그렇다면 장로들은 섬기는 자로서 서서 분병과 분잔을 하고, 성도들은 앉아서 먹고 마시는 것이 더 성경적이라고 할 수 있습니다.

♛

예수님은 잡히시기 전날 밤, 친히 종처럼 섬기며 제자들을 먹이고 마시게 하셨습니다. 그런데 이제는 그 일을 그만두셨을까요? 전혀 그렇지 않습니다. 죽으시고 부활하시고 승천하신 주님은 여전히 하늘에서 자신의 살과 피를 백성들에게 먹고 마시게 하십니다. 그런데 이 일을 예전처럼 직접 하시는 것이 아니라 말씀의 종들을 통해 특별히 '성찬식'에서 하십니다. 성찬식은 하나님 나라의 통치가 실현되는 현장이라고 할 수 있습니다.

성찬식 때 봉사하는 목사와 장로는 주님의 종들입니다. 주님의 종이라고 해서 우리가 그들을 종처럼 부려야 한다는 의미가 아닙니다. 이 종들에게는 권위가 있습니다. 예수님은 "내 아버지께서 나라를 내게 맡기신 것같이 나도 너희에게 맡겨…이스라엘 열두 지파를 다스리게 하려 하노라"(29-30절). 예수님은 아버지께 받은 권위를 제자들에게 나눠 주십니다. 그 제자들은 예수님의 "모든 시험 중에 항상 나와 함께한 자들"(28절)입니다.

이제 우리는 '누가 크냐'는 질문을 내려놓아야 합니다. 예수 그리스도의 십자가로 우리는 세상과는 전혀 다른 나라에 들어왔습니다. 이 나라의 질서를 따르며 섬기는 일을 하는 자가 가장 큰 자입니다. 이 섬김을 통해 주님은 교회를 든든히 세워 가실 것입니다. 하나님의 은혜와 평강이 섬기는 일에 최선을 다하는 모든 이들에게 함께하기를 바랍니다.

1. 고별 만찬이 있던 날 예수님은 제자들을 어떻게 섬기십니까? 그것은 제자들의 모습과 어떻게 대비됩니까?
2. 누가 큰지를 놓고 다투는 제자들에게 예수님은 뭐라고 말씀하십니까?
3. 하나님 나라의 질서를 따르는 교회 안에서 지위와 직분의 목적은 무엇입니까?

26

# 겟세마네 성소에서 기도하신 예수님 *
# "시험에 들지 않게 일어나 기도하라"

누가복음 22:39-46

본문의 40절을 보면 "유혹에 빠지지 않게 기도하라"는 말씀이 나오고, 마지막 46절에는 "시험에 들지 않게 일어나 기도하라"는 말씀이 또 나옵니다. 이와 같이 성경 본문의 앞뒤에서 반복되는 내용은 주제인 경우가 많습니다. 이러한 구조를 문학적으로 인클루지오(inclusio), 즉 수미상관법이라고 합니다.

우리도 일상에서 이런 식으로 말할 때가 종종 있습니다. 아버지가 퇴근하고 집에 와 보니 아들이 컴퓨터 게임을 하고 있습니다. 아버지가 말합니다. "너 공부 안 하니? 어떻게 맨날 게임만 하고 앉았냐? 온라인 수업이나 인강 들으라고 비싼 컴퓨터를 사 줬는데 허구

* 광교장로교회 심성현 목사의 설교를 정리한 글이다.

헌날 게임이니…고등학생이 되었으면 자기 앞가림 정도는 해야지. 내가 언제까지 잔소리를 해야 되니? 아빠 친구 아들은 이번에도 전과목 일등급 받았다더라. 얼른 가서 공부해!" 아버지의 말이 "공부 안 하니"로 시작해 "공부해"로 끝났습니다. 그러면 이 이야기의 주제는 무엇일까요? 공부하라는 것이지요.

성경에는 이런 구조가 많이 나오므로 주의해서 본문을 살펴봐야 합니다. 누가가 기록한 예수님의 감람산 기도도 비슷합니다. 본문의 앞뒤 구절에 '시험(유혹)에 들지 않게 기도하라'는 말씀이 나오고, 그 사이에 예수님이 기도하시는 장면이 들어 있습니다. 이런 문장 구조를 이해한다면 '시험에 들지 않게 깨어서 기도하는 것'이 이 이야기에서 누가가 전하려는 주제임을 알 수 있습니다.

복음서를 읽을 때는 다른 복음서에 나오는 같은 본문을 나란히 놓고 읽으면 언제나 유익합니다. 이 본문도 그렇습니다. 비교해 보면 누가복음에는 없지만 마태복음(26장)과 마가복음(14장)에는 있고, 반대로 누가복음에만 있는 내용도 있습니다. 이를테면 마태복음과 마가복음에는 예수님이 기도하실 때 "내 마음이 매우 고민하여 죽게 되었으니"(마 26:38, 막 14:34)라는 기록이 나옵니다. "너희가 나와 함께 한 시간도 이렇게 깨어 있을 수 없더냐? 마음에는 원이로되 육신이 약하도다"(마 26:40, 막 14:38)라는 구절도 나옵니다. "세 번째 같은 말씀으로 기도하신 후"(마 26:44)와 같이 구체적인 표현도 나옵니다. 한편 누가도 마태나 마가가 사용하지 않은 특별한 표현을 씁니다. 누가만 사용한 다음 세 가지 표현을 눈여겨보시기 바랍니다. "돌 던질 만큼 가서 무릎을 꿇고 기도하여"(41절). "천사가 하늘로부터 예수께 나타나 힘을 더하더라"(43절). "힘쓰고 애써 더욱 간절히 기도하시니 땀이 땅에 떨어지는 핏방울같이 되더라"(44절).

왜 누가는 마태나 마가와 달리 예수님의 기도를 이렇게 표현했을까요? 힌트를 하나 드리자면 누가복음의 시작과 끝을 한번 보십시오. 누가복음 1장에는 제사장 사가랴가 등장합니다. 그는 전례를 따라 성소에서 분향하고 제의 과정을 마친 다음 밖으로 나옵니다. 이제 바깥에서 기다리던 백성들을 향해 제사장으로서 축복할 때입니다. 하지만 말을 못하게 된 그는 백성들을 축복하지 못하고 그저 몸짓으로만 뜻을 표현했습니다(1:22). 반면에 누가복음의 마지막 장에서는 예수 그리스도가 손을 들어 축도하고 하늘로 올라가십니다(24:50-51). 누가는 축복하지 못하는 제사장으로 복음서를 시작했다가, 축복하며 하늘에 오르시는 참 제사장을 보여 주며 복음서를 마무리합니다. 그는 예수님을 인간 제사장과는 비교되는 참 제사장으로 그리고 싶었던 것입니다. 이러한 누가의 의도를 염두에 둔다면, 본문에서 그가 사용한 세 가지 표현을 이해하는 데 큰 도움이 될 것입니다.

### "돌 던질 만큼"

누가는 예수님이 "돌 던질 만큼" 거리를 두고 기도하셨다고 기록했는데, 그 거리는 예수님의 모습을 육안으로 확인할 수 있는 정도였던 것이 분명합니다. 예수님께서 기도하시는 모습을 마태와 마가가 상세히 묘사하고 있고, 누가도 땀이 핏방울처럼 떨어졌다고 기록하는 것을 보면 말입니다.

사실 누가의 관심은 예수님과 제자들의 거리에 있지 않습니다. 이것이 주된 관심이었다면 의사로서 관찰력이 뛰어난 누가는 훨씬 더 상세하게 기록했을 겁니다. 41절은 "돌 던질 만큼"이라는 표현에 앞서서 "그들을 떠나"라는 말로 시작됩니다. 따라서 우리는 '왜 예수님이 제자들과 함께 기도하지 않았을까'를 묻는 게 맞습니다. 예수님께서 일정 거리를 두고 기도하시는 모습은 구약시대의 분향단을 떠올려 보면 쉽게 이해되는 그림입니다. 율법에 따르면 제사장은 절기를 맞이해 홀로 성소로 들어갑니다. 다른 백성들은 함께 들어갈 수 없습니다. 사가랴가 전례를 따라 성소에 들어가 분향하는 동안에도 모든 백성은 성소 밖에서 기도하며 기다렸습니다.

모세의 율법은 제사장이 홀로 들어가 분향해야 한다고 아주 엄격하게 규정해 놓고 있습니다. 민수기 3장 10절에서 하나님은 "너는 아론과 그의 아들들을 세워 제사장 직무를 행하게 하라. 외인이 가까이 하면 죽임을 당할 것이니라"고 말씀하십니다. 그러나 하나님의 법이 늘 그대로 지켜지는 것은 아니었지요. 성경에는 언제나 율법을 어기는 반면교사들이 등장합니다. 역대하 26장 18-19절의 웃시야 왕이 그런 사람이었습니다. 그는 나라가 강성해지자 그것이 하나님의 은혜인 줄 모르고 교만해져 스스로 분향까지 하려 듭니다. 제사장 아사랴가 그를 막아서면서 "여호와께 분향하는 일은 왕이 할 바가 아니요 오직 분향하기 위하여 구별함을 받은 아론의 자손 제사장들이 할 바니 성소에서 나가소서"라고 말했지만 왕은 경고를 무시합니다. 결국 그는 벌을 받아 이마에 나병이 생겼고, 이스라엘 공동체에서 쫓겨나 죽는 날까지 별궁에서 혼자 살아야 했습니다.

제자들을 떠나 홀로 돌 던질 만큼 거리를 두고 기도하시는 예수님을 보며 우리는 성소에 홀로 들어가는 제사장의 모습을 떠올리게 됩니다. 기도하는 내용이나 모습에서 다 그러합니다. 우리는 예수님이 기도하시는 모습을 본받고자 합니다. 예수님이 새벽에 기도하셨으니 나도 새벽에 일어나 기도해야지, 예수님이 습관을 따라 기도하셨으니 나도 기도하는 습관을 길러야지, 예수님이 산에서 기도하셨으니 나도 산에 올라가 기도해야지, 라고 말입니다. 예수님의 모습을 본받으려는 것은 바람직하지만 그분이 하시는 일 중에는 우리가 도저히 따라할 수 없는 일도 있습니다. 예수님의 고통을 이해해 보려고 십자가에 매달릴 수는 있어도 그런 행동으로 죄사함이 이루어지지 않는 것처럼 말입니다. 예수님은 우리와 구별되는 영원한 제사장으로서 홀로 아버지 앞에 나아가십니다. 누가는 영원한 제사장 되시는 예수님을 "돌 던질 만큼 가서" 기도하시는 모습으로 소개하고 있습니다.

### "땀이 땅에 떨어지는 핏방울같이 되더라"

누가는 예수님이 기도하실 때 "땀이 땅에 떨어지는 핏방울같이 되더라"고 기록합니다. 이런 모습은 성소 내 분향단에서 일어나는 일을 떠올리게 합니다. 제사장이 기도하는 성막의 구조를 살펴보면 이렇습니다. 즉 입구가 동쪽으로 나 있는 성막 휘장을 열고 들어가면 번제단이 나오고 그 뒤로 물두멍이 있습니다. 이를 지나 성소 휘장을 열고 들어가면 오른편에는 떡상이, 왼편에는 금촛대, 정면에는 분향단이 있습니다. 이 분향단을 눈여겨보시기 바랍니다. 분향단은 직육면체의 네모난 상자이고 위쪽 네 모서리에는 뾰족한 뿔이 있습니다. 모든 면은 금으로 싸여 있습니다. 분향단에서 제사장은 두 가지 일을 합니다.

우리가 이 일을 살펴봐야 하는 것은 두 가지 일 모두를 예수님께서 겟세마네 동산에서 이루셨기 때문입니다. 제사장이 하는 첫 번째 일은 분향단에서 향을 사르며 기도하는 것입니다. 누가복음 1장 10절을 보면 모든 백성이 분향 시간에 성막 밖에서 기도하고 있고, 13절을 보면 성소 내에서 분향하는 사가랴에게 천사가 나타나 그의 간구함이 응답받았다는 말을 전합니다. 제사장은 단지 향만 사른 것이 아니라 성막 바깥에서 기도하는 백성처럼 분향하며 기도했습니다. 시편 141편 2절은 "나의 기도가 주의 앞에 분향함과 같이 되[게]" 해달라고 간구합니다. 분향과 기도가 나란히 표현되고 있습니다. 요한계시록 8장 4절은 "향연이 성도의 기도와 함께 천사의 손으로부터 하나님 앞으로 올라가는지라"고 기록합니다. 요한계시록 5장 8절은 "향이 가득한 금 대접을 가졌으니 이 향은 성도의 기도들이라"고 말합니다. 분향과 기도가 때로는 동의어처럼, 때로는 병행되어 사용되는 것으로 보아 우리는 분향을 기도로 이해할 수 있습니다.

제사장이 분향단에서 하는 두 번째 일은 향단의 네 뿔에 피를 바르고 피를 뿌리는 것입니다. 레위기 4장 6-7절은 "그 제사장이 손가락에 그 피를 찍어 여호와 앞 곧 성소의 휘장 앞에 일곱 번 뿌릴 것이며 제사장은 또 그 피를 여호와 앞 곧 회막 안 향단 뿔들에 바르고 그 송아지의 피 전부를 회막 문 앞 번제단 밑에 쏟을 것이며"라고 말합니다. 뿔들에 피를 뿌리고 또한 바르는 일이지요. 그런데 이것이 속죄일에는 바르고 뿌리는 일로 바뀝니다. 피를 뿔에 먼저 바르고, 그 다음에 뿌리는 것입니다.

이 상황을 한번 상상해 봅시다. 제사장은 성소로 홀로 들어갑니다. 그곳에서 향을 사르는 것이 곧 기도라고 했습니다. 제사장은 기도할 뿐 아니라 향단의 뿔에 피를 바르고 뿌려야 합니다. 향단 뿔에 발린 피는 땅으로 뚝뚝 떨어집니다. 누가는 아마도 이런 장면을 떠올리며 예수님께서 기도하실 때 "땀이 땅에 떨어지는 핏방울같이 되더라"는 표현을 썼을 것입니다.

향단의 뿔이 무엇을 상징하는지 보여 주는 성경의 여러 증언이 있습니다. 먼저 열왕기상 1장과 2장을 살펴봅시다. 왕위 찬탈에 실패한 아도니야와 고의로 살인을 저지른 요압의 이야기입니다. 이들은 성막으로 달려가 제단의 뿔을 잡고 생명을 구하고자 합니다. 다윗이 솔로몬에게 평화의 때에 고의 살인을 저지른 요압을 죽이라는 유언을 남겼을 때, 요압은 살려고 성막으로 도망쳐 제단의 뿔을 잡습니다. 아도니야도 그랬습니다. "어떤 사람이 솔로몬에게 말하여 이르되

아도니야가 솔로몬 왕을 두려워하여 지금 제단 뿔을 잡고 말하기를 솔로몬 왕이 오늘 칼로 자기 종을 죽이지 않겠다고 내게 맹세하기를 원한다 하나이다"(왕상 1:51). 아도니야 역시 목숨을 부지하기 위해 제단의 뿔을 잡았습니다. 출애굽기 21장 14절에 따르면 "사람이 그의 이웃을 고의로 죽였으면 너는 그를 내 제단에서라도 잡아내려 죽일지니라"고 말합니다. 뿔을 잡는 것과 생명의 '구원'이 연관 있음을 성경이 보여 줍니다.

누가가 자신의 복음서에서 사용한 표현이 더 중요할 수 있는데, 실제로 1장 67-68절에 "구원의 뿔"이라는 표현이 나옵니다. 사가랴가 말을 못하고 있다가 서판에 아들의 이름을 요한이라고 쓰고 난 다음에 비로소 입이 풀려 말할 수 있게 되고, 성령이 충만하여 예언을 하는데 여기서 주목할 만한 표현이 등장합니다. "찬송하리로다. 주 이스라엘의 하나님이여, 그 백성을 돌보사 속량하시며 우리를 위하여 구원의 뿔을 그 종 다윗의 집에 일으키셨으니"(68-69절). 다음 내용이 중요합니다. "이것은 주께서 예로부터 거룩한 선지자의 입으로 말씀하신 바와 같이 우리 원수에게서와 우리를 미워하는 모든 자의 손에서 구원하시는 일이라"(70-71절). 다윗의 집안에서 일으키실 구원의 뿔이란 무슨 뜻일까요? 진짜 그 집안에 소뿔 같은 것이 자란다는 말일까요? 이는 구원을 가져다줄 메시아 탄생에 대한 예언입니다. 다윗 가문에서 태어날 메시아, 곧 예수 그리스도를 가리켜 '구원의 뿔'이라고 말한 것입니다.

마지막으로, 누가는 예수님께서 기도하실 때 "천사가 하늘로부터 예수께 나타나 힘을 더하더라"(43절)고 설명합니다. 예수님의 기도가 분향단의 기도요 제사장의 기도라면, 그분이 기도하실 때 천사가 나타났다는 표현은 아주 자연스럽습니다. 분향단이 있는 성소를 생각해 보십시오. 성막에 분향하러 제사장이 들어갔을 때 내소의 위와 앞과 뒤, 왼쪽과 오른쪽을 쳐다보면 무엇이 수놓여 있습니까? 바로 천사가 수놓여 있습니다. 성막의 식양은 모세가 고안한 게 아니라 하나님의 계시를 받아 만든 것이었습니다. 하나님은 모세에게 "너는 청색 자색 홍색 실과 가늘게 꼰 베 실로 짜서 휘장을 만들고 그 위에 그룹들을 정교하게 수놓[으라]"고 명하셨고(출 26:31), 이것이 성막 내소를 덮는 첫 번째 장막이었습니다. 예수님께서 기도하실 때 천사가 하늘로부터 나타나 힘을 더했다는 것은 그분이 기도하시는 그 자리가 곧 성소임을 보여 줍니다.

천사의 등장은 무엇보다 예수님이 구원의 뿔이심을 증명합니다. 이와 관련하여 요한계시록 9장 13-15절에 재미있는 표현이 나옵니다. "여섯째 천사가 나팔을 불매 내가 들으니 하나님 앞 금 제단 네 뿔에서 한 음성이 나서 나팔 가진 여섯째 천사에게 말하기를 '큰 강 유브라데에 결박한 네 천사를 놓아주라' 하매 네 천사가 놓였으니 그들은 그 년 월 일 시에 이르러 사람 삼분의 일을 죽이기로 준비된 자들이더라." 하나님 앞에 있는 금 제단 네 뿔에서 한 소리가 났습니다. 그 소리가 천사들을 보내어 심판합니다. 이 천사들을 음성으로 좌지우지하는 분은 누구일까요? 두말할 필요 없이 하나님이십니다. 하나님 앞에 있는 금 제단 네 뿔에서 한 음성이 나왔다고 했습니다. 하나님 앞 금 제단은 분향단을 가리킵니다. 성소 바깥의 번제단은 놋 제단이므로 하나님 앞의 금 제단이란 분향단을 가리키는 게 맞습니다. 지금 분향단 네 뿔에서 나온 한 음성이 천사들을 말씀 하나로 좌지우지하고 있습니다. 요한계시록의 앞뒤 문맥을 보면 분향단 네 뿔에서 난 이 음성은 일찍 죽임 당한 어린 양의 목소리요, 요한계시록 6장과 연관해서 보더라도 이는 그리스도의 음성입니다. 분향단 네 뿔에서 나는 음성이 곧 예수님의 음성이라고 계시록이 말해 주고 있습니다.

예수님도 '세상 끝'에 추수할 천사를 보내어 심판하실 것을 예고하셨습니다. 이것으로 짐작해 보건대 분향단 네 뿔에서 나온 음성은 예수님의 음성이고, 곧 분향단과 네 뿔도 예수님을 상징한다고 볼 수 있습니다. 우리는 성경에서 예수님이 자신을 가리켜 성전이라고 하신 말씀을 읽습니다. 이 말은 성전만 예수님을 가리키는 것이 아니라 성전과 성전 안에 포함된 모든 기물과 제의, 제사, 심지어 제사장들도 다 그분을 가리킨다는 뜻으로 보아야 합니다. 그렇다면 성경이 말하는바 분향단과 뿔이란 곧 구원의 뿔이신 예수 그리스도를 가리킵니다.

예수님은 돌 던질 만큼 거리를 두고 홀로 들어가 제사장이 해야 하는 모든 일을 지금 몸소 이루고 계십니다. 제사장으로서 하나님께

속죄의 기도를 드리실 뿐만 아니라, 분향단의 네 뿔인 그분의 몸에 직접 제물이 된 자신의 피를 바르시고, 그 피가 바닥에 뚝뚝 떨어짐으로써 분향단에서 해야 하는 제사장의 행동을 모두 이루고 계십니다. 누가는 우리로 하여금 구원의 뿔이며 유일한 제사장이신 예수님을 바라보게 하고 있습니다.

### "아버지의 뜻대로 되기를 원하나이다"

지금까지 예수님께서 기도하시는 모습을 중심으로 본문을 살펴보았습니다. 그 모습은 바로 율법이 명하고 있는 제사장의 기도 방식이었습니다. 이제 예수님께서 기도하신 내용을 살펴보겠습니다. 사실 이것이 더 중요합니다.

누가는 예수님의 기도를 다음 한 절로 기록합니다. "아버지여, 만일 아버지의 뜻이거든 이 잔을 내게서 옮기시옵소서. 그러나 내 원대로 마시옵고 아버지의 원대로 되기를 원하나이다"(42절). 병행 구절인 마태와 마가도 표현이 조금 다르긴 하지만 아버지의 원대로 되기를 바라신다는 예수님의 기도를 기록합니다. 한마디로 하나님의 뜻대로 되는 것이 예수님의 기도였습니다.

여러분은 하나님 아버지의 뜻대로 되는 것이 기쁘고 좋습니까? 내 뜻이 거절되고 하나님의 뜻이 이루어질 때 기쁨이 샘솟고 만족스럽습니까? 우리는 육신의 생각과 죄의 오염에서 완전히 자유롭지 못하기 때문에 하나님의 뜻대로 되는 것에 대한 불안감과 반감이 마음속에 있습니다. 내 인생이 하나님의 뜻대로 되면 내가 원하는 일을 못하게 될 것만 같고, 지금껏 쌓아온 인생의 탑이 무너질 것 같은 두려움도 생깁니다. 내 삶을 하나님의 뜻에 맡기면 나를 오지 선교사로 보내 버리지는 않을까, 문전걸식하며 빈궁하게 살게 되지 않을까 하는 불안감도 있습니다. 사실 우리가 하나님을 많이 오해하고 있기 때문에 그런 생각이 드는 것입니다.

여러분은 기도하면서 언제 하나님께 실망하는 마음이 듭니까? 하나님의 뜻대로 안 될 때입니까, 아니면 내 뜻대로 안 될 때입니까? 보통은 내 뜻대로 안 될 때 하나님께 실망하지 하나님의 뜻대로 안 된다고 실망하는 경우는 적습니다. 원래는 반대로 되어야 정상인데 말입니다. 저는 기도를 했는데 제 뜻대로 안 되어 크게 실망한 적이 있습니다. 어머니를 살려 달라고 수개월 간 기도하고 금식하며 간절히 매달렸지만 어머니는 결국 돌아가셨습니다. 그때 제일 먼저 든 생각은 '아, 하나님은 내 기도는 안 들으시는구나'였습니다. 기도하면 뭐하나, 어차피 하나님의 뜻대로 하실 텐데 하는 실망감에 사로잡혔습니다.

누가는 예수님의 기도를 다소 짧게 기록하지만, 마태와 마가는 아버지의 뜻과 자신의 뜻 사이에서 고뇌하는 예수 그리스도의 심정을 잘 드러내고 있습니다. 마가복음 14장 33-34절은 이렇게 말합니다. "베드로와 야고보와 요한을 데리고 가실새 심히 놀라시며 슬퍼하사 말씀하시되 '내 마음이 심히 고민하여 죽게 되었으니 너희는 여기 머물러 깨어 있으라' 하시고." 마태복음 26장 37-38절입니다. “베드로와 세베대의 두 아들을 데리고 가실새 고민하고 슬퍼하사 이에 말씀하시되 ‘내 마음이 매우 고민하여 죽게 되었으니 너희는 여기 머물러 나와 함께 깨어 있으라’ 하시고.” 히브리서 5장 7절은 “그는 육체에 계실 때에 자기를 죽음에서 능히 구원하실 이에게 심한 통곡과 눈물로 간구와 소원을 올렸고”라고 기록합니다.

거절에 대해 가장 극심한 고통과 고뇌를 겪은 한 사람이 있다면 감람산에서 기도하신 예수님입니다. 자기의 뜻이 거절되고 아버지의 원대로 되는 것 사이에서 누구보다 고민하고 슬퍼하셨던 분이 우리 구주십니다. 다른 종교의 신들과는 달리 예수 그리스도는 우리의 눈물과 슬픔을 정말로 아는 분이십니다. 예수님 자신이 눈물을 흘리며 울어 보셨기 때문입니다. 죽을 것 같은 마음이 어떤 건지, 내 뜻이 거절당하는 것이 뭔지 그분은 실제로 알고 우리를 이해하십니다. 심한 통곡과 눈물로 간구와 소원을 올려 드렸고 몸을 가누지 못할 정도로 애곡했지만 그분은 철저히 거절당하셨습니다. 우리야 가끔씩 간구를 거절당하지만 예수님은 존재 자체를 거절당하는 경험을 하셨습니다.

만일 아버지께서 예수님이 마셔야 할 잔을 거둬 달라는 기도를 들으셨다면 무슨 일이 생겼을까요? 예수님은 버림받지 않으셨겠지만 세상의 수많은 아들들과 딸들은 버림받았을 것입니다. 예수님의 기도는 그분이 원하신 대로 응답받았겠지만 저와 여러분의 기도는 하나도 하나님께 들리지 않게 되었을 것입니다. 우리의 모든 기도가 하나님께 ‘예’로 응답되리라고는 말할 수 없습니다. 그러나 분명한 사실은 감람산에서 예수님의 기도가 거절됨으로써 고통 중에 부르짖는 우리 모두의 기도 소리가 성부 아버지의 귀에 들리게 되었다는 것입니다.

우리는 청력이 안 좋고 발음이 부정확하면 못 알아듣지만, 하늘 아버지는 우리의 간절한 바람과 간구, 심지어 흐느끼며 신음하는 소리도 듣고 기억하고 절대 잊지 않는 분이십니다. 예수님의 기도가 거절된 덕분에 우리의 기도가 하나님께 용납되고 응답받게 되었습니다. 예수님은 성소에서 제사장으로서 드리신 분향단의 기도를 통해 우리의 기도가 성부께로 올라가는 길을 여셨지만, 또한 "내 원대로 마시옵고 아버지의 원대로 되기를 원하나이다"라고 기도하심으로써 우리의 소원이 아버지의 귀에 들리게 하셨습니다.

우리 주님은 말씀하십니다. "지금까지는 너희가 내 이름으로 아무것도 구하지 아니하였으나 구하라. 그리하면 받으리니 너희 기쁨이 충만하리라"(요 16:24) 우리는 아버지의 이름을 부르며 기도를 시작하고 마지막에 아들의 이름으로 기도를 마칩니다. 기도할 때 그분의 이름에 의지하여 간구하는 것이지요. 이 의미에 대해서는 웨스트민스터 대교리문답 180문답이 잘 요약해 가르쳐 주고 있습니다. "그리스도의 이름으로 기도한다는 것은, 그리스도의 명령에 순종하고 그분의 약속을 신뢰하는 가운데 그분의 영광을 위해 자비를 구하는 것입니다. 이는 단순히 그리스도의 이름을 언급하는 것이 아니며, 그리스도와 그분의 중보로부터 기도할 수 있는 용기와 담력과 힘, 그리고 기도가 응답될 것이라는 소망을 얻어서 하는 것입니다."

기도 응답의 확신은 기도할 때 우리가 드리는 지극정성이 아니라 그리스도에 대한 온전한 신뢰에 근거한다는 것을 명심해야 합니다.

진정한 예수님의 제자라면 주님이 가르쳐 주신 대로 아버지의 뜻이 하늘에서 이루어진 것같이 땅에서도 이루어지게 해달라고 기도하는 것이 당연합니다. 누가는 많은 내용을 기록하지 않고 본문의 한가운데에 “아버지의 원대로 되기를 원하나이다”라는 예수님의 기도 중 핵심 내용만 적어 두었습니다. 우리도 기도할 때 주님의 기도를 기억하며 우리의 뜻이 아니라 항상 아버지의 뜻을 구할 수 있기를 바랍니다.

앞에서 언급했듯이 본문은 기도하라는 말씀으로 시작해 기도하라는 말씀으로 끝납니다. 예수님은 세상의 부모들처럼 공부하라고 시키기만 하고 정작 본인은 공부하지 않는 것이 아니라 기도하라고 명하신 다음 친히 기도를 하셨습니다.

본문에서 우리는 겟세마네 동산을 성소로 만드시고, 그곳에서 제사장으로서 기도하시는 예수님을 봅니다. 하지만 이제 예수님은 겟세마네에 계시지 않습니다. 그러면 이제 더 이상 기도를 하지 않으시는 걸까요? 그렇지 않습니다. 우리의 유일한 중보자이신 예수님은 겟세마네 동산보다 훨씬 더 거룩한 성소인 하나님 우편에 앉아 우리를 위해 간구하십니다(히 9:24-25). 예수님께서 하늘 성소에서 기도하심을 정말로 믿는다면, 하늘 성전 바깥에 서 있는 백성 된 우리도 그분을 바라보며 함께 기도해야 할 것입니다.

성소에 들어갔던 제사장이 돌아와 백성들을 축복할 때가 올 것입니다. 우리 예수님께서 두 팔 벌리고 다시 이 땅에 오실 것입니다. 그때에 "어찌하여 자고 있느냐"는 말씀을 듣지 않도록 늘 깨어 기도합시다. 기도하되 "내 원대로 마시옵고 아버지의 원대로 되기를 원하나이다"라고 기도하신 예수님을 기억합시다. 예수님의 기도 내용을 우리 입술에도 고이 담아 다시 아버지께 올려 드립시다. 아버지의 뜻이 하늘에서 이루어진 것처럼 땅에서도 이루어지기를 간구합시다. 항상 시험에 들지 않고 깨어 기도하는 성도가 되시기를 성부와 성자와 성령의 이름으로 축원합니다.

1. 겟세마네 동산에서 기도하시는 예수님의 모습을 묘사한 누가만의 독특한 세 가지 표현은 무엇입니까? 각각은 어떤 모습을 떠오르게 합니까?
2. 십자가 죽음을 앞두고 예수님은 무슨 기도를 드리십니까?
3. 그리스도의 이름으로 기도한다는 것은 무슨 의미입니까?(웨스트민스터 대교리문답 180문답)

27

# 슬픔의 길
# "너희의 자녀들을 위하여 울라"

누가복음 23:26-31

세월호 참사가 일어난 지 7년이 지났습니다. 2014년 4월 16일, 476명의 승객을 태우고 인천을 출발해 제주도로 향하던 여객선 세월호가 전남 진도군 앞바다에서 침몰하는 사고가 일어났습니다. 사건 자체도 예기치 못한 비극이었지만 허술한 후속 조치로 295명의 희생자와 9명의 실종자라는 사상 유래없는 인명 피해가 나고 말았습니다. 특히 제주도로 수학여행을 가던 학생들이 많이 희생되면서 온 국민이 슬픔과 분노에 잠겼었지요.

당시 저는 안타까운 마음을 안고 애도하기 위해 동료 목사들과 단원고등학교와 안산 합동분향소를 찾아갔습니다. 분향소에서 차마 영정 사진 속 아이들의 얼굴을 쳐다볼 수 없었습니다. 그들과 직접적인 관계가 없는 저도 그토록 참담한데 유가족의 심정은 어떻겠습니까? 자식을 잃은 큰 슬픔 가운데 있는 사람들에게 무슨 말이 위로가 될까요? 어떤 설교인들 귀에 들어올까요? 그럴 때에는 이런 저런 말을 하기보다 그냥 그들의 편에 서서 그들의 이야기를 들어 주는 것이 가장 좋은 태도라고 생각합니다. 함께 슬퍼하고 함께 분노하는 것이지요. 세월호 참사가 일어난 지 7년이 지났지만 생때같은 자식을 잃은 부모의 마음속에서는 마치 어제 일인 양 눈물이 흐릅니다. 그 눈물은 한 번도 마른 적이 없었는지도 모릅니다.

솔직히 이런 일과 관련해 설교하기가 자신 없습니다. 궁극적인 이유는 말씀을 풀어낼 실력이 없기 때문입니다. 교리적으로는 얼마든지 이야기할 수 있습니다. 하나님의 섭리라든지 심판 등에 대해 설교할 수 있을 테지요. 그러나 말할 수 없는 슬픔과 분노에 휩싸인 이들에게 그런 설교가 실제로 얼마나 위로가 될까요? 저는 지금 성경의 교리가 소용없다는 말을 하려는 것이 아닙니다. 실제 삶과 공감과 고민이 따르지 않는 교리가 얼마나 공허하고 위험해질 수 있는지 말하고 싶을 뿐입니다.

본문은 예수님께서 골고다 처형장으로 가는 장면을 묘사하고 있습니다. 예수님은 빌라도에게 사형 언도를 받으신 후 십자가를 지고 골고다로 가고 계십니다. 그 길에서 크나큰 슬픔에 빠져 있는 이들을 향해 주님은 말씀하십니다. "너희와 너희 자녀를 위하여 울라." 주님의 이 명령이 슬픔에 처한 상황에서 우리에게 어떤 의미를 갖는지 상고해 보고자 합니다.

## 본문의 배경

예수님께서 십자가를 지고 골고다 처형장까지 가신 길은 '비아 돌로로사'(Via Dolorosa), 슬픔의 길이라고 불립니다. 해마다 수난절이 되면 전 세계에서 수많은 사람들이 예루살렘을 방문하여 2천 년 전에 주님이 실제로 가신 길을 걸어가면서 눈물을 흘립니다. 어떤 사람들은 실제로 십자가를 지고 가파른 그 길을 오르기도 합니다. 영화 〈패션 오브 크라이스트〉를 보면 이 슬픔의 길을 자세하고 길게 묘사하고 있습니다. 이어지는 장면들을 보노라면 이 슬픔의 길에서 정말 많은 일이 일어났을 것 같다는 생각이 듭니다.

그러나 십자가로 가는 길에 대한 전통적인 이해나 현대 영화의 묘사와 달리 복음서는 십자가로 가는 길에 대해서는 아주 간략하게 기록하고 있습니다. 기록한 것이 거의 없다고 해도 과언이 아닙니다. 예수님의 고난 사건 전체에 대해서는 아주 상세하게 기록하고 있는 것과는 대조적이지요. 누가복음을 제외하고 다른 복음서들은 십자가로 가는 길에 관해 한 줄 정도로 요약할 뿐입니다.

누가복음은 이 슬픔의 길에서 일어난 사건을 단 두 가지만 기록하고 있습니다. 하나는 구레네 사람 시몬이 그곳을 지나가다가 예수님의 십자가를 대신 지게 된 일이고, 다른 하나는 예수님께서 울고 있는 여자들을 향해 "너희와 너희 자녀를 위하여 울라"고 외치신 것입니다.

시몬은 구레네 사람이었습니다. 구레네는 오늘날 리비아 북쪽에 있는 항구도시로서 그 당시 유대인 디아스포라들이 많이 살고 있었습니다. 시몬은 유월절이 되어 절기를 지키려고 예루살렘에 왔을 것입니다. 그에게는 알렉산더와 루포라는 두 아들이 있었습니다. 루포는 바울 사도의 증언에 의하면 "주 안에서 택하심을 입은" 자이고 그의 어머니는 이름을 알 수 없지만 "내 어머니"라고 소개되어 있습니다(롬 16:13). 이 모든 것을 종합해 보면 구레네 사람 시몬은 예수 그리스도의 십자가를 대신 진 후로 믿음을 가졌고, 그의 온 집안도 신앙을 갖게 된 것 같습니다. 특별히 그의 아내가 독실한 신자가 되어 바울을 아들처럼 돌보았습니다. 시몬은 루포에게 자기가 경험한 일을 계속 들려주었을 것이고, 그 당시 교회에서 '예수님의 십자가를 대신 진' 사람으로 많은 존경을 받았을 것입니다.

구레네 시몬이 중요한 이유는 본문에서 예수님이 하신 말씀을 가장 가까이서 들었고, 그 말씀을 교회에 전해 주었기 때문입니다. 그것은 예수님이 '슬픔의 길'에서 유일하게 하신 말씀입니다. 우리는 슬픔의 길에서 일어난 일들에 대해 불필요한 상상을 많이 하기보다 하나님의 말씀이 확실하게 주는 명령과 약속에서 위로와 확신을 얻어야 할 것입니다.

### "나를 위해 울지 말고"

예수님은 졸속 재판을 받은 후 성문 밖으로 나오셨습니다. 하나님께 제물이 되어 영문 밖에서 죽으셔야 했기 때문입니다. 그것도 돌에 맞아 죽는 게 아니라 십자가에 달려 하나님의 저주를 받으셔야 했습니다. 구레네 사람 시몬이 예수님의 십자가를 대신 지고 걸었고, 예수님은 결박된 채 군병들에 의해 끌려갔습니다. 많은 무리가 예수님을 뒤따랐는데 특히 여자들이 많았습니다. 그들은 가슴을 치고 울면서 따라갔습니다.

그들이 울었던 이유가 무엇일까요? 눈물로 예수님의 발을 적시고 머리털로 닦은 여자를 기억하십니까? 그 일은 공교롭게도 시몬이라는 바리새인의 집에서 일어났습니다. 그는 예수님을 초대해 놓고선 발 씻을 물도 갖다주지 않았습니다. 예수님은 그 여자의 눈물에 대해 '많이 사함을 받은 자가 많이 사랑한다'는 말씀을 하셨습니다. 성경을 보면 많은 여자들이 예수님께 죄사함의 은혜를 받았습니다. 간음하다가 현장에서 돌에 맞아 죽을 뻔한 여자가 어떻게 예수님께 용서를 받았는지 잘 아실 것입니다. 그렇게 은혜를 받은 여자들이 눈물을 흘리며 사랑하는 예수님을 잃는 슬픔을 표현하고 있습니다.

예수님은 군병들에게 끌려가면서 뒤에서 들려오는 여자들의 통곡 소리를 들으셨습니다. 슬픔에 잠긴 이들에게 뭐라도 한마디 해야 하는 상황이 된 것입니다. 예수님은 그들을 향해 "예루살렘의 딸들아"라고 부르십니다. 물론 이것은 예루살렘에 사는 여자들을 가리키는 말이 아닙니다. 여자들만 가리키는 말도 아닙니다. '예루살렘의 딸' 혹은 '시온의 딸'이란 이스라엘 백성 전체를 가리키는 표현입니다. 오늘날로 해석하자면 교회의 딸들, 교회의 백성들이라고 할 수 있습니다.

슬픔의 길에서 예수님께서 하신 첫 말씀은 "나를 위하여 울지 말라"입니다. 예수님은 분명 성도들에게 나를 위해 울지 말라고 하셨는데, 오늘날 수난절이 되면 많은 이들이 슬픔의 길로 몰려가 주님의 죽으심을 생각하며 울면서 걷습니다. 이 얼마나 아이러니한 일입니까? 그런데 왜 예수님은 사람들에게 울지 말라고 말씀하셨을까요? 그 말씀은 단지 슬픔에 잠긴 자들에게 위로를 주기 위한 것은 아니었습니다. "그래, 너희가 보기에는 어떨지 모르지만 나는 괜찮아. 그러니까 너무 슬퍼하지마"라고 말씀하신 것이 아닙니다. 지금 예수님은 실제로 "울지 말라"고 명령하신 것입니다. 그 다음에 이어지는 긴 말씀은 다가올 심판에 대한 경고입니다. 어떻게 보면 예수님은 지금 자기를 위해 울고 있는 여자들에게 책망에 가까운 말씀을 하고 있습니다.

여자들은 단지 예수님께 곧 닥칠 죽음만 생각하고 있습니다. 그들에게 정말 중요한 것은 예수님의 죽으심이 갖는 진정한 의미를 아는 것인데 말입니다. 그 의미를 모르니 슬퍼하고만 있는 것입니다. 그래서 예수님은 그들이 정말로 슬퍼해야 하는 것들에 대해 일깨워 주기 위해 외치신 것입니다. 그것이 예수님이 슬픔의 길에서 전하신 유일한 말씀입니다.

### "너희와 너희 자녀를 위하여 울라"

예수님은 자기를 위해 울지 말라고 하신 후 "너희와 너희 자녀를 위하여 울라"고 말씀하셨습니다. 예수님은 실제로 이미 자녀들을 위해 우는 본을 보이셨습니다. 예루살렘에 가까이 이르렀을 때 예루살렘 성을 보고 우신 것입니다(19:41). 그 이유가 무엇일까요? 예루살렘에 하나님의 심판이 임박했음을 아셨기 때문입니다. 원수들이 예루살렘을 포위하고 이스라엘과 그들의 자녀들을 땅에 메어치며 예루살렘이 돌 하나도 돌 위에 남지 않고 멸망할 것을 보신 것입니다. 그러나 사람들은 하나님의 심판이 임박했음을 전혀 알지 못했습니다.

예수님은 슬픔의 길에서 슬퍼하고 있는 이들에게 위로의 말씀을 전하신 게 아니라 하나님의 심판이 임박했음을 강력하게 전하십니다. 이 말씀은 산상수훈처럼 사람들이 예수님께 귀기울이고 있는 상황에서 전하신 것이 아닙니다. 예수님은 결박되어 있고(예수님의 입에 재갈이 물리지 않은 것이 감사할 따름입니다) 수많은 사람들이 울고 있는 어수선한 상황에서 이 말씀을 외치셨습니다. 끌려가면서도 선지자로서 심판의 예언을 당당하게 외치신 것입니다. "보라, 날이 이르면 사람이 말하기를 잉태하지 못하는 이와 해산하지 못한 배와 먹이지 못한 젖이 복이 있다"고 말할 때가 올 것이라고 말씀하십니다. 이는 심판의 때를 말합니다. 성경에서 잉태하지 못하는 여자는 죽은 것과 다를 바 없었는데, 심판의 때가 되면 차라리 그런 여자가 더 복된 상황이 온다는 것입니다. 자녀 없이 죽는 것보다는 자녀와 함께 죽는 것이 더 비극적이기 때문입니다. 그때가 되면 사람들이 "산들아, 우리 위에 무너지라. 우리를 덮으라"고 소리치게 될 것입니다. 하나님의 엄중한 심판을 받기보다 산에 파묻혀 죽는 편이 더 낫다는 것이지요. "푸른 나무에도 이같이 하거든 마른 나무에는 어떻게 되리요"라는 말씀은 하나의 비유입니다. 푸른 나무도 불이 붙는 상황인데 마른 나무는 얼마나 빨리 불이 붙을까요?

예수님의 말씀에서 우리는 아주 중요한 사실을 봅니다. 예수님은 슬픔에 빠진 자들에게 위로의 말씀을 전하지 않으십니다. 오히려 심판의 메시지를 가감없이 던지십니다. 이것은 슬픔에 빠진 자들을 위로하지 말라는 의미가 전혀 아닙니다. 예수님께서 끌려가시는 중에도 사랑하는 사람들에게 이 말씀을 하신 것은 그만큼 하나님의 심판이 임박했기 때문입니다. 그래서 그들이 하나님의 심판을 면하기를 간절히 호소하시는 것입니다.

영화에서 주인공이 해적들에게 잡혀서 끌려갑니다. 곧 죽을지도 모르는 상황입니다. 사랑하는 여자는 주인공이 잡힌 것을 슬퍼하면서 따라가려고 합니다. 그때 주인공은 자기 목숨은 아랑곳하지 않고 이렇게 소리칩니다. "내 걱정은 하지 말고 도망쳐. 어서 가서 아이들을 구해!" 마찬가지 심정으로 예수님은 십자가 처형을 코앞에 두고서도 사랑하는 사람들에게 경고의 메시지를 전합니다. "너희는 살아야 한다!"

이 말씀을 들은 대부분의 여자들은 불과 며칠 전에 누가복음 21장에 기록된 심판의 말씀을 이미 들었을 것입니다. 그리고 이제 또 이 말씀을 듣습니다. 주님의 말씀을 제대로 들은 사람들은 임박한 심판을 피하기 위해 예루살렘을 떠났을 것입니다. 주님의 말씀을 하나님의 말씀으로 받아들인 자들만이 진노와 심판 가운데서 살아남을 수 있었습니다.

"너희와 너희 자녀를 위하여 울라"는 주님의 명령이 우리에게는 어떤 의미가 있을까요? "너희 자녀를 위하여 울라"는 것은 단순히 슬퍼하며 애통하라는 의미가 아닙니다. 하나님의 심판이 임박했으니 하루 속히 회개하고 돌이키라는 의미가 여기에 들어 있습니다. 아들을 아끼지 않고 십자가에 내어 주신 하나님께서 회개하지 않는 예루살렘의 딸들을 아끼실 이유가 없습니다. 푸른 나무가 예수님이라면 마른 나무는 예루살렘입니다. 예수님을 십자가에서 처형당하게 하신 하나님은 예루살렘 거민들도 전혀 아끼지 않고 돌 위에 돌 하나 남기지 않고 멸망시키셨습니다.

우리와 우리 자녀를 위해 울고 있습니까? 울고 있다면 왜 우십니까? 자녀들이 공부를 안 해서 혹은 못해서 우십니까? 속을 썩여서 우십니까? 신세를 한탄하며 우십니까? 지금 우리와 우리 자녀들에게 정말 필요한 것은 무엇일까요? 우리 삶의 방식을 결정하는 것은 결국 재림에 대한 신앙입니다. 십자가에서 죽으신 주님은 부활하여 승천하셨습니다. 이제 더 이상 주님을 위해 울 필요가 없습니다. 주님은 산 자와 죽은 자를 심판하러 곧 오실 것입니다. 그렇다면 이제 우리와 우리 자녀들을 생각하며 울어야 합니다.

세월호 사건은 예나 지금이나 우리 자신과 자녀들에 대해 많은 것을 생각하게 합니다. 정부의 총체적인 무관심과 무책임, 무능력으로 수백 명의 아까운 목숨이 수장되었습니다. 자녀에 대한 애착이 유달리 강한 우리인데도 이런 참사를 겪었습니다. 우리 자녀들의 어떤 부분에 진정으로 관심을 가져야 할지 진지하게 생각해 보시기 바랍니다. 주님이 심판의 주로 오신다면 우리 자녀들에게 당장 필요한 것이 무엇일까요? 본문에서 주님이 주신 말씀을 기억하며 해답을 찾으시기 바랍니다.

1. 예수님은 골고다 처형장으로 끌려가실 때 뒤따라오며 슬피 우는 사람들에게 뭐라고 말씀하십니까?
2. 고통과 슬픔의 길에서 그렇게 말씀하신 절박한 이유는 무엇입니까?
3. 신앙인으로서 우리가 자녀들을 위해 해줄 수 있는 최선의 일은 무엇입니까?

28

# 구원받은 행악자
# "오늘 네가 나와 함께 낙원에 있으리라"

누가복음 23:32-43

본문에 기록된 사건은 십자가 위에서 일어난 가장 극적인 장면이라고 할 수 있습니다. 아니 성경 전체를 통틀어 가장 극적인 장면일지도 모릅니다. 어떻게 보면 휴거를 연상시키기도 합니다. 인자가 오실 때 한 사람은 들림을 받고 다른 한 사람은 남듯이, 예수님이 죽으시기 직전에 나란히 십자가에 달린 두 행악자 중 한 명은 구원을 받고 다른 한 명은 구원을 받지 못했습니다.

이 사건을 보면서 우리는 일반적으로 두 가지 잘못된 생각을 하기 쉽습니다. 하나는 '구원받은 강도처럼 평소에는 마음대로 살다가 죽기 직전에 회개하고 천국에 가면 얼마나 좋을까'라고 생각하는 것입니다. 진심으로 이렇게 생각하는 성도는 없겠지만 이런 생각을 한 번도 안 한 성도도 많지 않을 것 같습니다. 그러나 죽음은 예기치 않게 찾아온다는 점을 잊어서는 안 됩니다. 죽기 직전에 예수님을 믿고 구원받으면 된다는 생각은 합리적인 것 같아도 실은 자신의 영혼을 건 엄청난 도박입니다.

이 사건을 보며 할 수 있는 또 하나의 잘못된 생각은 구원받은 행악자를 그렇지 않은 행악자보다 특별한 사람으로 보는 것입니다. 심지어 그도 예수님처럼 억울하게 재판을 받고 죄인 판정이 난 자로 보기도 합니다. 살인과 같이 큰 죄를 저지른 형사범이 아니라 로마 제국에 맞서 독립운동을 하다가 잡힌 정치범으로 보기도 합니다. 구원받은 사람은 그렇지 않은 사람보다 나은 점이 있어야 한다는 선입관 때문에 그런 오해를 하는 것입니다. 이럴 때 문제는 악인에게 자비를 베푸신 예수님의 은혜보다 죄인의 믿음이나 공로에 초점을 맞추게 된다는 것이지요.

### 두 행악자가 똑같이 악인이었다

성경은 두 행악자가 똑같이 악인이었다고 말합니다. 얼핏 보면 한 명은 비교적 신앙이 좋고, 다른 한 명은 그야말로 몹쓸 사람으로 묘사되고 있기는 합니다. 그래서 우리는 구원받은 행악자를 처음부터 선한 사람이었다고 간주하려는 경향이 있습니다. 적어도 십자가에 못 박히기 전에 예수님을 만나서 이미 회개했다고 보기도 합니다. 그러나 말씀을 자세히 들여다보면 그렇지 않습니다. 무엇보다 구원받은 행악자의 말이 이것을 증명합니다. "우리는 우리가 행한 일에 상당한 보응을 받는 것이니 이에 당연하거니와"(41절). 이것은 겸손해서 하는 말이 아니라 실제 죄의 자백으로 보아야 합니다. 그는 자기 죄뿐 아니라 옆에 있는 행악자의 죄에 대해서도 잘 알고 있었습니다. 결론적으로 말해 그는 실제로 십자가 형을 받을 정도로 극악한 죄인이었습니다.

복음서는 두 사람 간에 어떤 차이점도 두지 않습니다. 누가는 두 사람을 설명할 때 일관성 있게 행악자라는 말을 씁니다. "또 다른 두 행악자도 사형을 받게 되어"(32절), "두 행악자도 그렇게 하니"(33절), "달린 행악자 중 하나는 비방하여 이르되"(39절). 따라서 구원받은 행악자도 실제로 극악한 죄인이었다고 보는 편이 자연스럽습니다. 예수님께서 골고다 언덕에서 극악한 죄인들과 나란히 십자가에 달리신 데는 이유가 있습니다.

당시 십자가의 현장을 상상해 봅시다. 예수님은 그들 가운데 계십니다. 마치 두 행악자의 우두머리처럼 말입니다. 예수님은 실제로 죄가 없으셨지만 적어도 옆에 나란히 있는 자들은 누가 봐도 죄인 중의 죄인입니다. 예수님께서 행악자들과 나란히 십자가에 못 박히신 것은 그들과 함께 죄인 취급을 받으셔야 했기 때문입니다. 이사야 53장을 보면, 예수님의 무덤이 처음에는 악인과 함께 배정되었다고 기록되어 있습니다. 실제로 예수님은 죽으신 후 십자가의 두 행악자들 옆에 매장될 예정이었습니다. 하나님의 역사가 아니었다면 예수님은 죽고 나서도 악인 취급을 받으셔야 했습니다. 하지만 이사야 53장의 예언대로 예수님은 하나님의 섭리를 따라 죄인들과 함께 매장되지 않고 부자들의 묘지로 옮겨졌습니다. 아리마대 요셉이 빌라도에게 예수님의 시신을 달라고 했고, 빌라도는 그의 요구를 들어주었습니다. 인간들은 예수님을 행악자 중 하나로 정죄했지만 하나님께서 예수님의 의로움을 증명하신 것입니다.

마가복음 15장 32절에서 본문과 관련된 중요한 사실을 찾아볼 수 있습니다. 마가복음 15장은 예수님께서 얼마나 자기 백성들에게 조롱받으셨는지를 묘사하는데 그들은 크게 네 그룹으로 나누어집니다. 로마 군인들, 지나가는 자들, 대제사장들과 서기관들, 그리고 행악자들입니다. 그들은 예수님더러 능력을 발휘하여 스스로 메시아임을 증명하라고 조롱했습니다. 조롱하는 이들 중에는 나란히 십자가에 달린 행악자들도 있었습니다. 여기서 '행악자들'이라는 단어에 주목하시기 바랍니다. 예수님께서 달리신 십자가 주위에는 두 행악자만 있었고, 따라서 처음에는 두 행악자가 모두 예수님을 조롱했다는 사실을 알 수 있습니다. 그러니 구원받은 행악자가 다른 행악자보다 뭔가 더 나은 사람이었을 것이라는 생각은 근거 없는 오해입니다. 처음에는 그도 다른 행악자와 똑같이 주님을 조롱한 죄인에 지나지 않았습니다.

### 변화된 행악자

이 행악자는 어떻게 180도로 변화되었을까요? 특히 메시아에 대한 생각이 어떻게 완전히 바뀌었을까요? 두 행악자는 예수님과 함께 똑같이 비참하게 죽어 가면서도 예수님을 욕하고 조롱했습니다. "네가 만약 그리스도라면 십자가에서 뛰어내려 너를 먼저 구원하고 우리도 구원하라." 이것은 어떻게 보면 아주 합리적인 생각입니다. 그들이 생각하기에 메시아라면 자신들과 뭔가 달라야 했으니까요. 자신들과 똑같이 벌거벗은 채 피 흘리며 힘없이 죽어 가는 자가 어떻게 구원자가 될 수 있단 말입니까?

본문에 따라 상황을 구성하면 다음과 같습니다. 예수님께서 못 박히고 나서 처음 하신 말씀은 "아버지, 저들을 사하여 주옵소서. 자기들이 하는 것을 알지 못함이니이다"(34절)였습니다. 우리가 듣기에는 가슴 뭉클하지만 당시에 이 말을 들은 사람들의 반응은 조롱이었습니다. "죄인 주제에 우리 죄까지 신경 써 주니 참 고맙네… 웃기지 말고 너나 구원하라"는 소리가 여기저기에서 들렸습니다. 이 같은 조롱에 두 행악자도 처음에는 참여했습니다. "저들을 사하여 주옵소서"라는 주님의 음성을 가장 가까이서 들었을 테니까요. 그리고 그들은 가장 가까이서 주님을 조롱했습니다.

시간이 지나고 한두 명씩 집으로 돌아갔을 것입니다. 예수님이 십자가에 달려 계신 시간은 약 여섯 시간 정도였습니다. 대제사장이나 서기관 같은 지도급 인사들도 돌아가고 구경꾼도 흩어지고 군인과 몇몇 가족들만 남았을 것입니다. 예수님은 그와 같은 조롱에 한마디도 반박하지 않으십니다. 한 행악자는 이상하다는 생각이 들기 시작했습니다. 자기를 못 박는 자를 위해 용서를 구하는 이 사람은 누구인가? 나는 비록 죄를 지어 십자가에 달려 죽지만 이 사람은 무슨 잘못을 했단 말인가?

아마도 그는 예수님에 대한 소문은 대강 들었던 것 같습니다. 맞은편에 있는 행악자에게 "이 사람이 행한 것은 옳지 않은 것이 없느니라"(41절)고 답한 것을 보면 말입니다. 예수님은 실제로 무슨 일을 행하셨습니까? 그분은 병자를 고치고 주린 자를 먹이며 귀신을 쫓아내고 제자들을 가르쳤을 뿐입니다. 다만 그가 잘못했다고 간주되는 항목은 자신이 유대인의 왕이라고 주장했다는 것입니다.

예수님이 달리신 십자가 위에는 죄패가 붙었는데, 거기에는 '유대인의 왕'이라는 말이 헬라어, 라틴어, 히브리어로 쓰여 있었습니다. 예수님의 십자가 성화에서 십자가 위 팻말에 'INRI'라는 단어가 쓰여 있는 것을 많이 보셨을 것입니다. 이것은 '나사렛 예수, 유대인의 왕'(IESVS· NAZARENVS· REX· IVDÆORVM)이라는 라틴어의 첫 글자를 가져와 만든 단어입니다. 이 말을 히브리어로 번역하면 야훼, 즉 여호와라는 글자가 됩니다. INRI는 많이 알려져 있으나 이 말이 야훼를 뜻하기도 한다는 사실은 그리 알려지지 않았습니다.

이것은 결코 우연이 아닐 것입니다. 사실 유대인들은 이 죄패가 마음에 들지 않아 앞에 자칭이라는 단어를 넣고자 했으나 빌라도가 그냥 두도록 했습니다. 어쨌든 하나님의 백성들은 유대인의 왕이신 예수님을 '유대인의 왕'이라는 죄목으로 십자가에 못 박은 셈입니다. 최후의 심판날 하나님 앞에서 그들은 적어도 외관상 드러난 증거로만 보아도 변명의 여지가 없습니다.

하나님: 왜 너희의 왕을 죽였느냐?

유대인: 예수님이 우리의 왕인 줄 몰랐습니다.

하나님: 그렇다면 십자가 위에 있는 이 팻말은 무엇이냐?

유대인: …

어느 정도 조롱을 하고 나서 한 행악자가 죄패를 보았습니다. 그 죄패를 보며 사람들은 예수님을 조롱했지만 행악자는 생각했을 것입니다. 유대인의 왕이라고 주장했다는 이유만으로 십자가 형을 받아야 하다니. 더군다나 십자가형을 당연히 받아야 하는 우리 같은 행악자에게 조롱 당하는 게 맞는 일인가?

이 모든 것을 종합해 볼 때, 그 행악자의 마음속에 어느 순간 성령께서 예수님의 말씀을 통해 역사하기 시작하셨음을 알 수 있습니다. 왜 다른 행악자는 이런 깨달음을 얻지 못했을까요? 유일한 답은 그가 하나님의 선택을 받지 못했다는 것입니다. 그는 죄사함에 대한 주님의 말씀을 들었음에도 불구하고 그 말씀을 거부했습니다. 죄사함을 위한 그리스도의 기도는 복음의 핵심이었습니다. 그런데도 그는 죽는 순간까지 무지와 완고함 속에서 주님을 무시하고 조롱했습니다. 십자가에서 죽으면서도 하나님을 두려워하지 않았고, 죽음 이후에 있을 더 무서운 하나님의 심판을 두려워하지 않았습니다. 그는 단지 옆에서 죽어 가는 나사렛 촌놈이 자신의 왕이 될 수 없다는 생각만 했을 것입니다.

우리는 대부분 행악자가 죽기 직전에 예수님을 영접하고 구원받았다는 사실만 기억하고 그가 정말로 가졌던 신앙이 무엇인지에 대해서는 별로 관심을 갖지 않습니다. 구원받은 행악자는 과연 사영리식의 믿음을 가졌을까요? 그렇지 않습니다. 행악자가 믿음을 갖는 데 가장 큰 걸림돌은 '바로 옆 십자가에서 죽어 가고 있는 이 사람이 과연 유대인의 왕인가?'라는 것이었습니다. 그 당시 모든 사람은 이 질문에 "아니요"라고 대답했습니다. 그런데 이 행악자는 그 질문에 "예"가 답이 될 수 있다는 생각이 들었습니다. 예수님은 자신을 못 박은 자들을 위해 "아버지, 저들을 사하여 주옵소서"라고 기도했습니다. 행악자의 귀에 이 말씀이 다르게 들리기 시작했습니다. 조금 전까지만 해도 주님의 기도는 사람들에게 비웃음의 대상이었지만, 이제 그에게 살아 있는 말씀으로 역사하기 시작했습니다.

행악자는 유대인의 왕이 백성들의 죄를 대신하여 형벌을 받아 죽는 존재로 인식되기 시작했습니다. 참 유대인의 왕은 십자가에서 뛰어내리는 게 아니라 십자가 위에서 죽어야 하는 존재라는 생각이 든 것입니다. 이 점이 바로 유대인과 기독교인 사이에 놓인 넘을 수 없는 벽입니다. 오늘날 유대인들이 왜 기독교를 받아들이지 않을까요? 예수님이 십자가에서 죽으셨기 때문입니다. 성경에 따르면 나무에 달린 자는 하나님의 저주를 받은 자입니다. 그런데 왕이 자기 백성의 죄를 위해 죽어야만 한다는 사실을 깨달은 행악자에게 예수님을 왕으로 영접하는 것은 너무나 자연스러운 일이 되었습니다.

행악자는 예수님이 죽으실 뿐 아니라 다시 살아나실 것도 믿었습니다. 참 유대인의 왕은 죽어 없어지는 존재가 될 수 없기 때문입니다. 그는 예수님이 부활하시면 그분의 나라에 진정한 왕으로 등극하실 것임을 믿었습니다. 행악자의 이러한 모든 생각이 바로 이 말에 녹아 있습니다. "예수여, 당신의 나라에 임하실 때에 나를 기억하소서"(42절). 행악자는 왕으로 등극하시는 예수님께 자비를 구하고 있습니다. 사실 그는 지금까지 예수님께 조롱 말고는 한 일이 없었습니다. 그러니 이제 할 수 있는 일은 왕에게 자비를 구하는 것뿐이지요. 그리고 그는 다른 행악자에게 자신들의 죄인 됨과 예수 그리스도의 무죄를 변증했습니다.

이 모든 일을 종합해 보면, 행악자의 고백에 담긴 믿음은 구원받기에 충분한 믿음임을 알 수 있습니다. 이 행악자의 믿음은 오늘날 신자들이 쉽게 가질 수 있는 믿음이 아닙니다. 예수님은 성령을 통해 기적적으로 이 일을 행하셨지만, 오늘날에는 일반적 수단인 말씀의 설교를 통해 듣는 이들에게 믿음을 일으키십니다.

### 행악자에게 주신 예수님의 약속

예수님을 왕으로 고백하고 자비를 구하는 행악자에게 예수님은 놀라운 약속을 하십니다. "내가 진실로 네게 이르노니 오늘 네가 나와 함께 낙원에 있으리라"(43절). 행악자는 더 이상 죄인이 아닙니다. 하나님 나라의 백성이 되었습니다. 하지만 그는 예수님과 나란히 십자가에 달려 죽어 가고 있습니다. 죽어 가는 자에게 가장 큰 위로가 무엇일까요? 지금 당장 죽는다면 여러분에게 무엇이 가장 필요합니까? 그것은 바로 우리가 주님과 함께 있는가의 여부입니다. 많은 사람들이 이 약속에 나오는 낙원이 도대체 무엇인가에 관심이 많습니다. '낙원'이란 말은 요한계시록 2장 7절에 나오는데 성경에 자주 나오는 단어가 아닙니다. 이곳에서 우리는 다음과 같은 점도 알 수 있습니다. 적어도 낙원은 생명나무가 있는 곳이고, 그렇다면 그곳은 에덴동산의 회복으로 보는 것이 가장 적절할 것입니다. 낙원은 신자들이 죽은 이후에 거하게 될 천당으로 보는 것이 가장 자연스럽습니다. 그러나 우리의 관심은 '낙원이 어떻게 생겼는가? 생명나무의 과일은 무엇인가?'가 아니라 우리가 '예수님과 함께하게' 될 것이라는 사실에 있어야 합니다.

적어도 행악자에게 하신 예수님의 약속을 통해 우리는 큰 확신을 갖게 됩니다. 이 점에서 우리는 '오늘'이라는 말에 주의할 필요가 있습니다. 우리가 죽게 되면 어떤 형식으로든 즉시 주님과 거하게 될 것입니다. '즉시'라는 말은 웨스트민스터 신앙고백서(제32장)가 종말에 대한 성경적 가르침을 기술할 때 가장 강조하는 단어입니다. 모든 신자는 죽음을 맞게 되고 그들에게는 큰 위안이 필요한데, 예수님께서 행악자에게 하신 약속보다 더 힘이 되는 약속도 없을 것입니다. 물론 이 약속은 누구에게나 주어지는 것이 아니라 행악자의 신앙과 동일한 신앙을 고백하는 자에게 주어집니다.

예수님은 백성과 자신의 관계를 목자와 양의 관계로 묘사하셨습니다. 그 비유에서 보면 누구도 예수님의 손에서 그분의 양을 빼앗아 갈 수 없습니다. 예수님은 십자가에서 죽어 가는 가장 고통스럽고 힘든 순간에조차 해야 할 일을 하십니다. 이 행악자는 백 마리 양 중에 길 잃은 한 마리 양이라고 할 수 있습니다. 예수님은 잃은 양을 찾으러 오셨고, 이 행악자는 찾아야 할 마지막 양이라고 할 수 있습니다. 예수님은 바로 이 일을 완수하고 죽으셨습니다. 잃은 자를 찾는 주님의 사역이야말로 누가복음의 핵심 주제입니다. 이 핵심 주제를 우리는 십자가에서 선명하게 보고 있습니다.

십자가 위에서 일어난 이 일은 종말론적인 사건입니다. 우리는 사도신경을 낭독하며 예수님께서 산 자와 죽은 자를 심판하러 오신다고 고백합니다. 이 심판은 최후에 보편적으로 모든 사람들에게 이루어질 테지만 이미 십자가에서 이루어진 일이기도 합니다. 십자가를 통해 우리는 누가 구원을 받고 누가 저주를 받는지를 봅니다. 십자가에서 죽어 가는 그리스도를 왕으로 고백하는 자, 그리고 그에게 자비를 구하는 자에게 낙원의 축복을 허락하시고, 그 그리스도를 저주하고 조롱하는 자에게 영원한 형벌을 내리실 것입니다.

본문을 통해 우리는 예수님을 왕으로 고백하고 그분께 자비를 구하는 자는 누구든지 주님이 낙원을 약속해 주신다는 점을 알게 되었습니다. 그렇다면 그 약속을 받은 사람은 어떻게 살아야 할까요? 많은 신자들이 이 행악자가 죽기 직전에 구원받았다는 사실만 보고 부러워하지만, 만약 이 행악자가 죽지 않고 십자가에서 내려왔다면 이후에 어떻게 살아갔을까요? 아마도 그는 십자가에서 했던 것처럼 예수님을 조롱하는 자들에게 그분이 하나님 나라의 왕 되심을 전하며 살았을 것입니다. 여러분도 낙원을 약속받은 성도로서 그리스도를 신실하게 전하며 이 땅에서 살아가시기를 바랍니다.

1. 예수님과 나란히 십자가에 달린 두 행악자는 어떤 점에서 같았으며, 둘의 결정적인 차이는 무엇입니까?
2. "예수여, 당신의 나라에 임하실 때에 나를 기억하소서"라는 행악자의 말에서 그의 어떤 신앙이 드러납니까?
3. 신앙을 고백한 행악자에게 예수님은 무엇을 약속하십니까? 이 일에서 우리는 어떤 교훈을 얻을 수 있습니까?

29

# 엠마오로 가는 두 제자 "길에서 된 일과 떡을 떼심으로"

누가복음 24:13-35

그리스도의 부활은 그리스도의 죽으심과 더불어 기독교의 핵심 교리입니다. 부활을 가르치지 않는다면 기독교는 다른 종교와 크게 다를 바가 없습니다. 그리스도는 우리의 죄를 대신 지고 죽으셨고, 우리의 의를 획득하기 위해 부활하셨습니다. 그리스도가 십자가에서 죽는 일까지만 하셨다면 우리는 죄사함은 받을지언정 그분이 주시는 생명과 의는 소유할 수 없었을 것입니다. 그리스도는 죽은 자 가운데서 부활하심으로 더 이상 사망이 그리스도와 그리스도께 속한 자들을 지배할 수 없음을 확실히 보여 주셨습니다.

부활의 교리는 매우 중요하지만 이것을 올바로 믿기가 쉽지 않습니다. 예수님께서 생전에 자신의 부활에 대해 여러 번 예언하셨음에도 불구하고 제자들은 그 말을 제대로 이해하지 못했습니다. 예수님은 부활하신 후에도 제자들에게 여러 번 나타나 자신이 부활했음을 보여 주셨지만 제자들은 여전히 믿지 못했습니다. 복음서들은 제자들이 부활에 대한 증거를 믿지 않았다는 점을 모두 일관성 있게 강조하고 있습니다. 부활의 아침에 여자들이 무덤에 갔을 때 예수님을 만났지만 "몹시 놀라 떨며 나와 무덤에서 도망하고 무서워하여 아무에게 아무 말도 하지" 못했습니다(막 16:8). 막달라 마리아가 베드로와 요한과 함께 무덤에 두 번째 왔을 때 예수님을 만나고 나서 제자들에게 증언했지만 그들은 역시 믿지 않았습니다(막 16:11). 도마는 예수님의 부활을 믿지 않은 대표적인 제자였습니다(요 20:25). 열한 사도들이 갈릴리의 어느 산에서 예수님을 뵙고 경배했지만 "아직도 의심하는 사람들"이 있었습니다(마 28:17). 베드로는 부활하신 예수님을 여러 차례 목격했음에도 불구하고 다른 제자들을 부추겨 물고기를 잡으러 갔습니다(요 21:3).

이와 같은 이유로 예수님은 제자들의 "믿음 없는 것과 마음이 완악한 것"을 꾸짖으셨습니다(막 16:14). 본문에서도 예수님은 엠마오로 가던 두 제자를 '미련하고 더디 믿는 자들'이라고 책망하셨습니다(25절). 예수님은 이렇게 미련하고 더디 믿는 두 제자에게 찾아와 자신의 부활을 증언하셨습니다. 그 결과 마침내 두 제자는 예수 그리스도의 부활을 확신하고 증언하게 되었습니다. 우리도 그들을 본으로 삼아 먼저 주님의 부활을 믿고, 확신하는 가운데 세상 사람들에게 부활을 증언해야 합니다. 어떻게 이 일을 감당할 수 있을까요?

## 엠마오로 가는 두 제자

본문에는 엠마오로 가는 두 제자가 나옵니다. 누가는 두 제자 중에 한 사람을 글로바라고 소개하고 있습니다. 아쉽게도 다른 한 사람의 이름은 밝히지 않습니다. 두 제자 중에서 글로바가 나이가 많고 선배였을 가능성이 많습니다. 예수님께서 두 사람에게 질문했을 때 대답한 사람도 글로바였습니다. 그러나 글로바가 누구인지 알 길은 없습니다.*

아마도 예수님께서 부활하신 당일, 점심을 먹고 나서 글로바와 이름을 알 수 없는 다른 제자가 예루살렘을 떠나 서북쪽으로 10킬로미터 정도 떨어진 엠마오라는 작은 마을로 가고 있었습니다. 그들은 길을 가면서 최근에 있었던 "모든 된 일"에 대해 이야기를 나누었습니다(14절). 여기서 이야기했다는 것은 격렬한 토론을 의미합니다. 예수님은 두 사람에게 다가가 무슨 이야기를 나누는지 물었습니다. 두 사람의 얼굴에는 슬픈 빛이 가득했습니다(17절). 그들이 슬픔에 빠진 이유는 그리스도의 부활에 대한 여러 소식 때문이었습니다.

예수님이 살아나셨다는 소식을 들은 제자들은 소망이나 기대를 갖기보다 크게 놀라기만 했습니다(22절). 특히 엠마오로 가는 두 제자가 그러했습니다. 예수님의 부활 소식을 들은 제자들은 어떻게 반응해야 했을까요? 적어도 상황이 어떻게 되었는지 더 알아봐야 하

---

* '글로바'의 그리스어 발음은 '클레오파트로스'(여성형은 '클레오파트라')이며, 요한복음에 마리아의 남편으로 나오는 글로바(19:25)와는 한글 표기가 같을 뿐이고 서로 다른 사람이다.

지 않았을까요? 부활하신 예수님이 다시 나타날지도 모르니 며칠 동안 예루살렘에 머물면서 기다려 볼 수도 있었을 것입니다. 예수님께서 갈릴리에서 만나겠다고 하셨으니 한두 명 정도는 혹시나 하는 심정으로 갈릴리로 갈 수도 있었을 것입니다. 그러나 두 제자는 갈릴리와는 전혀 상관없는 엠마오로 향했습니다.

예수님께서 다가와 말을 걸었을 때 두 제자는 예수님을 전혀 알아보지 못했습니다. 한동안 예수님을 열심히 따라다녔는데 어떻게 알아보지 못했을까요? 본문은 그 이유를 알려 줍니다. “그들의 눈이 가리어져서 그인 줄 알아보지 못하거늘”(16절). 마가복음은 조금 다르게 설명합니다. “그들 중 두 사람이 걸어서 시골로 갈 때에 예수께서 다른 모양으로 그들에게 나타나시니”(16:12). 이 구절들을 종합해 보면, 두 제자가 예수님을 알아보지 못한 이유를 다음과 같이 설명할 수 있습니다. 즉 정확히 어떤 형태인지는 모르지만 부활하신 예수님은 다른 모습으로 나타나셨습니다. 그들이 인식하지 못할 정도로 다른 모습이었을지 모릅니다. 하지만 그들이 예수님을 알아보지 못한 더 중요한 이유는 그들의 눈이 어두워졌기 때문입니다.

여기서 우리는 중요한 사실을 한 가지 알 수 있습니다. 영적인 눈이 어두워지면 미련해지고 더디 믿게 됩니다. 그러니 예수님을 보고도 제대로 인식하지 못합니다. 신자는 그리스도의 죽으심뿐 아니라 죽음에서 부활하신 그리스도도 볼 수 있어야 합니다. 그리스도의 죽음만 생각한다면 슬픔과 절망에서 헤어날 수 없습니다. 부활의 주님을 보아야 참된 그리스도의 증인이 될 수 있습니다. 그러자면 어두운 눈이 열려야 합니다. 본문은 이런 일이 어떻게 가능한지 잘 보여 줍니다.

### 길에서 된 일

미련하고 믿음 없는 제자들에게 예수님께서 자신의 부활을 가장 확실하게 보여 주시는 방법은 무엇일까요? 2천 년이 지난 우리에게 부활을 증언하시는 가장 효과적인 방법은 무엇일까요? 부활하신 주님이 우리 앞에 실제로 나타나시는 것이 부활을 증명하는 가장 확실하고 효과적인 방법이 아닐까요? 실제로 불신자들과 대화를 해보면 이렇게 말하는 경우가 가끔 있습니다. "예수가 부활했다면 왜 여기에 올 수 없는가?" 예수님의 제자 도마가 바로 그런 부류였습니다. 그는 예수님의 손과 발을 직접 만져 본 후에야 그분이 부활하셨음을 믿었습니다.

우리의 생각과 달리 예수님은 이런 '효과적인' 방법을 거의 사용하지 않으셨습니다. 오늘날에는 그런 방법을 아예 사용하지 않으십니다. 예수님은 부활하신 후 자신의 부활을 증명하기 위해 제자들과 계속 함께 있지는 않으셨습니다. 이상하게도 예수님은 나타났다가 사라지기를 반복하셨습니다. 본문에서도 마찬가지입니다. 두 제자가 예수님을 알아보았을 때 예수님은 즉시 사라지셨습니다. 부활은 역사적인 사건입니다. 역사는 반복되는 사건이 아닙니다. 역사는 반복되지 않으므로 역사적인 사건을 믿는 유일한 방법은 사건에 대한 증언을 믿는 것입니다. 그래서 예수님은 제자들에게 직접 나타나기보다 여자들이나 다른 사람들의 증언을 통해 제자들이 그분의 부활을 믿기를 원하셨습니다. 하지만 그들은 그 증언들을 믿지 않았고, 예수님은 그들의 믿지 않음을 책망하셨습니다.

길에서 논쟁을 벌이고 있는 두 제자에게 예수님은 무슨 이야기를 나누는지 물으셨습니다. 글로바는 "예루살렘에 체류하면서도 요즘 거기서 된 일을 혼자만 알지 못하느냐"(18절)라고 책망하듯이 되물었습니다. 예수님은 "무슨 일이냐?"라며 마치 모르는 것처럼 질문하셨습니다. 이에 글로바는 나사렛 예수의 일에 대해 이야기를 시작했습니다. 글로바의 답변을 통해 우리는 제자들이 예수님을 어떻게 생각했는지를 알 수 있습니다. 그분은 "하나님과 모든 백성 앞에서 말과 일에 능하신 선지자"였습니다(19절). 또한 그는 예수님을 "이스라엘을 속량할 자"로 믿었습니다(21절).

그들의 가장 큰 걸림돌은 자신들이 하나님의 선지자이자 이스라엘의 구속자로 믿었던 예수님이 대제사장과 관원들의 판정으로 십자가에서 죽으셨다는 것이었습니다. 십자가 죽음은 그들의 신앙을 뿌리째 흔들어 놓았습니다. 그분의 죽으심을 바로 이해하지 못했기 때문에 부활 소식을 들어도 그들은 아무 영향도 받지 못했습니다. 예수님은 바로 그 점을 정확히 지적하셨습니다. 글로바의 답변을 듣고 예수님은 그들의 믿음 없음을 책망하며 "그리스도가 이런 고난을 받고 자기의 영광에 들어가야 할 것이 아니냐"라고 말씀하신 후 "모세와 모든 선지자의 글"로 시작하여 모든 성경을 통해 약속된 메시아의 죽으심과 부활을 가르치셨습니다(26-27절).

누가복음은 예수님께서 제자들을 '길에서' 가르치셨다는 사실을 계속 강조합니다. 예수님은 부활하신 후에도 여전히 길에서 두 제자를 가르치셨습니다. 그들에게 성경을 풀어 주셨습니다. 풀어 주셨다는 말은 '열어 주셨다'는 뜻입니다. 그들에게 성경의 의미가 닫혀 있었는데 예수님께서 열어 그 뜻을 알게 해주셨습니다. 그렇게 성경을 풀어 주실 때 성령이 역사하여 그들의 마음이 뜨거워졌습니다.

### 떡을 떼심으로

왜 이스라엘의 구속자인 그리스도가 죽으실 뿐 아니라 부활해야 하는지 예수님께서 성경을 풀어 명확히 가르쳐 주시자 그들은 마음이 뜨거워져 더 많은 말씀을 듣고 싶어 했습니다. 그들은 그날 밤에 함께 거하자고 예수님께 강권했습니다. 날이 이미 저물고 있었습니다. 예수님은 부활하신 당일에 거의 하루 종일 두 제자에게 성경을 풀어 주며 그리스도의 죽으심과 부활을 증명하는 데 시간을 보내셨습니다.

거의 10킬로미터를 걸었기 때문에 저녁이 되었을 때 다들 배가 고팠을 것입니다. 그들은 예수님과 함께 음식을 먹기 시작했습니다. 그때 예수님은 떡을 취하고 축사하신 다음 떼어 그들에게 나눠 주셨습니다. 이것은 성찬에서 핵심이 되는 네 가지 행동(취하심, 축사하심, 떼심, 주심)을 그대로 보여 줍니다. 성찬을 집례하면서 예수님은 자신이 손님이 아니라 그들의 주인임을 드러내셨습니다. 바로 4일 전, 잡히시기 전날 예수님은 성찬을 제정하셨습니다. 22장 19절에 이렇게 기록되어 있습니다. "떡을 가져 감사기도 하시고 떼어 그들에게 주시며." 잡히시기 전에 했던 방식 그대로 예수님은 부활하신 당일에도 성찬식을 거행하셨습니다.

성찬은 떡을 취하는 것에서 시작합니다. 떡을 취한다는 것은 하늘로부터 온 선물을 받는다는 뜻입니다. 이 떡을 받은 것에 대해 우리는 감사와 찬양을 표현합니다. 성찬식에서 가장 중요한 순서는 떡을 떼는 것입니다. 이 뗌이야말로 그리스도의 죽으심이 바로 우리의 죄를 위한 희생제물이라는 것을 가장 확실하게 보여 줍니다. '주심'은 성찬의 마지막을 장식합니다. 이 떡을 우리가 볼 수만 있다면 그것은 단지 상징에 불과할 것입니다. 하지만 이 떡은 우리에게 주어져 실제로 배부르게 하는 역할을 합니다. 따라서 성찬은 단지 그리스도의 죽음을 기념하는 데서 머물지 않고 은혜의 수단이 되어 우리의 믿음을 더욱 강건하게 합니다.

성찬은 그리스도의 부활을 가장 확실하게 경험하는 현장입니다. 그리스도의 부활은 무엇을 의미합니까? 여러 가지 의미가 있겠으나 무엇보다 그분의 희생적 죽음이 부활을 통해 우리에게 영생의 양식이 되었습니다. 예수님은 "나를 믿는 자는 죽어도 살겠고 무릇 살아서 나를 믿는 자는 영원히 죽지 아니[할]" 것이라고 말씀하셨습니다(요 11:25-26). 우리는 이 말씀을 성찬을 통해 가장 분명하게 체험할 수 있습니다.

주님이 떡을 떼어 두 제자에게 주실 때 그들은 눈이 열리면서 마침내 예수님을 알아보았습니다. 그때 제자들의 심정이 어땠을까요? 말할 수 없이 기뻤을 것입니다. 그런데 예수님은 그들에게 함께 기뻐할 시간을 전혀 주지 않고 이내 사라지셨습니다. 예수님과 시간을 더 보내면 그분의 부활을 더 확신할 수 있지 않았을까요? 도마처럼 예수님의 손도 만져 보고 허리에 난 창자국도 확인하면 더 큰 확신을 갖게 되지 않았을까요? 그렇지 않습니다. 부활은 오직 말씀을 통해 확신하는 것이어야 하기 때문입니다. 예수님은 두 제자에게 말씀을 통해 그리스도의 죽으심과 부활을 들려 주셨고, 성찬을 통해 그 부활을 보여 주셨습니다. 부활을 증언하기 위해 할 일을 다 하신 셈입니다.

♛

그리스도의 부활을 확신한 두 제자는 다시 예루살렘으로 돌아갔습니다. 열한 사도들과 여러 사람들이 함께 있었습니다. 두 사람은 그들에게 그리스도의 부활을 증언했습니다. 무엇으로 주님의 부활을 증언했습니까? "길에서 된 일과 예수께서 떡을 떼심으로 자기들에게 알려지신 것"을 증언했습니다. 길에서 된 일은 주님이 (구약)성경을 풀어서 그리스도의 죽으심과 영광의 필요성을 가르치신 것이고, 떡을 떼신 것은 성찬을 통해 자신의 죽음이 어떤 것인지를 보여 주신 것입니다. 엠마오 사건에서 우리는 설교와 성찬이 서로 어떤 관계에 있는지 잘 알 수 있습니다.

엠마오 사건은 그리스도의 교회가 앞으로 그리스도의 죽으심과 부활을 어떻게 증언해야 할지를 잘 보여 줍니다. 주님이 취하신 것과 똑같은 방법을 쓰면 됩니다. 주님은 두 제자에게 도마의 경우처럼 자신의 손과 발을 보여 주신 것이 아닙니다. 성경을 가르치시고 성찬을 집례하셨을 뿐입니다. 오늘날 우리 중에 부활하신 주님을 직접 본 사람은 아무도 없습니다. 그렇다면 우리가 어떻게 부활하신 주님의 증인이 될 수 있을까요? 우리 역시 말씀과 성례를 통해 그분의 부활을 확신할 수 있으며 그 외에 다른 방법은 없습니다.

교회가 성경을 가르치고 성례를 집행한다고 해서 모든 사람이 그리스도의 부활을 믿는 것은 아닙니다. 적지 않은 사람들이 "우리가 주 앞에서 먹고 마셨으며, 주께서 또한 우리를 길거리에서 가르쳤나이다"(눅 13:26)라고 말할 것입니다. 엠마오로 가는 두 제자처럼 길에서 마음이 뜨거워지고 떡을 뗄 때 눈이 열려야 진정으로 주님과 교제할 수 있습니다. 이것은 주의 성령이 역사해야 가능한 일입니다. 아무리 교회가 설교와 성찬에 힘쓰더라도 성령이 역사하지 않으면 우리는 복음을 이해하거나 받아들일 수 없습니다. 부활의 아침에 이 설교를 듣고, 설교 후에 있을 성찬에 참여하는 모든 성도들에게 주의 성령이 역사하여 삼위 하나님께서 주시는 영생의 은혜가 늘 함께하기를 주님의 이름으로 축원합니다.

1. 예수님은 슬픔에 잠겨 엠마오로 가는 두 제자에게 그리스도의 죽음과 부활에 대한 진리를 어떻게 말씀해 주십니까?
2. 두 제자는 자신들이 함께 걷고 이야기한 남자가 부활하신 예수님인 줄 언제 어떻게 깨닫습니까?
3. 예수님을 만나 부활을 확신하게 된 두 제자는 이후에 어떻게 행동합니까? 이 일은 우리에게 어떤 격려와 도전을 줍니까?

30

# 그리스도의 승천
# “하이델베르크 요리문답 제18주일”

누가복음 24:50-53

그리스도의 승천에 대해 깊이 생각해 본 사람은 많지 않을 것입니다. 실제로 성경도 승천에 대해 그리 많은 이야기를 하지 않습니다. 사복음서 중에 마가복음과 누가복음만이 승천에 대해 기록하고 있습니다. 그것도 마가복음은 너무나 간단히 기록하고 있기 때문에 승천을 이해하는 데 큰 도움이 되지 않습니다. 반면에 사도행전 1장은 주님의 승천에 대해 보다 자세히 기록하고 있습니다. 사도신경도 예수님의 승천에 대한 신앙고백을 비중 있게 담고 있습니다.

승천에 대해 말할 때 우리는 예수님의 승천만을 생각하기 쉽지만, 성경에는 예수님 말고도 승천한 인물이 두 명 더 있습니다. 하나는 에녹이고 다른 하나는 엘리야입니다. 우리는 그들의 승천을 보며 죽음을 겪지 않고도 하나님께 갈 수 있다는 소망을 갖게 됩니다. 창세기 5장에는 족보가 나오는데 가장 많이 나오는 단어가 '죽었다'입니다. 모든 사람이 죽었습니다. 900년 이상을 산 사람도 많지만 결국은 다 죽었습니다. 그런 점에서 에녹과 엘리야의 승천(데려감)은 구약 성도들에게 많은 소망을 주었을 것입니다. 그러나 그러한 유익은 그들이 아니라 그들을 데려가신 하나님이 주시는 것입니다.

그리스도의 승천은 다릅니다. 주님의 승천은 우리에게 천국에 대한 소망을 줄 뿐 아니라 그밖에 여러 가지 영적 유익을 가져다줍니다. 우리가 승천에 대한 신앙고백을 할 때 그로 인해 얻게 되는 영적 유익을 함께 떠올릴 수 있어야 합니다. 그렇다면 우리는 승천에 대해 구체적으로 어떤 신앙고백을 할 수 있을까요? 하이델베르크 요리문답을 참고하여 승천에 대한 성경의 가르침을 살펴보겠습니다.

### 승천의 역사성

먼저 우리는 승천의 역사성을 믿어야 합니다. 사도행전 1장에 따르면 주님은 '제자들이 보는 가운데서' 하늘로 오르셨습니다. 이것이 부활과 승천의 차이 중 하나입니다. 예수님이 부활하신 순간은 본 사람이 아무도 없습니다. 모두가 이미 부활하신 예수님을 보았을 뿐입니다. 제자들이 부활에 대한 예수님의 예언을 진즉에 믿었다면, 예수님의 시신을 무덤이 아니라 자기 집에 모셔 놓고 부활하는지 안 하는지 살펴보았을 것입니다.

하지만 승천은 달랐습니다. 제자들이 두 눈으로 똑똑히 보는 가운데서 예수님은 들리어 하늘로 올라가셨습니다. 부활하신 그리스도의 몸은 보통의 몸과 같으면서도 달랐습니다. 그 몸은 공간을 초월했습니다. 이상하게도 예수님은 부활 후 항상 제자들과 함께하지는 않으셨습니다. 이곳에 나타났다가 사라지고 저곳에 나타났다가 사라지셨습니다. 40일 동안 이 땅에 머물면서 제자들에게 하나님 나라를 가르치셨지만 제자들은 예수님의 부활을 확신하지 못했습니다. 복음서에는 자신의 부활을 믿지 않는 제자들을 예수님께서 책망하시는 장면이 계속 나옵니다.

그렇다면 예수님은 왜 승천하셨을까요? '우리의 유익을 위해서'입니다. 예수님은 자기 자신을 위해 하늘에 오르신 것이 아닙니다. 어떤 유익인지는 뒤에 가서 구체적으로 살펴보겠지만 승천하시는 주님의 모습에서 우리가 받게 될 유익을 예측해 볼 수 있습니다. 주님은 승천하면서 단순히 작별 인사를 하신 게 아닙니다. 50절을 보면, 손을 들어 제자들을 축복하면서 승천하고 계십니다. 이것이 제자들에게 큰 위로가 되었을 것입니다.

어떻게 보면 승천은 슬픈 일입니다. 사랑하는 스승과 제자들이 작별하는 순간이기 때문입니다. 그러나 제자들은 전혀 슬퍼하지 않고 오히려 크게 기뻐합니다. 이전에 보였던 두려움이 완전히 없어졌습니다. 그들은 주님이 부활하셨다는 소식을 듣고서도 두려워서 문을 꼭꼭 걸어 잠근 채 비밀리에 모인 사람들이었습니다. 그러나 이제는 담대하게 대적자들이 있는 예루살렘으로 돌아가 하나님을 찬양하면서 날마다 성전에서 지냈습니다(53절). '잡아갈 테면 잡아가라'는 담대함이 생긴 것입니다. 보통은 제자들이 오순절 성령강림 사건 이후에 능력을 받아 담대하게 복음을 전했다고 생각하지만 제자들이 두려움에서 완전히 벗어난 것은 주님의 승천을 목격하고 나서부터입니다. 이 사실은 우리에게 아주 중요한 교훈을 줍니다. 우리가 이 세상에서 살면서 앞날을 두려워하고 담대하게 복음을 전하지 못하는 것은 주님의 승천에 대한 이해가 부족하기 때문입니다. 이제 우리는 대적자들을 두려워할 필요가 없습니다. 승천하신 주님이 "산 자와 죽은 자를 심판하러 다시 오실 것"이기 때문입니다.*

### 승천과 임마누엘

승천하신 예수님은 이제 이 지구상에 계시지 않습니다. 승천이 이별만을 뜻한다면 우리에게 기쁨이 아니라 슬픔이 될 뿐입니다. 주님은 승천하여 영광스러운 자리에 오르셨지만 우리는 여전히 죄 많은 이 세상에 있어야 하니까요. 그런데도 제자들은 주님과 이별한 뒤에 기쁨이 충만하여 성전에서 주님을 찬송했습니다. 어떻게 그럴 수 있었을까요?

그들이 기뻐한 이유는 주님이 승천하실 때 복을 받았기 때문입니다. 그 복의 내용은 본문에 기록되어 있지 않지만, 아마도 민수기 6

---

* 하이델베르크 요리문답 46문: "하늘에 오르셨고"라는 말로 당신은 무엇을 고백합니까?
답: 그리스도는 제자들이 보는 가운데 땅에서 하늘로 오르셨고, 우리의 유익을 위하여 거기에 계시며, 장차 산 자와 죽은 자를 심판하러 다시 오실 것입니다.

장 마지막에 나오는 아론의 제사장 축복이라고 생각합니다. 그 내용을 한마디로 요약하면 임마누엘이라고 할 수 있지요. 임마누엘보다 더 큰 복이 우리에게 있을 수 없습니다. 그렇다면 주님은 어떻게 우리와 항상 함께 계실 수 있을까요? 비록 그분은 인성으로는 우리와 함께 계시지 않지만 신성과 위엄과 은혜와 성령으로 우리와 항상 함께 계십니다. 우리 입장에서 바꿔 말하자면, 우리는 그분의 신성과 위엄, 은혜, 그리고 성령 안에 거하게 됩니다.*

그런데 여기서 우리는 문제를 하나 제기할 수 있습니다. 예수님은 참 인간이자 참 하나님이신데 그분의 인성은 우리와 떨어져 있고 신성은 우리와 함께 있다고 한다면, 그리스도의 두 본성이 서로 나뉜다는 뜻일까요? 여기서 우리는 루터파가 주장하는 편재설을 잠시 생각할 필요가 있습니다. 그들은 예수님과 우리가 신성뿐 아니라 인성으로도 함께 있어야 진정한 연합과 교제를 누릴 수 있다고 주장합니다. 인성과 교제하지 않으면 참 교제가 아니라는 것이지요. 그들의 주장에 따르면, 예수님의 신성과 인성은 분리될 수 없으므로 신성이 있는 곳에 인성도 함께 있을 수밖에 없습니다. 예수님의 신성이 어디에나 있다면 그분의 인성도 어디에나 있다는 것입니다. 그러나 이런 생각은 그리스도의 인성과 신성의 구별을 제대로 이해하지 못하는 것입니다. 신성은 제한을 받지 않기 때문에 그리스도의 인

* 하이델베르크 요리문답 47문: 그렇다면 세상 끝날까지 우리와 함께 있으리라는 그리스도의 약속은 어떻게 됩니까?
답: 그리스도는 참 인간이고 참 하나님이십니다. 그의 인성으로는 더 이상 세상에 계시지 않으나, 그의 신성과 위엄, 은혜, 성령으로는 잠시도 우리를 떠나지 않습니다.

성 밖에 있을 수도 있고 안에 있을 수도 있지만, 인성은 공간의 제약을 받을 수밖에 없습니다. 그러므로 이 둘을 혼동해서는 안 됩니다.*

### 승천이 주는 세 가지 유익

그렇다면 그리스도의 승천이 우리에게 주는 유익은 구체적으로 무엇일까요? 주님은 자신의 영광을 위해 승천하신 것이 아닙니다. 다른 모든 구속 사역이 그러하듯이 승천도 우리의 유익을 위한 것입니다. 다음 세 가지 유익을 집중적으로 살펴보겠습니다.**

#### 우리를 위해 간구하심

먼저, 그리스도의 마지막 모습을 보십시오. 그분은 우리를 축복하며 승천하셨습니다. 이 축복은 승천하시는 그 순간에만 하신 일이 아닙니다. 그리스도는 하늘에 오르신 후에도 여전히 우리를 축복하고 계십니다. 승천하셨다는 것은 하늘이 열렸음을 의미하고, 하늘이 열렸다는 것은 하나님과 인간이 화목하게 되었음을 의미합니다. 하늘

---

* 하이델베르크 요리문답 48문: 그런데 그리스도의 신성이 있는 곳마다 인성이 있는 것이 아니라면, 그리스도의 두 본성이 서로 나뉜다는 것입니까?
답: 결코 그렇지 않습니다. 신성은 아무 곳에도 갇히지 않고 어디나 있습니다. 그러므로 신성은 그가 취하신 인성을 초월함이 분명하며, 그러나 동시에 인성 안에 거하고 인격적으로 결합되어 있습니다.

** 하이델베르크 요리문답 49문: 그리스도가 하늘에 오르심은 우리에게 어떤 유익을 줍니까?
답: 첫째, 그리스도는 우리의 대언자로서 하늘에서 우리를 위해 그의 아버지 앞에서 간구하십니다. 둘째, 우리의 몸이 그리스도 안에서 하늘에 있으며, 이것은 머리 되신 그리스도가 그의 지체인 우리를 그에게로 이끌어 올리실 것에 대한 확실한 보증입니다. 셋째, 그리스도는 그 보증으로 그의 성신을 우리에게 보내시며, 우리는 성신의 능력으로 말미암아 그리스도가 하나님 우편에 앉아 계신 위의 것을 구하고 땅의 것을 구하지 않습니다.

이 그리스도를 받아들였습니다. 그분이 이 세상에서 아버지가 맡기신 모든 일을 완수하셨기 때문입니다. 이제 그분은 하나님과 가장 가까운 곳, 바로 옆에서 우리를 위해 간구하십니다. 우리가 기도 응답을 받을 수 있다고 확신하는 이유가 여기에 있습니다.

승천하신 그리스도가 우리에게 주시는 축복 중에서도 죄사함의 축복이 가장 큽니다. 그리스도의 죽으심과 부활을 통해 구속 사역이 완성되었는데, 이 완성이 우리에게 실제로 적용되는 것은 그리스도의 승천으로 말미암습니다. 이에 대해 요한 사도는 다음과 같이 말합니다. "만일 누가 죄를 범하여도 아버지 앞에서 우리에게 대언자가 있으니 곧 의로우신 예수 그리스도시라"(요일 2:1). 히브리서 9장 24절에서는 그리스도의 승천이 갖는 대제사장적 의미를 다음과 같이 말합니다. "그리스도께서는 참 것의 그림자인 손으로 만든 성소에 들어가지 아니하시고 바로 그 하늘에 들어가사 이제 우리를 위하여 하나님 앞에 나타나시고." 이 본문에 따르면 그리스도가 들어가신 하늘은 하나님이 계시는 지성소입니다. 대제사장이 일 년에 한 번 온 백성을 대신하여 하나님 앞에 나타나듯이 그리스도도 하나님 앞에 우리 모두를 대신하여 나타나신 것입니다. 하나님께서 그리스도를 받으셨기 때문에 그 안에서 우리도 모두 하나님께 용납되었습니다.

#### 우리의 몸이 그리스도 안에서 하늘에 있음

승천이 주는 두 번째 유익은 아주 생소한 내용일 수 있습니다. 여기서 우리는 "그리스도 안에서 우리의 육신이 하늘에 있다"는 것을 알게 됩니다. 우리는 이 사실을 거의 실감할 수 없겠지만, 이것은 그리스도와 신자의 연합이 구체적으로 어떤 것인지를 가장 확실하게 보여 줍니다. 신자와 그리스도가 믿음을 통해 하나가 되었기 때문에 어떤 의미에서 우리는 승천하신 그리스도와 함께 있습니다. 머리이신 그리스도와 몸인 교회가 분리될 수 없다면 우리 역시 하늘에 계신 그리스도와 함께 있는 것입니다. 에베소서 2장 5-6절은 다음과 같이 말합니다. "허물로 죽은 우리를 그리스도와 함께 살리셨고 (너희는 은혜로 구원을 받은 것이라) 또 함께 일으키사 그리스도 예수 안에서 함께 하늘에 앉히시니." 이 구절이 말하는 바는 분명합니다. 그리스도의 부활이 우리의 부활이라면, 그리스도의 승천도 우리의 승천이라는 것입니다.

### 성령을 통해 오는 유익

승천이 주는 세 번째 유익은 성령을 통해 오는 유익입니다. 승천은 사탄에 대한 승리를 의미합니다. 승리한 자에게는 반드시 보상이 따릅니다. 승천하신 주님께 하늘의 아버지께서 성령을 선물로 주셨습니다. 승천하신 주님은 그 성령을 받아 자신을 위해 사용하지 않고 우리에게 주셨습니다. 승천하신 주님이 교회를 위해 가장 먼저 한 일이 바로 오순절날 성령을 주신 것입니다. 성령은 주님이 정말로 승천하셨다는 것과 승천하신 주님이 지체인 교회를 자신에게로 이끌어 올리실 것이라는 더 큰 보증이 되어 줍니다.

성령을 통해 우리는 믿음 안에서 하늘에 계신 그리스도를 볼 수 있습니다. 따라서 하늘은 우리 삶의 궁극적인 목표가 되어야 합니다. 이 점에서 우리 그리스도인은 세상 사람들과 근본적으로 다릅니다. 세상 사람들은 이 세상에서 땅의 것만 바라보며 살아가다가 결국 땅에 묻혀 흙으로 돌아갑니다. 그러나 우리는 그렇지 않습니다. 비록 이 세상에서 살아가지만 우리의 머리 되신 그리스도가 하늘에 계시므로 이 땅은 우리의 종착지가 아닙니다. 빌립보서 3장 20절은 이렇게 말합니다. "그러나 우리의 시민권은 하늘에 있는지라. 거기로부터 구원하는 자 곧 주 예수 그리스도를 기다리노니."

♛

하이델베르크 요리문답은 우리가 평소 소홀하게 생각했던 승천에 대해 많은 사항을 기록하고 있습니다. 종교개혁 당시에 그리스도의 승천을 놓고 많은 대립이 있었습니다. 그리스도가 승천하셨음에도 불구하고 로마가톨릭과 루터파는 승천하신 그리스도의 몸이 어떤 식으로든 이 땅에 계속 남아 있어야 한다고 주장했습니다. 그러나 개혁교회는 그렇게 생각하지 않았습니다. 비록 그리스도가 높은 곳에 계실지라도 이전과 다른 방식으로, 어떻게 보면 훨씬 더 가까이 우리와 함께 계십니다.

요리문답을 통해 승천이 주는 유익을 확실히 인식하시기 바랍니다. 승천의 의미가 무엇이며, 승천하신 주님이 지금 우리를 위해 무엇을 하시는지 확실히 알고 믿어야 합니다. 그럴 때 승천은 단지 2천 년 전에 있었던 역사적 사실일 뿐 아니라 오늘 우리에게도 여전히 영향을 미치는 그리스도의 중대한 구속 사역임을 확신할 수 있습니다. 이러한 확신 속에서 하늘의 것을 사모하며 소망 가운데 살아가는 성도가 되시기를 주의 이름으로 축원합니다.

IIIIIIIIIIIIIIIIIIIIII

1. 그리스도가 승천하셨음을 믿는 것은 또한 무엇을 믿는 것을 의미합니까?(하이델베르크 요리문답 46문)
2. 그리스도의 승천이 우리에게 주는 세 가지 유익은 무엇입니까?(하이델베르크 요리문답 49문)
3. 그리스도의 승천으로 우리는 어떤 소망을 가질 수 있습니까?

# 누가복음, 복음으로 읽기

초판 1쇄 발행 2021년 10월 20일

지은이 이성호
펴낸이 신은철
펴낸곳 좋은씨앗
출판등록 제4-385호(1999. 12. 21)
주소 (06753) 서울시 서초구 바우뫼로 156(양재동, 엠제이빌딩) 402호
주문전화 (02) 2057-3041 주문팩스 (02) 2057-3042
페이스북 www.facebook.com/goodseedbook
이메일 good-seed21@hanmail.net

ISBN 978-89-5874-362-0 03230